LES
PHILOSOPHES CLASSIQUES
DU XIXᵉ SIÈCLE
EN FRANCE

PAR H. TAINE
DE L'ACADÉMIE FRANÇAISE

NEUVIÈME ÉDITION

PARIS
LIBRAIRIE HACHETTE ET Cⁱᵉ
79, BOULEVARD SAINT-GERMAIN, 79

LES
PHILOSOPHES CLASSIQUES
DU XIXᵉ SIÈCLE
EN FRANCE

OUVRAGES DU MÊME AUTEUR
PUBLIÉS PAR LA LIBRAIRIE HACHETTE ET Cie

Essai sur Tite-Live; 7e édition. 1 vol. in-16, broché. . . .	3 fr. 50
Ouvrage couronné par l'Académie française.	
Essais de critique et d'histoire; 9e édition. 1 vol. in-16, broché.	3 fr. 50
Nouveaux Essais de critique et d'histoire; 7e édition. 1 vol. in-16, broché.	3 fr. 50
Derniers Essais de critique et d'histoire; 2e édition. 1 vol. in-16, broché.	3 fr. 50
Histoire de la littérature anglaise; 11e édition. 5 vol. in-16, brochés.	17 fr. 50
La Fontaine et ses fables; 16e édit. 1 vol. in-16, broché.	3 fr. 50
Les Philosophes classiques du XIXe siècle en France; 9e édition. 1 vol. in-16, broché.	3 fr. 50
Voyage aux Pyrénées; 17e édition. 1 vol. in-16, broché. .	3 fr. 50
Le même, avec gravures. 1 vol. in-16, broché.	4 fr. »
Le même, illustré. 1 vol. grand in-8, broché.	10 fr. »
Notes sur l'Angleterre; 12e édition. 1 vol. in-16, broché.	3 fr. 50
Le même, avec gravures. 1 vol. in-16, broché.	4 fr. »
Notes sur Paris, vie et opinions de M. Fréd.-Th. Graindorge; 14e édition. 1 vol. in-16, broché.	3 fr. 50
Un Séjour en France de 1792 à 1795; 5e édition. 1 vol. in-16, broché.	3 fr. 50
Voyage en Italie; 11e édition. 2 vol. in-16, brochés. . . .	7 fr. »
Le même, avec gravures. 2 vol. in-16, brochés.	8 fr. »
De l'Intelligence; 10e édition. 2 vol. in-16, brochés. . . .	7 fr. »
Philosophie de l'art; 10e édition; 2 vol. in-16, brochés. .	7 fr. »
Carnets de voyage, notes sur la province (1863-1865). 1 vol. in-16, broché.	3 fr. 50
Les Origines de la France contemporaine. 24e édition. 12 vol. in-16, brochés.	39 fr. 50
On vend séparément, au prix de 3 fr. 50 chaque volume: *L'Ancien régime.* 2 vol.	
La Révolution. 6 vol. : L'Anarchie jacobine, 2 vol. — La Conquête jacobine, 2 vol. — Le gouvernement révolutionnaire, 2 vol.	
Le Régime moderne, 3 vol.	
Table analytique, 1 vol.	1 fr. »
Taine, sa vie et sa correspondance. 2 vol.	7 fr. »
Du Suffrage universel et de la manière de voter. Brochure in-16.	» 50

LES
PHILOSOPHES CLASSIQUES
DU XIXᴱ SIÈCLE
EN FRANCE

PAR H. TAINE
DE L'ACADÉMIE FRANÇAISE

NEUVIÈME ÉDITION

PARIS
LIBRAIRIE HACHETTE ET Cⁱᵉ
79, BOULEVARD SAINT-GERMAIN, 79
—
1905
Droits de traduction et de reproduction réservés.

AVERTISSEMENT

DE LA TROISIÈME ÉDITION

Cette édition diffère assez notablement des précédentes. Le titre de l'ouvrage a été modifié et se trouve plus exact. Un grand nombre de morceaux ont été retranchés, et plusieurs ajoutés. On a essayé de mieux marquer l'origine des théories que l'on réfutait et le caractère des philosophes que l'on décrivait. Mais le livre reste ce qu'il était, une étude d'histoire et de critique. Si l'on a été entraîné à des expositions de doctrines, c'est par accident; elles ne sont que des jalons posés de distance en distance, l'indication d'une route qui n'est pas frayée et où l'on propose aux gens de s'engager: on y était obligé pour rendre la réfutation plus claire. Le lecteur pardonnera à l'auteur de n'avoir pas écrit une psychologie, une logique, une morale, une métaphysique pour les ajouter en passant; sur chacun de ces sujets, il faudrait un gros livre à part; tout ce que l'on peut espérer et se promettre, c'est d'en écrire un ou la moitié d'un, plus tard, avec beaucoup de peine et d'efforts.

Avril 1868.

PRÉFACE

J'étais au quartier Latin, en 1852, et je vivais avec cinq ou six jeunes gens qui aimaient à lire. Ils passaient leurs journées aux bibliothèques et aux amphithéâtres, et le soir s'amusaient à raisonner.

L'un d'eux savait les hautes mathématiques et les langues orientales, et travaillait à l'histoire des mathématiques. Un autre, botaniste, écrivait la physiologie des orchidées. Un autre, médecin, étudiait l'hérédité dans les maladies. Un autre prétendait que l'histoire des mœurs pendant les trois derniers siècles est à la bibliothèque des estampes. Plusieurs savaient le droit, d'autres la chimie. Nous connaissions plusieurs savants et quelques artistes; et nous les traitions en supérieurs parce qu'ils nous traitaient en égaux.

Ces entretiens étaient fort vifs et sincères. Souvent on y discutait par écrit, pour mieux serrer le raisonnement et éviter les équivoques. On riait tout haut des doctrines risibles, et quand on rencontrait un argument faux, fût-il officiel, on le persécutait de réfutations et de moqueries, comme un sot et comme un ennemi.

Presque tous ces jeunes gens avaient pratiqué une ience, ce qui leur avait donné le dégoût de la philosophie littéraire ; ils n'y voyaient qu'une rhétorique élégante, et quand on leur demandait ce que c'est que la philosophie classique, ils répondaient que c'est la philosophie à l'usage des classes.

De ces conversations est sorti le livre qu'on va lire. Je leur ai conservé leur tour et leur franchise ; mes personnages sont presque tous réels. J'avais du plaisir à copier mes souvenirs. Je sais que ces façons sont irrévérencieuses, et qu'on ne doit jamais appeler une chose par son nom. Mon excuse est que ce livre n'est point fait pour les personnages établis. Je souhaitais persuader mon lecteur, et mon lecteur ne doit pas avoir trente ans. Passé cet âge, les opinions sont faites ; on lit pour s'amuser, pour être au courant de ce qui s'écrit, pour s'éclairer sur un détail. Quant aux fondements, ils sont bâtis, maçonnés, inébranlables ; autour d'eux l'habitude, la paresse d'esprit, les occupations pratiques, la nécessité de ménager les puissances, le désir de garder ses amitiés font comme un ciment que rien ne peut dissoudre. Désormais on ne renouvelle plus sa philosophie ; on tire les conséquences de celle qu'on s'est choisie, ou plutôt, ordinairement, on n'en a plus ; on songe à des choses plus importantes, aux intérêts d'argent, d'ambition, de parti ; on aperçoit les discussions abstraites derrière soi, dans un lointain obscur, comme un exercice de jeunesse ; on sourit des gens naïfs qui s'y livrent ; on les regarde de haut, et l'on s'amuse à les voir raisonner sur les causes, comme on se divertit à voir les enfants qui jouent au palet. C'est donc pour les jeunes gens qu'il fallait écrire. De vingt à vingt-huit ans, beaucoup d'entre eux pensent ;

leur esprit, neuf et libre encore, peut s'éprendre des idées générales. N'ayant ni métier ni ménage, ni soucis d'argent, ni souci des places, ils se livrent à la logique et ne s'inquiètent que de la vérité. C'est la démonstration qui les touche, non l'agrément ou la convenance; pour admettre une opinion il leur suffit qu'elle soit prouvée. J'ai essayé de prouver la mienne; quand j'ai réfuté une doctrine, j'ai marqué du doigt la page et la ligne du sophisme, j'ai dit son nom, son origine, le fait palpable et connu qui le contredit; j'ai voulu que chacun pût refaire en soi-même la série des vérifications qui le renversent; j'ai employé les exemples les plus simples, le style populaire; j'ai exposé des théories abstraites, comme une affaire pratique et personnelle, avec toutes les familiarités et les émotions qu'une telle affaire inspire et exige. Le lecteur me pardonnera s'il considère qu'il s'agissait non de spéculation pure, mais d'une philosophie régnante, officielle, qui forme les esprits depuis un quart de siècle, qui les formera encore pendant un quart de siècle, qui les prend du moment où ils s'ouvrent, qui pèse sur eux avec toute la force d'une institution, qui dure en eux, qui les tient dans le reste de leur carrière, qui, sous toutes les formes et par toutes les bouches, vient à toute minute heurter ou étouffer toute invention et tout effort. Je l'ai subie moi-même, et je sens bien que je n'aurais pu en parler autrement.

Un livre de réfutation n'est pas un livre de théorie; je n'exposais pas, j'attaquais; je n'étais point tenu de produire un système; je n'ai fait qu'indiquer une direction. Un seul point a été traité, et, comme il est capital, je demande la permission de le marquer ici.

Il y a toute une classe de choses, substances, essences, causes, natures, forces, qu'on nomme êtres métaphysiques, et qui, en effet, sont la matière de la métaphysique. Tous ces noms se réduisent à un, qui est celui de *cause;* car ils désignent tous je ne sais quoi d'inconnu et d'intime, qui produit et explique les propriétés et les changements des objets. La science a pour but de trouver la cause de chaque objet et la cause des causes qui est celle de l'univers. C'est pourquoi, si vous entendez par cause une certaine chose, vous aurez une certaine idée de l'univers et de la science, et si vous entendez par cause une chose différente, vous aurez une idée différente de la science et de l'univers.

Deux philosophies principales subsistent aujourd'hui en France et se retrouvent avec des petites nuances en Allemagne et en Angleterre : l'une à l'usage des lettrés; l'autre à l'usage des savants; l'une qui s'appelle chez nous le spiritualisme; l'autre qui s'appelle chez nous le positivisme. Voici leur doctrine sur les causes, en quelques mots.

Les spiritualistes (j'entends ceux qui pensent) considèrent les causes ou forces comme des êtres distincts, autres que les corps et les qualités sensibles, semblables à la force intérieure que nous appelons en nous volonté, tellement qu'au-dessous du monde étendu, palpable et visible, il y a un monde invisible, intangible, incorporel, qui produit l'autre et le soutient.

Les positivistes considèrent les causes ou forces, notamment les causes premières, comme des choses situées hors de la portée de l'intelligence humaine, de sorte qu'on ne peut rien affirmer ou nier d'elles ; ils retranchent ces recherches de la science et la réduisent à la connaissance des lois, c'est-à-dire des faits généraux et simples auxquels on peut ramener les faits complexes et particuliers.

Les spiritualistes, par exemple, disent que la cause de la vie est la force vitale, sorte d'être incorporel, uni à la matière pour l'organiser, et que la cause de l'univers est un être distinct, spirituel, subsistant par lui-même et assez analogue à l'âme que nous apercevons en nous.

Les positivistes, au contraire, déclarent ne rien savoir ni sur la cause de la vie, ni sur la cause de l'univers. Ils se bornent à noter la somme et la direction des réactions chimiques et les actions physiques qui composent la vie, et à grouper les lois expérimentales qui résument tous les faits observés dans notre univers.

Les spiritualistes relèguent les causes hors des objets, les positivistes relèguent les causes hors de la science. Réunis sur le principe et divisés sur les conséquences, ils s'accordent à situer les causes hors du monde observé et ordinaire pour en faire un monde extraordinaire et à part, avec cette différence que les spiritualistes croient pouvoir connaître ce monde et que les positivistes ne le croient pas.

C'est pourquoi si l'on prouvait que l'ordre des causes se confond avec l'ordre des faits, on réfuterait à la fois les uns et les autres ; et les conséquences tombant avec le principe, les positivistes n'auraient plus besoin de mutiler la science, comme les spiritualistes n'auraient plus le droit de doubler l'univers.

C'est ce qu'on a tenté de faire ici, et on a osé le tenter; car toute la difficulté consistait à se préserver d'une illusion d'optique qui nous fait prendre les causes pour des êtres, qui transforme des métaphores en substances, et qui donne à des fantômes la consistance et la solidité. Pour s'en délivrer il fallait assister à leur naissance. Il fallait voir naître l'idée de cause, et à cet effet, choisir cinq ou six des cas qui la font naître, les choisir palpables et vulgaires, tout explorés et circonscrits, noter en chacun d'eux la circonstance qui la suscite, limiter et définir cette circonstance, avancer pas à pas dans les sentiers étroits des psychologues et des grammairiens. Alors seulement on sait exactement ce qu'est une cause. Ces petites analyses en philosophie ont le même effet que les mesures précises en astronomie. En mesurant des dixièmes de seconde, on calcule la distance des étoiles à la terre. En précisant l'idée de cause, on peut renouveler son idée de l'Univers.

Par ces décompositions minutieuses, on a montré que la cause d'un fait est la loi ou la qualité dominante d'où il se déduit; qu'une force active est la nécessité logique qui lie le fait dérivé à la loi primitive, que la force de pesanteur est la nécessité logique qui lie la chute d'une pierre à la loi universelle de la gravitation. On en a conclu contre les spiritualistes qu'il n'y a pas besoin d'inventer un nouveau monde pour expliquer celui-ci, que la cause des faits est dans les faits eux-mêmes, qu'il n'y a point un peuple d'êtres pirituels cachés derrière les objets et occupés à les produire, que la source des êtres est un système de lois, et que tout l'emploi de la science est de ramener l'amas des faits isolés et accidentels à quelque axiome générateur et universel.

Mais en même temps on peut en conclure contre les positivistes que les causes ne sont point un monde mystérieux et inaccessible, qu'elles se réduisent à des lois, types ou qualités dominantes, qu'elles peuvent être observées directement et en elles-mêmes, qu'elles sont enfermées dans les objets, que partant on peut les en extraire, que les premières ayant la même nature que les dernières peuvent être comme les dernières dégagées par abstraction des faits qui les contiennent, et que l'axiome primitif est compris dans chaque événement qu'il cause, comme la loi de la pesanteur est comprise dans chaque chute qu'elle produit.

C'est pourquoi au delà de toutes ces analyses inférieures qu'on appelle sciences, et qui ramènent les faits à quelques types et lois particulières, il peut y avoir une analyse supérieure nommée métaphysique qui ramènerait ces lois et ces types à quelque formule universelle. Cette analyse ne démentirait pas les autres, elle les compléterait. Elle ne commencerait pas un mouvement différent, elle continuerait un mouvement commencé. Elle recevrait de chaque science la définition où cette science aboutit, celle de l'étendue, du corps astronomique, des lois physiques, celle du corps chimique, de l'individu vivant, de la pensée. Elle décomposerait ces définitions en idées ou éléments plus simples, et travaillerait à les ordonner en série pour démêler la loi qui les unit. Elle découvrirait ainsi que la nature est un ordre de formes qui s'appellent les unes les autres et composent un tout indivisible. Enfin, analysant les éléments et les définitions, elle essayerait de démontrer qu'ils ne pouvaient se réunir qu'en un certain ordre de combinaisons, que tout autre ordre ou combinaison renferme quelque contradiction intime, que cette suite idéale, seule possible, est la même que la suite observée, seule réelle, et que le monde découvert par l'expérience trouve ainsi sa raison comme son image dans le monde reproduit par l'abstraction.

Telle est l'idée de la nature exposée par Hégel, à travers des myriades d'hypothèses, parmi les ténèbres impénétrables du style le plus barbare, avec le renversement complet du mouvement naturel de l'esprit. On vient de voir que cette philosophie a pour origine une certaine notion des causes. J'ai tâché ici de justifier et d'appliquer cette notion. Je n'ai point cherché autre chose ici ni ailleurs.

H. Taine.

LES
PHILOSOPHES CLASSIQUES

EN FRANCE

AU XIXe SIÈCLE

CHAPITRE PREMIER.

M. LAROMIGUIÈRE.

I

Quand paraît une philosophie nouvelle, son premier soin est d'enterrer la philosophie précédente. L'éclectisme n'y a pas manqué, et c'était son droit. Mais il y a diverses manières d'enterrer les gens, et celle qu'on employa pour les philosophes du dix-huitième siècle est singulière. Voici une conversation qui en donnera l'idée ; elle m'a été racontée par un vieux sensualiste, ami de Laromiguière. Il passait devant la Sorbonne vers 1824, et un jeune étudiant de sa connaissance, qui sortait d'un cours célèbre, l'arrêtait, le prenait par le bouton de la redingote, et lui parlait ainsi :

« Bonjour, cher monsieur, comment vous portez-vous ? Êtes-vous toujours sensualiste, immoral et athée ?

— Comment ?

— Oui ; vous n'admettez pas que la raison soit une faculté distincte ; vous attaquez les idées innées ; vous dites qu'une science parfaite n'est qu'une langue bien faite. Vous renouvelez Condillac ; donc vous ne pouvez croire ni à la vérité, ni à la justice, ni à Dieu.

— Bon Dieu !

— Oh ! je sais ce que vous allez dire ; vous séparez l'attention de la sensation, vous restituez quelque degré d'activité à l'âme. Palliatif inutile. Au fond, vous êtes du dix-huitième siècle ; votre philosophie détruit la dignité de l'homme ; vous êtes réduit au matérialisme ou au scepticisme. Choisissez.

— Je vous remercie, mais je ne choisis pas.

— C'est que vous êtes inconséquent. Le sensualiste nie la raison, qui est la faculté de connaître l'absolu. Donc il détruit les preuves de l'existence de Dieu, qui est l'absolu. Donc il détruit les principes de la science, qui sont des vérités absolues.

Donc il détruit les principes de la morale, qui sont des vérités absolues. Il est donc athée, sceptique, immoral; c'est une ruine universelle. Voilà les conséquences qu'entraîne la philosophie du fini ; il faut ramener l'infini dans l'univers et dans la science. Sans l'infini, point de fini ; car le fini n'étant fini que par quelque autre fini, ne saurait se soutenir par lui-même. L'infini est le primitif; le fini est le dérivé. Oter l'infini du fini, c'est supprimer le fini avec l'infini. Vous ne pouvez vous tirer de là. Mais adieu ; trois de mes amis m'attendent; nous devons discuter aujourd'hui la manière dont l'intelligence passe du moi au non-moi, et du subjectif à l'objectif. »

Le pauvre disciple de Laromiguière, un peu confus et inquiet, monta à la bibliothèque de la Sorbonne, et pour se rassurer ouvrit le premier volume de son professeur. « Serait il bien possible, disait-il, que la doctrine de mon cher maître renfermât de si étranges conséquences ? » Et il relut les passages suivants :

L'harmonie admirable qui règne sur la terre et dans les cieux force la raison à reconnaître une intelligence suprême qui a tout disposé avec une souveraine sagesse.

L'idée de Dieu sera à l'épreuve de toutes les attaques, si elle s'appuie sur le sentiment. Du sentiment de sa faiblesse et de sa dépendance, l'homme ne s'élèvera-t-il pas par un raisonnement inévitable à l'idée de la souveraine indépendance et de la souveraine puissance? du sentiment que produisent en lui la régularité des lois de la nature et la marche calculée des astres, à l'idée d'un ordonnateur suprême? du sentiment de ce qu'il fait lui-même quand il dispose ses actions pour les conduire vers un but, à l'idée d'une intelligence infinie? Ces trois idées ne sont qu'une seule idée. Mais comme cette idée unique sort de trois sentiments divers, on a pu, en la prenant sous trois points de vue, en faire le moyen de trois arguments de l'existence le Dieu, distincts et séparés. Le premier est puisé au fond même de notre nature. Le second éclate dans la magnificence du spectacle de l'univers. Le troisième nous vient avec une force irrésistible de la considération des causes finales.

Et un peu plus loin :

Ce qui constitue proprement la bonté morale, c'est la fin que se propose l'agent libre, à savoir, le bien de ses semblables, et quelquefois aussi d'autres motifs, comme celui de ne pas blesser la dignité de sa nature, de nous conformer à l'ordre, et surtout de nous soumettre à la volonté de notre Créateur.

Sensation, statue ! Il n'en faut pas davantage à certains esprits pour crier au matérialisme.—La sensation de l'âme est distincte de l'impression de l'organe. — L'âme est une substance immatérielle, inétendue, simple, spirituelle. Vous ne pouvez nier la simplicité et la spiritualité de l'âme, qu'en niant que vous ayez la faculté de comparer, ou qu'en admettant en vous pluralité de moi, pluralité de personne.

Ces passages et beaucoup d'autres semblables, tirés de Codillac lui-même, le consolèrent un peu

« Car enfin, se disait-il, il est clair que mes philosophes admettent toutes ces sages et honnêtes doctrines, non par pudeur, complaisance ou bonté de cœur, mais par démonstration. Leur philosophie ne les en détourne pas, elle les y conduit; elle leur fournit des arguments, non des objections. Pourquoi donc mon jeune étudiant les pousse-t-il de force dans des opinions dont ils s'écartent avec horreur? Pourquoi veut-il que son chemin soit le seul praticable? Pourquoi m'oblige-t-il à m'y engager? Est-ce qu'il n'y a pas cinquante routes pour arriver au même but? Est-ce que les philosophes qu'il approuve le plus n'ont pas établi l'existence de Dieu, chacun par des preuves différentes, et en prenant soin de déclarer mauvaises celles de leurs prédécesseurs? Descartes rejetait l'argument des causes finales, Leibnitz celui que Descartes tirait de l'idée d'infini, Kant toutes les démonstrations, excepté celle qu'il découvrait dans la loi morale. Les sensualistes seuls seraient-ils exclus du droit commun, et leur défendrait-on de prouver Dieu à leur manière? D'autant plus que cette manière est claire, simple, exempte de grandes phrases et d'abstractions rébarbatives, pouvant être employée dans un fauteuil au coin de la cheminée, et n'ayant pas besoin d'être étalée en chaire, avec accompagnement de métaphores et d'éloquence. Il me semble que la méthode de réfutation qu'emploie mon jeune ami n'est qu'une machine de guerre. Il s'est dit peut-être que le raisonnement n'a pas de prise sur le public. Attaquez une psychologie par une pyschologie ; vous convaincrez quatre ou cinq esprits solitaires, mais la foule vous échappera. Au contraire, proclamez bien haut que si l'on continue à croire vos adversaires, Dieu, la vérité, la morale publique sont en danger ; aussitôt l'auditoire dressera les oreilles ; les propriétaires s'inquiéteront pour leur bien, et les fonctionnaires pour leur place ; on regardera les philosophes dénoncés avec défiance ; par provision on ôtera leur livre des mains des enfants ; le père de famille ne laissera plus manier à son fils un poison probable. Cette probabilité, d'elle-même, deviendra certitude, et les pauvres gens, tout honteux de leur réputation nouvelle, baisseront le dos, laisseront passer l'orage et se tiendront cois, silencieux dans leur cachette, espérant que, dans cinquante ans peut-être, la doctrine des esprits les plus lucides, les plus méthodiques et les plus français qui aient honoré la France, cessera de passer pour une philosophie de niais ou d'hommes suspects. »

Voilà le raisonnement que se fit mon vieux sensualiste. C'était un signe du temps : au lieu de le réfuter, on l'égorgeait ; il avait beau crier, la chose était faite. A mon sens, elle était mal faite ; ce n'est pas ainsi qu'on se débarrasse des gens ; il y faut d'autres procédés et plus d'efforts. De cette philosophie si lestement démolie, il subsiste plusieurs constructions intactes; je voudrais les montrer, avant d'examiner la solidité de la bâtisse si bien décorée, où l'éducation présente nous fait entrer, où l'autorité des maîtres nous enferme, où les convenances et les traditions nous confinent. L'édifice du dix-huitième siècle, quoique désert, est encore habitable, du moins en partie. Le lecteur ne refusera pas de s'arrêter devant le dernier de ses architectes et le plus aimable de ses habitants.

II

Les hommes qui l'ont connu disent que sa conversation avait un charme dont on ne pouvait se défendre, et ses leçons furent une conversation. Il n'avait jamais l'air d'être en chaire; il causait avec ses élèves comme un ami avec ses amis. Ses gestes étaient rares, son ton doux et mesuré, et, pendant que ses yeux s'éclairaient de la lumière de l'intelligence, sa bouche, demi-souriante et parfois moqueuse, ajoutait les séductions de la grâce à l'ascendant de la vérité. Il était dans la philosophie comme un homme du monde dans sa maison ; il en faisait les honneurs avec un bon goût et une politesse exquise ; il allait au devant de ses hôtes, leur prenait la main, les conduisait sur tous les points de vue qui pouvaient les intéresser ou leur plaire. Il ne leur imposait point l'obligation d'admirer ou de croire ; il les laissait libres, et cependant les guidait avec une bonté si complaisante et par des sentiers si unis, qu'on ne pouvait s'empêcher de le suivre et de l'aimer. Il prenait pour lui toute la peine : il excusait d'avance la marche embarrassée des esprits lourds ; il leur demandait pardon de leur sottise, et se chargeait de leur faute avec toute la modestie de la science et de l'urbanité.

Je suis loin, disait-il, de partager l'opinion trop généralement répandue, que les questions de métaphysique se refusent à la clarté des questions de physique ou de mathématiques. J'aurais quelque intérêt sans doute à vous entretenir dans une pareille opinion ; elle me servirait d'excuse, et pour le passé et pour l'avenir ; mais tous les prétextes que je pourrais alléguer ne seraient que de vains prétextes, et je dois faire l'aveu que, s'il m'arrive de laisser paraître de l'hésitation ou de l'embarras, ce sera toujours ma faute, et non celle des matières que je traiterai. Tous les sujets peuvent être traités avec une clarté égale, tous sans aucune exception, car tous les raisonnements s'appuient sur des jugements, et tous les jugements sur des idées. Si donc nos idées sont bien claires, pourquoi leur clarté ne se communiquerait-elle pas à nos jugements, à nos raisonnements, à notre discours ? S'il en est ainsi, vous avez le droit de vous plaindre de moi, lorsque vous ne m'entendez pas ; et je n'aurais le droit de me plaindre de vous, que si vous ne me donniez pas une attention suffisante. Mais vous me l'accordez toujours, et vous voulez bien me dire souvent que vous m'avez entendu.

Au milieu de ces analyses se glissaient de petites phrases un peu malicieuses, railleries à peine indiquées et aussitôt réprimées, si légères que les gens qu'elles effleuraient devaient eux-mêmes sourire, et lui savoir bon gré de les avoir repris. Depuis dix leçons déjà, il parlait de métaphysique, sans avoir défini ni le mot ni la chose ; plusieurs auditeurs, embarrassés, et voulant à toute force une formule pour la mettre en tête de leurs cahiers, le pressaient d'interrogations.

Voici encore une leçon, dit-il en montant en chaire, qui m'est commandée par les questions que l'on m'adresse. Et je ne dois pas craindre que mon cours de philosophie en soit plus mal ordonné. Comme vos questions se rapportent toujours à ce qui vient d'être dit, il faut bien que mes réponses, si elles ont quelque justesse, soient en harmonie avec ce que j'ai enseigné précédemment. Ainsi, tout écart m'est défendu, et c'est à vous que je le dois.

Ceci est un compliment d'entrée, une politesse gracieuse et pourtant équivoque, bienveillante si l'on veut, et si l'on veut, ironique.

La suite va nous l'apprendre :

Je cherche à m'expliquer le motif d'une question pareille. Comme, dans bien des têtes, les mots métaphysique, obscurité, difficulté, se trouvent confondus, il se pourrait que, si j'ai quelquefois eu le bonheur de m'expliquer avec clarté, on ait cru entendre autre chose que de la métaphysique. Je serais heureux de vous avoir causé une telle surprise.

Mais qu'est-ce donc que la métaphysique?

Bientôt on demandera : Qu'est-ce que c'est la logique? Qu'est-ce que la morale? Qu'est-ce que la philosophie? Ailleurs on demande : Qu'est-ce que l'éloquence ? Qu'est-ce que la poésie ? Qu'est-ce qu'une idylle? En quoi son essence diffère-t-elle de l'essence d'une églogue? Le *Télémaque* est-il un poëme ou un roman?

Le but principal de cette leçon est moins de vous dire ce que c'est que la métaphysique, d'en déterminer l'idée que de vous prémunir contre cette habitude universelle de questionner, contre cette impatience de voir défini ce qu'il n'est pas encore temps de définir.

Le professeur reparaît et corrige son auditoire. Et pour rendre la leçon plus complète et plus vive, il en fait une petite scène. Il représente d'un côté un groupe d'étudiants qui discutent avec la ferveur des néophytes cinq ou six définitions de la philosophie; puis une assemblée d'hommes graves qui proposent sentencieusement cinq ou six définitions différentes des premières et différentes entre elles. Il entrechoque devant ses auditeurs cette foule d'abstractions, d'explications et d'argumentations; et quand il les voit bien assourdis par le bruit du combat et par le choc sonore de pompeux adjectifs philosophiques, il les amène doucement hors de la mêlée, éclaircit leurs idées par des exemples familiers, les engage adroitement dans la bonne route, leur fait découvrir d'eux-mêmes et près d'eux ce qu'ils cherchaient si loin et dans les autres, et les laisse satisfaits d'eux, contents du maître, enrichis d'une idée claire, et munis d'une leçon de patience et de discrétion.

Cet art d'animer les dissertations et de mettre la philosophie en dialogue indique une verve secrète et une imagination capable de peindre aux yeux les objets. Lorsque le cours de la logique portait le professeur d'analyse vers des endroits plus riants et plus agréables, il ne s'en détournait pas ; il consentait parfois à ramasser sous ses pas quelques fleurs littéraires ; il choisissait volontiers celles qui, simples et populaires, pouvaient se montrer sans disparate au milieu des raisonnements psychologiques, comme un bluet dans une gerbe d'épis mûrs. Il raillait les métaphysiciens amateurs de métaphores, pour qui « l'entendement est le miroir qui réfléchit les idées, » et qui définissent la volonté « une force aveugle guidée par l'entendement, éclairée par l'intelligence. » Mais au même instant il joignait l'exemple au précepte, et disait dans ce style choisi dont ses maîtres lui avaient donné le modèle :

L'homme est porté à tout animer, à tout personnifier, à mettre quelque chose d'humain jusque dans les objets qui ont le moins de rapport à sa nature. A la source d'un ruisseau, il a placé une jeune fille, une nymphe, dont l'urne penchante verse l'eau qui doit arroser le gazon des prairies ou désaltérer le voyageur. A celle d'un grand fleuve, c'est un homme dans la force de l'âge, c'est un demi-dieu couché tranquillement au milieu des roseaux, et contemplant d'un œil satisfait les campagnes qu'il féconde et qu'il enrichit. Mais si les beaux-arts ne plaisent que par les fictions, la philosophie ne plaît que par la vérité : elle doit s'interdire tout ce qui peut la voiler, je ne dis pas ce qui peut l'orner.

Ces ornements employés avec tant de mesure et placés avec tant de goût ne sont point le principal charme de son style. On y aime avant tout la facilité abondante et le naturel heureux. Les idées 'y suivent comme les eaux d'une rivière tranquille. La première conduit dans la seconde, la seconde dans la troisième, et l'on se trouve amené au milieu du courant sans y avoir songé. Elles vous portent et vous font avancer d'elles-mêmes ; on n'a pas besoin d'effort, on pense sans le vouloir,et et l'on ne s'aperçoit de son progrès et de ses découvertes qu'au plaisir paisible dont insensiblement on se trouve pénétré. Le mouvement n'est pas rapide ; l'auteur n'entraîne point l'esprit par l'élan d'une logique impétueuse ; il le promène doucement autour d'une foule d'idées familières. Ces idées, qui paraissent claires, ont pourtant besoin d'être éclaircies ; son premier travail est de les éclaircir. Il les ramène à leur origine, et note les légères différences qui les séparent ; il marque soigneusement le sens des mots et les nuances des expressions; il enseigne aux gens le français qu'ils croient avoir appris, et la logique qu'ils pensent savoir de naissance. Rien de plus agréable que ces fines distinctions et ces ingénieuses analyses. La science n'a pas coutume d'avoir tant d'aisance, ni la psychologie tant de grâce; et ce qui ajoute à leur prix, c'est qu'elles ne font point sortir le public du terrain où il a coutume de se tenir; elles semblent le complément d'un cours de langue ou de littérature; l'auteur décompose une fable de La Fontaine pour faire le catalogue des opérations de l'esprit; une phrase de Buffon, pour prouver que tout raisonnement est un composé de propositions identiques. Les grands auteurs font cercle autour de sa chaire; il en descend le plus souvent qu'il peut et leur cède la parole; il prétend qu'ils sont les meilleurs maîtres d'idéologie, et que leur style est toute une logique. Il nous renvoie à leurs livres, il ramène la philosophie à l'art d'écrire, et, à force de se rapprocher d'eux, mérite presque d'être rangé à côté d'eux.

III

Son système ressemble à son esprit; il est plutôt clair et ingénieux que profond ou nouveau. Le point principal est la distinction de la sensation passive et de l'attention active que Condillac réunissait toutes deux sous le nom unique de sensation. M. Laromiguière croit que l'impression ou sentiment confus et involontaire qu'on éprouve lorsqu'on *voit* un objet, diffère de l'idée ou sentiment distinct et volontaire qu'on produit lorsqu'on *regarde* cet objet[1]. Il pense que dans le premier cas l'âme subit une modification, et que, dans le second, elle fait une action. Il ne veut point admettre une simple capacité passive parmi les facultés ou puissances efficaces, et ne reconnaît de facultés que celles qui correspondent aux différentes classes d'actions. De là naît une théorie ingénieuse, d'une symétrie extrême, si jolie qu'elle met en défiance, mais dont le résumé a la précision d'une formule et l'élégance d'une démonstration.

Le système des facultés de l'âme se compose de deux systèmes, le système des facultés de l'entendement, et le système des facultés de la volonté. Le premier comprend trois facultés particulières : l'attention, la comparaison, le raisonnement. Le second en comprend également trois : le désir, la préférence, la liberté. Comme l'attention est la concentration de l'activité de l'âme sur un objet, afin d'en acquérir l'idée, le désir est la concentration de cette même activité sur un objet, afin d'en obtenir la jouissance. La

---

1. Mettez un badaud ancien mercier et un archéologue un peu artiste devant Saint-Germain des Prés : comparez les deux physionomies : le premier a l'*impression*; le second, l'*idée*.

comparaison est le rapprochement des deux objets ; la préférence est le choix entre deux objets qu'on vient de comparer. Le raisonnement et la liberté semblent d'abord ne pas offrir la même analogie. Cependant, en quoi consiste un acte libre ? N'est-il pas la détermination prise après avoir mis en balance deux ou plusieurs parties après en avoir calculé, pour ainsi dire, les inconvénients et les avantages ? Et la conclusion d'un raisonnement, n'est-ce pas le résultat de deux comparaisons, d'une sorte de balancement entre deux propositions ?

Rien de plus ingénieux que cette marqueterie philosophique. Je ne sais si depuis Fontenelle la science avait eu tant de souplesse et tant d'esprit.

La seconde question populaire était celle de l'origine des idées. Laromiguière fit une seconde distinction, et remarqua que l'âme est capable de plusieurs sortes de modifications passives. Outre les sensations qui sont déterminées par les impressions des organes et qu'avait décrites Condillac, il nota les modifications ou sentiments que nous éprouvons à l'occasion de l'action de nos facultés [1], à l'occasion de deux idées présentes à la fois et comparables [2], à l'occasion d'une action qui nous paraît produite par un agent libre [3]. Il trouva

1. Vous lisez un beau roman, vous avez le *sentiment* de votre attention.
2. Vous voyez un hêtre et un charme, vous avez le *sentiment* de leur ressemblance.
3. Vous écoutez un homme qui ment, vous avez le *sentiment* de sa coquinerie.

ainsi qu'il y a quatre sortes de sentiments ou modifications passives, et que toutes les idées ont leur origine dans l'un ou dans l'autre de ces sentiments :

Les idées des objets sensibles ont leur origine dans le sentiment-sensation, et leur cause dans l'attention,

Les idées des facultés de l'âme ont leur origine dans le sentiment de l'action de ces facultés, et leur cause aussi dans l'attention.

Les idées de rapport ont leur origine dans le sentiment de rapport, et leur cause dans la comparaison et le raisonnement.

Les idées morales ont leur origine dans le sentiment moral, et leur cause dans l'action séparée ou réunie de l'attention, de la comparaison et du raisonnement.

Tel est l'abrégé du système. Le lecteur y reconnaît l'œuvre d'un esprit très-fin, très-délicat, très-conséquent et très-net. Je crois pourtant que, si la psychologie se bornait à enseigner des vérités de cet ordre, son utilité serait médiocre. On peut se faire sur l'âme des questions plus intéressantes, et peut-être un jour on se les fera. La psychologie est un livre qu'au dix-septième siècle on a présenté par devant, au dix-huitième siècle par derrière, au dix-neuvième siècle encore par devant, mais que peu de personnes jusqu'ici ont songé à ouvrir. On en connaît très-bien la couverture ; quant au contenu, c'est autre chose.

Parmi les descriptions de la couverture, celle de Laromiguière est des meilleures et restera.

Mais ce qui durera plus encore, c'est la méthode qu'il a reçue de Condillac, et que, dans son Discours sur le raisonnement, il résume avec une lucidité admirable. A notre avis, cette méthode est un des chefs-d'œuvre de l'esprit humain. Nous l'avons oubliée depuis trente ans, et nous la dédaignons aujourd'hui; nous avons relevé une vieille logique, composée de pièces disparates, machine discordante dont la scolastique, Descartes et Pascal ont fourni les rouages rouillés, qu'Arnauld construisit un jour par défi, pour un enfant, et qui ne pouvait servir qu'à des esprits encore empêtrés dans la syllogistique du moyen âge[1]. Nous laissons dans la poussière des bibliothèques la *Logique* de Condillac, sa *Grammaire*, sa *Langue des calculs*, et tous les traités d'analyse qui guidèrent Lavoisier, Bichat, Esquirol, Geoffroy Saint-Hilaire et Cuvier. La philosophie fut alors la maîtresse des sciences; elle indiqua une nouvelle route, et on la suivit. C'est à cette direction imprimée aux sciences positives qu'on reconnaît les grandes découvertes philosophiques; le centre déplacé, tout le reste s'ébranle. Ainsi, dans notre siècle, les méthodes de construction et les hypothèses des métaphysiciens

1. La *Logique de Port-Royal*.

d'Allemagne ont précipité toutes les sciences particulières dans des voies nouvelles et leur ont ouvert des horizons inconnus. Nos Français du siècle dernier ont eu la même puissance, et méritent le même respect. Marquons donc en deux mots la portée, les limites et les règles de leur méthode. Ils ne nous enseignent point à observer, à expérimenter, à induire; ils ne font pas collection de faits, ils n'interprètent point la nature; ils laissent Bacon gouverner les sciences expérimentales : c'est ailleurs qu'ils portent leurs efforts. Ils supposent l'esprit de l'homme plein et comblé d'idées de toutes sortes, entrées par cent sortes de voies, obscures, confuses, perverties par les mots, telles que nous les avons lorsque nous commençons à réfléchir sur nous-mêmes, après avoir pensé longtemps et au hasard. Ils débrouillent ce chaos, et d'un monceau de matériaux entassés, ils forment un édifice. Ils s'en tiennent là, et ne prétendent point aller plus loin. On les nomme idéologues, et avec justice : ils opèrent sur des idées et non sur des faits; ils sont moins psychologues que logiciens. Leur science aboutit dès l'abord à la pratique; et ce qu'ils enseignent, c'est l'art de penser, de raisonner et de s'exprimer.

En quoi consiste cet art? et par quels moyens remplissent-ils l'esprit d'idées claires? En renversant les méthodes ordinaires. Au lieu d'axiomes, en tête des sciences, ils mettent des faits. Au lieu de définir les idées, ils les engendrent. Au lieu de commencer les mathématiques par une définition de la quantité et de la mesure, ils font naître et rendent distinctes par une foule d'exemples les idées de quantité et de mesure. Au lieu d'ouvrir la psychologie par la définition des facultés, ils nous mettent dans les circonstances où la notion des facultés doit se développer dans notre esprit. Ils ont observé le mouvement naturel de la pensée, et le reproduisent; ils savent que ses premières opérations consistent dans la connaissance de faits particuliers, déterminés, et le plus souvent sensibles, que peu à peu elle se porte involontairement sur certaines parties détachées de ces faits, qu'elle les met à part, qu'aussitôt les signes apparaissent d'eux-mêmes, que les idées abstraites et les jugements généraux naissent avec eux; ils suivent cet ordre dans les vérités qu'ils nous présentent, et en retrouvant la manière dont l'esprit invente, ils nous apprennent à inventer. Ils nous montrent comment des collections d'idées se rassemblent en une seule idée en se résumant sous un seul signe, comment la langue et la pensée marchent ainsi peu à peu vers des expressions plus abrégées et plus claires, comment la série immense de nos idées n'est qu'un système de transformations analogues à celles de l'algèbre, dans lequel quelques éléments très-simples, diversement combinés, suffisent pour produire tout le reste, et où l'esprit peut se mouvoir avec une facilité et une sûreté entières, dès qu'il a pris l'habitude de considérer les jugements comme des équations, et de substituer aux termes obscurs les valeurs qu'ils doivent représenter

On a dit que le propre de l'esprit français est d'éclaircir, de développer, de publier les vérités générales ; que les faits découverts en Angleterre et les théories inventées en Allemagne ont besoin de passer par nos livres pour recevoir en Europe le droit de cité ; que nos écrivains seuls savent réduire la science en notions populaires, conduire les esprits pas à pas et sans qu'ils s'en doutent vers un but lointain, aplanir le chemin, supprimer l'ennui et l'effort, et changer le laborieux voyage en une promenade de plaisir. S'il en est ainsi, l'idéologie est notre philosophie classique ; elle a la même portée et les mêmes limites que notre talent littéraire ; elle est la théorie dont notre littérature fut la pratique ; elle en fait partie puisqu'elle la couronne, et l'on peindrait en abrégé son dernier défenseur, en disant qu'avec les grâces aimables, la politesse exquise et la malice délicate de l'ancienne société française, il conserva la vraie méthode de l'esprit français.

CHAPITRE II.

M. ROYER-COLLARD.

I

C'est la psychologie écossaise qui fournit à la philosophie nouvelle sa première direction d'esprit et ses premiers instruments d'attaque. Par quel hasard les novateurs choisirent-ils pour maîtres d'honnêtes bourgeois d'Édimbourg, sensés, peu connus, médiocres ? C'est ce qu'on ne voit pas bien au premier instant. Mais après la Révolution française, le vide s'était fait dans les esprits, et les adversaires du sensualisme s'attachèrent au premier point d'appui qui se présenta. A ce sujet les contemporains racontent une anecdote que voici :

Un matin, en 1811, M. Royer-Collard, qu'on venait de nommer professeur de philosophie à la Sorbonne, se promenait sur les quais fort embarrassé. Il avait relu la veille la Bible du temps, Condillac, et s'il suivait Condillac, il allait enseigner que nos facultés sont des sensations transformées, que l'étendue est peut-être une illusion, que nos idées générales sont de simples signes, qu'une science achevée n'est qu'une langue bien faite. De toutes ces formules s'exhalait une vapeur de scepticisme et de matérialisme qui répugnait au chrétien fervent, moraliste austère, homme d'ordre et d'autorité. Pourtant que pouvait-il faire ? Nouveau en philosophie, il n'avait point de doctrine à lui, et, bon gré mal gré, il devait en professer une. Tout à coup, il aperçut à l'étalage d'un bouquiniste, entre un Crevier dépareillé et l'Almanach des cuisinières, un pauvre livre étranger, honteux, ignoré, antique habitant des quais, dont personne, sauf le vent, n'avait encore tourné les feuilles : *Recherches sur l'entendement humain, d'après les principes du sens commun, par le docteur Thomas Reid.* Il l'ouvre et voit une réfutation des condillaciens anglais. « Combien ce livre ? — Trente sous. » Il venait d'acheter et de fonder la nouvelle philosophie française.

Certainement, si quelqu'un était enclin à sortir de l'ancienne route, c'était lui ; car personne n'était plus opposé, de caractère et d'éducation, aux maximes et à l'esprit du dix-huitième siècle. Il était né en Champagne, dans une famille qui ajoutait à la sévérité des anciennes mœurs provinciales la rigidité du christianisme primitif. Ses parents avaient transporté dans le village la ferveur et les pratiques de Port-Royal; les laboureurs emportaient le Nouveau-Testament avec eux quand ils allaient travailler aux champs, et les femmes lisaient l'Écriture à la veillée. Sa maison était une Thébaïde, et sa mère une sorte de puritaine catholique. Lui-même, après une éducation toute religieuse, grave, studieux, muni de convictions fortes, éprouvé par la proscription, formé pour gouverner les hommes sans les contraindre, et préparé à la politique par la morale, il entrait dans les affaires publiques, lorsque l'anarchie du Directoire et le despotisme de l'Empire lui fermèrent la carrière pour laquelle il était né et il était prêt. Relégué dans la théorie, il y porta les instincts du moraliste et les préoccupations de l'homme d'État ; tel on devait le revoir à la tribune, tel on le vit dans sa chaire ; dans l'une comme dans l'autre sa pensée dominante fut celle de la règle, et son ton ordinaire fut celui du commandement. Il avait par excellence le caractère impérieux et noble. En fait de science comme en fait de conduite, aucun des dons naturels qui confèrent l'autorité ne lui manquait; il était né conquérant et dominateur des esprits. Mais la soumission qu'on lui rendait était volontaire et confiante ; on le trouvait digne de la suprématie qu'il réclamait ; on fléchissait sous sa dictature méritée et naturelle, comme sous une magistrature bienfaisante et légitime. Le dernier des philosophes français, il écrivit simplement, sans mots abstraits ni phrases allemandes, à la manière du dix-huitième siècle. S'il détruisait la théorie de Condillac, il gardait son style ; il lui emprunta sa clarté, pour lui prendre ses lecteurs. Il eut une précision étonnante, n'employant que des phrases brèves et des mots exacts, véritable mathématicien, dont toutes les expressions étaient des chiffres. Tel est le morceau suivant, digne d'un géomètre par sa force et sa justesse [1] :

De même que la notion d'une étendue limitée nous suggère la notion d'un espace sans bornes, qui n'a pas pu commencer, qui ne pourrait pas finir, et qui demeure immobile, tandis que les corps s'y meuvent en tous sens ; de même la notion d'une durée limitée nous suggère la notion d'une durée sans bornes qui n'a pas pu commencer, qui ne pourrait pas finir, et qui se serait écoulée uniformément, quand aucun événement ne l'aurait remplie. La durée se perd dans l'éternité, comme l'espace dans l'immensité. Sans le temps il n'y aurait pas de durée ; sans l'espace il n'y aurait pas d'étendue. Le temps et l'espace contiennent dans leur ample sein toutes les existences finies, et ils ne sont contenus dans aucune. Toutes les choses créées sont

---

1. M. Royer-Collard avait été, dans sa jeunesse, passionné pour les mathématiques, et même à Saint-Omer il les avait enseignées quelque temps. (*Royer-Collard*, par M. A. Philippe, médecin de l'Hôtel-Dieu.)

situées dans l'espace, et elles ont aussi leur moment dans le temps; mais le temps est partout, et l'espace est aussi ancien que le temps. *Chacun d'eux réside tout entier dans chaque partie de l'autre.*

Cette dernière phrase est d'une énergie étonnante. Il faudrait remonter à Pascal pour trouver des vérités aussi vastes, concentrées dans un si petit espace, avec des termes aussi simples, par une métaphore aussi exacte. Cela est aussi beau qu'une formule de Newton. Celles de M. Royer-Collard, pénétrantes et distinctes, entraient dans l'esprit comme les sons perçants d'un battant d'acier. Au besoin, il les multipliait ; coup sur coup, répétées, résonnantes, elles tintaient et emportaient dans leurs volées vibrantes l'esprit étourdi et accablé. Il mettait de l'acharnement dans l'explication et dans la preuve; il prenait le lecteur à partie et lui disait :

Vous marchez devant moi; je vous vois ici, et je me souviens que vous étiez là. — La durée qui s'est écoulée entre le moment où vous étiez là et celui où vous êtes ici, c'est ma mémoire qui me la donne, ma mémoire, dis-je, et non la vôtre qui n'est point à mon service. Mais ma mémoire ne peut me donner que ma propre durée, elle ne peut pas me donner la vôtre ; je ne me souviens que de ce qui se passe en moi, je ne peux pas me souvenir de ce qui se passe en vous. C'est donc ma durée que je saisis entre ma perception actuelle et ma perception passée, ce n'est pas la vôtre que je saisis entre votre mouvement actuel et votre mouvement passé. Si je sais qu'un temps s'est écoulé entre vos deux mouvements, c'est parce que je sais qu'un temps s'est écoulé entre mes deux perceptions ; si je conçois que vous avez duré, c'est parce que j'ai connu que je durais, et si je mesure votre durée, c'est parce que je puis mesurer la mienne. Je ne vous prête pas ma durée; la durée n'est pas plus à moi qu'à vous. Mais je ne connais la vôtre que par la mienne, et je n'en sais rien que je n'aie puisé en moi. Ce n'est donc jamais votre durée que j'observe, mais toujours la mienne. Encore moins peut-on dire que c'est dans votre durée que j'observe la mienne, et de votre durée que j'induis ma durée ; c'est au contraire dans ma durée que j'observe votre durée, et de ma durée que j'induis la vôtre. A plus forte raison s'il s'agit d'un corps inanimé tel que le soleil, qui dure aussi certainement qu'il est étendu, mais dont la durée, ignorée de lui-même ainsi que son étendue, échappe à toutes nos facultés.

Cela est pressant, n'est-ce pas? Attendez le résumé. Il vous a conquis, il veut vous asservir ; il vous a comblé de preuves, il va vous en accabler :

Ainsi, quoique je conçoive la durée des choses comme indépendante de la mienne, cependant, comme je ne me souviens que de moi, et que ma durée est la seule dont j'aie le sentiment, c'est de ma durée que j'induis la durée des choses, c'est sur le type de la mienne que je la conçois, c'est par la mienne seule que je puis l'estimer. En d'autres termes, nous ne trouvons pas la durée hors de nous ; la seule durée qui nous soit donnée est la nôtre. Quand nous l'avons, elle introduit dans notre entendement la conception d'une durée commune à tous les êtres, et indépendante de la nôtre, ainsi que tous les phénomènes du monde matériel. Mais pour apprécier cette durée, pour la soumettre à la mesure, il faut la faire remonter à sa source ; c'est là seulement qu'elle rentre dans notre puissance, en retombant sous l'observation de nos facultés. Nous ne durons pas seuls; mais dans l'ordre de la connaissance, toute durée émane de celle dont nous sommes les fragiles dépositaires. La durée est un grand fleuve qui ne cache point sa source, comme le Nil dans les déserts, mais qui n'a ni source, ni rives, ni embouchure. Ce fleuve coule en nous, et c'est en nous seulement que nous pouvons observer et mesurer son cours.

La démonstration acharnée finit par une accumulation d'images magnifiques. C'est un vainqueur qui, sur ses ennemis tombés, étale la pourpre éclatante de son manteau. Involontairement et sans cesse, il aboutit au grandiose. Comme Bossuet, il s'y trouve bien. Il y revient comme dans la patrie; il achève de gagner par l'admiration les convictions qu'il a maîtrisées par la preuve. Des flots de métaphores jaillissent au milieu de son raisonnement sans le noyer ni le briser. Qu'il soit dans une tribune ou dans une chaire, il imagine. Il dira à la Chambre des pairs : « On déporte les hommes; les lois fondamentales d'un pays ne se laissent pas déporter. — Les fleuves ne remontent pas vers leur source; les événements accomplis ne rentrent pas dans le néant. » Il disait à la Sorbonne : « A mesure que la réflexion retire la causalité que l'ignorance avait répandue sur les objets, les volontés locales, exilées du monde matériel, sont successivement rassemblées et concentrées par la raison en une volonté unique, source commune de toutes les volontés contingentes, cause première et nécessaire que la pensée de l'homme affirme sans la connaître, et dont elle égale le pouvoir à l'étendue, à la magnificence, à l'harmonie des effets qu'elle produit sous nos yeux. » Il invente des expressions superbes, qu'on n'oublie plus, images puissantes qui condensent sous un jet de lumière de longues suites d'abstractions obscures. Après avoir dit qu'expliquer un fait, c'est le déduire d'un autre fait inexplicable, il reprend : « La science sera complète quand elle saura dériver l'ignorance de sa source la plus élevée. » Plus loin : « On ne divise pas l'homme ; on ne fait pas au scepticisme sa part. Dès qu'il a pénétré dans l'entendement, il l'envahit tout entier. » Ailleurs, il expose ainsi l'induction : « Les faits que l'observation laisse épars et muets, la causalité les rassemble, les enchaîne, leur prête un langage. Chaque fait révèle celui qui a précédé, prophétise celui qui va suivre.... Ce qui est arrivé, arrivera dans les mêmes circonstances : le passé peut être affirmé de l'avenir ; aussi longtemps que la nature sera vivifiée par les mêmes forces, elle sera régie par les mêmes lois qui reproduiront les mêmes connexions.... Ainsi l'avenir entre dans la pensée de l'homme, et avec lui, toute prévoyance, toute prudence, toute philosophie. » Le lecteur a déjà distingué le ton dominant de ce style. L'imagination imposante est impérieuse; car, du haut de sa solennité majestueuse, elle a l'air de laisser tomber des oracles. La précision énergique est impérieuse; car, par son exactitude concentrée, elle a l'air de prescrire des formules. Le style de M. Royer-Collard est celui d'un législateur des hommes et des événements.

C'est pourquoi il traite ses adversaires en coupables. Il est fâcheux d'être refuté par lui : le pauvre Condillac est si malmené, qu'il fait pitié. D'ordinaire, quand un philosophe prête des sottises à ses rivaux, il est généreux, et les méchants expliquent la chose en disant qu'il est en fonds. Mais les plus libéraux des philosophes, comparés à M. Royer-Collard, sont avares. Ce qu'il voit ou ce qu'il croit voir d'absurdités dans Condillac est prodigieux. Après l'avoir lu, on se demande pourquoi le docte abbé ne finit pas sa vie à Bicêtre; et ses fautes sont relevées avec une rudesse, une roideur de conviction, une hauteur de mépris, une brièveté tranchante, un ton de juge, qui interdisent le doute et terrassent la résistance. Le dédain est d'autant plus fort, qu'il semble plus contenu. Après avoir exposé la confusion des qualités premières et des qualités secondes : « C'est à cette erreur, dit M. Royer-Collard, que se réduisent quelques-unes des découvertes les plus vantées de la philosophie moderne. » Ailleurs, parlant des sceptiques, il raille amèrement et d'un geste la philosophie qui, par ses paradoxes, « soulage le vulgaire d'une partie du respect qu'elle exige de lui. » Au reste, ce style commandant ne fit point de lui un pédant gourmé. Il fut roi en philosophie, il ne fut point docteur. La science était nouvelle pour lui ; pour la première fois, il jouissait du plaisir d'enseigner ; pour la première fois, il jouissait du plaisir de construire et d'abattre. De là une verve et une ardeur qui ressemblent à de la jeunesse. Il invente vite et il invente beaucoup. Il se passionne et il montre sa passion. Il se concilie la sympathie en subjuguant les croyances. Il gagne ceux qu'il maîtrise ; il séduit ceux qu'il entraîne. On est content de voir cette belle source jaillir abondamment, à flots clairs et rapides, et lancer son eau impétueuse entre les rives solides du lit le plus régulier et le mieux construit. Telle est sa dernière force ; comptons-les toutes : le style simple et lucide qui met la science à la portée des ignorants ; la précision du langage qui imprime des convictions nettes ; la vigueur du raisonnement qui asseoit des convictions fortes ; les métaphores grandioses qui éclairent et dominent l'imagination; la volonté impérieuse qui asservit les esprits indécis; la verve féconde qui séduit les esprits grondeurs. Personne n'eut une plus belle armée pour faire la conquête des opinions humaines. Personne n'eut une plus belle occasion pour faire la conquête des opinions françaises. M. Royer-Collard se mit en campagne, le 4 décembre 1811, et le spiritualisme commença.

Malheureusement, il partait dans de mauvaises dispositions et avec un mauvais guide.

Son siége était fait. Par religion et par inclination, il était l'ennemi de Cabanis et de Saint-Lambert. Il allait les combattre sur le dos de Condillac leur père. La psychologie à ses yeux n'était point un but, mais un moyen. Il analysait non pour analyser, mais pour réfuter les matérialistes et les sceptiques. Son penchant inné lui faisait une doctrine préconçue; et toujours une doctrine préconçue fausse, invente ou omet les faits.

Son guide, honnête Écossais, esprit un peu étroit, très-sec et tout pratique, était arrivé par le plus singulier chemin à la voie qu'il avait ouverte. Poussé par Berkeley, puis par Hume, il arriva sur le bord du doute, il vit s'y engloutir l'esprit et la matière; mais quand il vit sa famille précipitée avec le reste, il n'y tint plus : il cria aux philosophes qu'il voulait la garder; il ne voulut point admettre qu'elle fût une collection d'impressions ou d'apparences ; plutôt que de la révoquer en doute, il se mit à les réfuter tous. Au reste, il débutait noblement par quelques exclamations poétiques : « N'était-ce donc que pour te jouer de lui, ô nature, que tu formas l'homme?... Si cette philosophie est celle de la nature humaine, n'entre point, ô mon âme, dans ses secrets [1]. » Après quoi, ayant énuméré les croyances du vulgaire, il somma les philosophes de les recevoir comme règles. Le sens commun devint pour lui une doctrine toute faite ; M. Royer-Collard la subit ; ce fut sa seconde entrave. Ainsi lié par le sens commun, par l'amour de l'ordre, par le christianisme, il passa trois ans, défaisant l'ouvrage des autres, et creusant de toute sa force, au milieu de la route, un mauvais trou.

II

Quel trou? la théorie de la perception extérieure.

Si on l'en croit[2], Descartes, Malebranche, Leibnitz, Locke, Hume, Condillac, etc., bref, tous les philosophes modernes, ont admis des idées repré-

---

1. Reid, t. II, p. 33.
2. Reid, éd. Jouffroy, t. III, p. 335.

sentatives, sortes d'êtres interposés entre l'esprit et les objets, ayant de la ressemblance avec les objets, présentant à l'esprit l'image des objets, et fournissant à l'esprit, qui ne peut pas sortir de soi ni apercevoir les objets directement et en eux-mêmes, les moyens de les apercevoir indirectement et dans un portrait. M. Royer-Collard regarde cette opinion comme une supposition. Supposition non prouvée : car personne n'a jamais vu de telles idées, et celles que nous découvrons en nous-mêmes, bien loin d'être interposeés entre nos pensées et les objets, ne sont que nos pensées elles-mêmes. Supposition inutile : car ne voyant que des portraits, nous ne pouvons savoir si le portrait ressemble à l'original. Supposition contradictoire : car de deux choses l'une : si les idées sont des images matérielles, on ne peut pas admettre des portraits de la solidité, du chaud, de l'odeur et du son; si elles sont spirituelles, elles ne peuvent ressembler à la matière, ni par conséquent la représenter.

A son avis, la connaissance du monde extérieur se fait ainsi : quand nos nerfs sont ébranlés par un contact extérieur quelconque, nous éprouvons des sensations. Si c'est une sensation du toucher, nous concevons hors de nous la substance solide et étendue, et nous affirmons qu'elle existe, qu'elle existait avant notre sensation, qu'elle continuera d'existence après notre sensation, qu'elle est la cause de notre sensation. Pourquoi ces jugements? L'homme l'ignore. La science les constate et ne les explique pas. Ils contiennent deux sortes d'idées : celles de solidité et d'étendue, qui ont pour première et pour unique source notre communication avec le dehors; celles de substance, de cause et de durée, qui ont pour première et pour unique source notre communication avec nous-mêmes : car, apercevant en nous la substance, la cause, la durée, nous les transportons dans le dehors par une induction involontaire et inexplicable, et nous constituons par elles le monde matériel[1]. Ainsi définie, la perception extérieure devient certaine, parce qu'elle est naturelle et forcée. Impérieuse et spontanée comme les connaissances de la raison et de la conscience, elle est digne de foi comme les connaissances de la raison et de la conscience. Ayant les mêmes effets et la même nature, elle la même autorité et les mêmes droits. Des juge-

---

1. Voici la théorie réduite en faits :

Je suis un être ou substance. Je suis une cause, par exemple la cause de mes actions. Je dure depuis quelque temps, et je sais tout cela.

Grâce à ces connaissances, quand je touche ce mur, je prononce qu'il est une substance, une cause, et qu'il dure comme moi. Pourquoi? C'est un mystère.

Je prononce de plus qu'il est étendu et solide; ces deux dernières idées entrent en moi pour la première fois. Comment? C'est un mystère.

ments inexplicables, une induction inexplicable, une certitude subie, à cela se réduit la science. Que l'homme se soumette à la croyance et se résigne à l'ignorance. Qu'il soit docile et qu'il soit modeste. Qu'il réduise ses souhaits, et qu'il apaise ses révoltes. Le suprême géomètre nous laisse apercevoir quelques rouages extérieurs de l'horloge humaine, et mène par des ressorts inconnus les réponses forcées de son cadran. N'espérons point pénétrer ce mécanisme ; n'essayons point de démentir ces révélations.

Voilà les sceptiques à bas, les philosophes tancés, le sens commun vainqueur, la science réduite à deux faits inexplicables, la certitude transportée hors de nos prises, nos témérités réprimées, notre curiosité enchaînée, l'homme discipliné. La source de la théorie est visible. M. Royer Collard est un amateur du bon ordre. Pratique et morale, sa philosophie a pour but non le vrai, mais la règle. A son insu, l'habitude et l'inclination le guident vers les doctrines qui nous courbent et qui nous retiennent. Il aime les barrières et il en pose. Il fait la police en philosophie.

Pour moi, j'avoue que je ne suis pas gendarme. Je ne pense pas qu'on doive se proposer pour objet la justification du sens commun et la réfutation du scepticisme. L'étude de la perception extérieure n'a qu'un but : la connaissance de la perception extérieure. Si on cherche autre chose, on est sûr de trouver autre chose. Un philosophe atteint toujours son but. Rien de plus pliant que les faits; rien de plus aisé qu'un système. L'histoire de la philosophie en offre trente ou quarante, très-bien faits, très-plausibles, avec lesquels on peut justifier le pour, le contre et les opinions intermédiaires. Êtes-vous dégoûté des affirmations? Entrez ici; voici Ænésidème et Hume. Êtes-vous dégoûté du doute? Passez là-bas : voilà Platon et Reid. Les faits sont des soldats; le but est le général, qui les mène du côté qui lui plaît, ici contre l'affirmation, là contre le doute. Toujours ils obéissent. Le bon général est celui qui les laisse aller d'eux-mêmes, sans contrainte, vers le terme où leur nature les pousse, qui constate ce terme et ne le choisit pas, qui les regarde marcher, qui ne leur prescrit pas leur marche, et qui, au moment d'entrer dans l'examen de la perception extérieure, se parle ainsi :

Je fais deux parts de moi-même : l'homme ordinaire, qui boit, qui mange, qui fait ses affaires, qui évite d'être nuisible, et qui tâche d'être utile. Je laisse cet homme à la porte. Qu'il ait des opinions, une conduite, des chapeaux et des gants comme le public : cela regarde le public. L'autre homme, à qui je permets l'accès de la philosophie, ne sait pas que ce public existe. Qu'on puisse tirer de la vérité des effets utiles, il ne l'a jamais soupçonné. A vrai dire, ce n'est pas un homme; c'est un instrument doué de la faculté de voir, d'analyser et de raisonner. S'il a quelque passion, c'est le désir d'opérer beaucoup, avec précision, et sur des objets inconnus. Quand j'entre dans la philosophie, je suis cet homme. Vous croyez qu'il souhaite autoriser le sens commun et prouver le monde extérieur. Point du tout. Que le genre humain se trompe ou non, que la matière soit une chose réelle, ou une apparence illusoire, il n'y met point de différence. « Mais vous êtes marié, lui dit Reid. — Moi, point du tout. Bon pour l'animal extérieur que j'ai mis à la porte. — Mais, lui dit M. Royer-Collard, vous allez rendre les Français révolutionnaires. — Je n'en sais rien. Est-ce qu'il y a des Français? » Là-dessus, il continue notant, décomposant, comparant, tirant les conséquences pendues au bout de ses syllogismes, curieux de savoir ce que du fond du puits il ramène à la lumière, mais indifférent sur la prise, uniquement attentif à ne pas casser la chaîne et à remonter le seau bien plein. Il ôtera peut-être quelque chose à la certitude, peut-être beaucoup, peut-être tout, peut-être rien. Peu lui importe; il n'ôtera rien à la vérité.

Philosophe immoral! dites-vous. Eh bien, je prends vos maximes. Je donne la pratique pour règle à la spéculation. J'étudie la perception extérieure pour réfuter les sceptiques et discipliner l'esprit humain. Je m'applique à réprimer le désordre, à prévenir les dangers, à diminuer le mal, à augmenter la vertu. Je choisis les croyances d'après leur utilité; je suis homme de gouvernement; je forme des théories pour les mœurs. J'appelle intempérance et témérité tout ce qui ébranle les doctrines spiritualistes; j'arrête d'avance les séditions de la rue en comprimant l'insurrection des esprits. Mais je serai conséquent, j'irai jusqu'au bout de ma tâche; ce que je fais en philosophie, je le ferai dans toutes les sciences. Si vos maximes sont bonnes quelque part, elles sont bonnes partout. Si elles sont vraies en psychologie, elles sont vraies en géologie, en astronomie, en histoire naturelle. Si la philosophie ne doit pas être philosophique, mais morale, la science ne doit pas être scientifique, mais morale. Courons chez les savants, et que votre autorité les arrête sur le bord des funestes doctrines qui, insensiblement, goutte à goutte, vont faire couler la corruption dans le cœur humain.

Nous allons au plus vite chez M. Flourens, et nous le supplions de ne plus taillader de cerveaux vivants. « Fermez vos bistouris, vos scalpels, rengainez vos scies, lâchez vos poules, vos lapins, vos chats, vos cochons d'Inde. Quoi! vous prouvez que la destruction des hémisphères cérébraux détruit la mémoire, les instincts, le raisonnement, sans abolir la vie ni les sensations brutes ! Vous attachez tel groupe de facultés à tel morceau de pulpe cérébrale ! Vous préparez les expériences de ce médecin, qui, pressant ou lâchant la cervelle saillante d'un trépané, supprimait et ranimait en lui la pensée, à l'instant, d'un coup de pouce, ouvrant et fermant tour à tour l'intelligence aussi sûrement qu'un robinet ! Cessez de compromettre l'immortalité de l'âme ; et, quand vous ouvrez votre trousse, songez que vous allez trancher dans les croyances morales du genre humain. »

Nous remontons en cabriolet, et nous arrivons chez M. Élie de Beaumont. « Ah ! monsieur, quell pernicieuse doctrine que celle du soulèvement des montagnes ! Quoi ! indiquer l'âge des chaînes, marquer la succession des continents, prouver les convulsions périodiques du globe ? L'homme n'est donc plus le propriétaire d'un sol destiné, préparé, assuré à sa race, le roi paisible d'une nature qui a travaillé et qui s'est pacifiée pour lui ? C'est l'hôte passager d'une terre vingt fois fracassée, le jouet fragile des forces souterraines qui font bouillonner des tempêtes de lave sous ses pieds. Notre civilisation n'est donc qu'une jolie fleur éclose entre deux éruptions au bord d'un cratère ! Cessez de décourager le travail et l'espérance, et choisissez une hypothèse consolante pour le genre humain. »

Nous courons rue Saint-Jacques ; nous grimpons les escaliers du Collége de France. Nous arrêtons M. Coste. « Brisez, monsieur, ces détestables bocaux, ces fœtus immoraux, ces œufs, ces spécimens d'embryogénie. Renoncez à l'épigénèse. Revenez à la théorie des germes préexistants. Rien de plus dangereux que de montrer une goutte de sang se transformant elle-même, et par elle seule, en un animal qui vit et qui pense. Cela sent le panthéisme. On voit trop clairement ici l'instinct aveugle de la nature artiste et créatrice, l'effort inné par lequel la matière dispersée s'organise, acquérant des propriétés et des perfections qu'elle n'avait pas. Gardez plutôt la théorie qui déclare les vivants tout formés dans l'ovaire; dites que l'animal ne se crée pas, qu'il s'accroît; que, fabriqué tout entier d'avance, il est aussi compliqué au premier qu'au dernier jour, que sa grosseur change, non sa structure; qu'Eve contenait incluses les unes dans les autres, achevées et complètes, les cent quatre-vingts générations qui d'elle ont transmis la vie jusqu'à nous. Comprenez, comme Malebranche, que nulle théorie ne révèle mieux l'industrie d'un artisan tout-puissant, distinct du monde. Dogme très-beau et très-bon, et qui, à ce titre, a le droit de régler la science des fœtus, comme la science des roches, et comme la science du corps humain. »

A ces réclamations que diront les savants? D'avance vous les voyez sourire, et reprendre l'un son scalpel, l'autre son marteau, l'autre son bocal. Faisons comme eux et reprenons l'analyse. Désormais, à leur exemple, nous ne craignons plus d'être appelés téméraires et sceptiques. Notre but n'est plus de prouver que la perception extérieure est certaine. Nous osons regarder de près les idées représentatives, meurtrières maudites de la certitude; et si, par hasard, la vérité se rencontre chez elles, nous irons prendre chez elles la vérité.

Elle s'y rencontre. Nos idées sont si bien représentatives, que ce nom exprime leur nature et donne leur définition.

Que le lecteur daigne examiner une idée, celle de triangle, en elle-même, toute seule, sans considérer avec les yeux aucun triangle effectif et réel. Il découvrira dans cette idée toutes les manières d'être du triangle, ses trois côtés, ses trois angles, l'opposition du plus grand côté au plus grand angle, la propriété qu'ont les trois angles, de valoir ensemble deux angles droits, etc. Il apercevra ces manières d'être aussi pleinement et aussi aisément dans l'idée intérieure du triangle que dans le triangle extérieur lui-même. L'idée pourra donc tenir lieu du triangle. Elle le rendra présent quoique absent. Elle le *représentera* Elle est donc représentative. Il y a donc des idées représentatives, c'est-à-dire douées de la propriété de suppléer les objets, d'offrir leur simulacre, de contenir la copie de leurs manières d'être, de rendre possibles en leur absence les opérations qu'on ferait en leur présence, de subir les opérations qu'on ferait sur eux. Ce n'est point là une hypothèse inventée, comme le veut M. Royer-Collard, c'est un fait constaté. Cette propriété représentative n'est point une supposition gratuite de quelques philosophes; c'est une découverte nécessaire que chaque homme, chaque jour, fait en soi-même. Ces idées représentatives ne sont pas des choses distinctes de nos pensées; elles sont nos pensées mêmes. Toute idée est une représentation. La puissance de représenter est si véritable, qu'elle est la puissance même de penser.

Pour rendre cette vérité sensible, prenons une idée sensible. Vous voilà au coin du feu, les rideaux tirés, les pieds au feu, auprès d'une lampe, rêvant un peu, et vous figurant une forêt. Au printemps, que les clairières sont belles! Les jolies têtes des bouleaux se lèvent là-bas frissonnant, et leur bouquet de molle verdure se détache sur le bleu tendre du ciel, entre les flocons de nuages moites qui traînent en s'évaporant sur la forêt. Les vieux taillis de chênes montent au fond en colonnades. Sur le labyrinthe des rameaux bruns, on voit déjà courir des rougeurs douteuses. Les bourgeons du sommet crèvent et baignent leurs petites pousses dans l'air lumineux des hauteurs. Je vois entre les tas de feuilles mortes des primevères, des violettes, des pervenches bleues comme des yeux de jeune fille ; il y a aussi des euphorbes déjà pleins de lait, si gonflés de sève, que leur pyramide verte fléchit sous le faix de leur tête. Que ce vent est doux ! Que ces feuillages sont jeunes ! On les voit trembler sous ses coups d'aile, et les yeux, malgré eux, suivent le miroitement des feuilles, qui tour à tour montrent et cachent au soleil leur dessous blanchâtre et leur dos luisant.

— Que s'est-il passé en moi-même ? Je viens de voir la forêt ; un peintre l'eût vue mille fois mieux. Il est clair que les idées sont représentatives, que j'ai eu en moi un simulacre de la forêt, que mon esprit a la propriété de prendre toutes sortes d'apparences, et que je puis apercevoir en lui comme dans un miroir ou dans un tableau, tantôt véridique, tantôt infidèle, les objets qu'en cet instant je ne vois pas.

Poussons plus loin. Votre feu est chaud, vous êtes seul ; le roulement des voitures vous arrive étouffé et monotone, la rêverie vous prend tout à fait. A l'instant la scène change. L'illusion vient. Le fantôme prend un corps. L'objet imaginaire[1]

---

1. Loi de Spinosa retrouvée par Dugald Stewart. La concep-

paraît réel ; la forêt intérieure devient extérieure. Vous apercevez des pans de ciel lointain au bout des allées, des têtes de biches peureuses, des volées d'oiseaux effarés ; vous entendez des bourdonnements d'insectes, des bruissements de feuilles, les chuchotements du vent arrêté entre les branches. Si une bûche roule, vous sursautez étonné : sur les charbons noircis flottent encore des restes de la vision brisée. Vous vous croyiez parmi les arbres ; la représentation était si vive, que vous l'avez prise pour l'original. Et cette nuit, pendant votre sommeil, d'autres représentations semblables et plus puissantes produiront des illusions semblables et plus intenses. Vous ajouterez foi à votre songe. Les objets rêvés vous sembleront aussi réels et aussi consistants que vous-même. Pour achever, allez à la Salpêtrière : là, des hallucinations persistantes, d'une netteté accablante, indestructibles à la conscience la plus éclairée et à la raison la mieux avertie, vous montreront l'idée représentative dans toute sa plénitude et dans tout son ascendant.

La perception extérieure est une *hallucination vraie*. A l'occasion d'une sensation naît une idée représentative, ou, en d'autres termes, un simulacre que nous prenons pour l'objet, qui, comme

tion, à l'état naturel et primitif, est accompagnée d'affirmation et de croyance l'objet, nous paraît extérieur et réel, dont la naissance coïncide avec la présence d'un objet réel et extérieur. Malebranche a raison : le soleil qui brille là-haut nous est invisible. Celui que nous apercevons est un fantôme de notre esprit. Pourvu que notre nerf optique et notre cerveau soient touchés à l'endroit convenable, ce soleil subsistera en l'absence de l'autre, et nous le verrons luire dans le ciel noir et désert.

La place manque pour énumérer les preuves multipliées d'une vérité si certaine. Le lecteur nous permettra de ne point écrire ici une psychologie ; j'abrége en quelques mots un demi-volume. L'analyse, le raisonnement, l'expérience, là-dessus tout est d'accord : qu'on me pardonne d'indiquer et d'effleurer ce qu'il faudrait démontrer et établir : — La perception extérieure est précédée d'une sensation ; mais toute sensation, maladive ou saine, spontanée ou forcée, née au dedans ou causée par le dehors[1], suscite le simulacre d'un objet extérieur qui paraît réel. Donc, dans la perception extérieure, il y a en nous le simulacre d'un objet extérieur qui paraît réel. — Au sortir d'une perception extérieure, nous conservons la représentation très-exacte, très-claire, très-complète de l'objet perçu. Mais selon la loi de Dugald Stewart, l'état primitif

1. Voyez les traités des maladies sensorielles et des hallucinations.

d'une idée ou représentation, c'est de faire illusion et d'être affirmative ; donc, un instant auparavant, c'est-à-dire dans la perception, cette représentation ou simulacre intérieur nous a fait illusion, et nous est apparue comme un objet extérieur et réel. — Dans un très-grand nombre de cas, par exemple dans toutes les illusions des sens, l'objet apparent diffère de l'objet réel, et par conséquent s'en distingue [1]. On conclut, par induction, qu'il s'en distingue même dans les cas où il n'en diffère pas. Donc, en tous les cas, il y a un objet apparent, c'est-à-dire un simulacre qui paraît être l'objet réel et ne l'est pas. — La perception extérieure, selon M. Royer-Collard lui-même, est une conception affirmative ; mais une conception est une représentation, et la propriété de l'affirmation est de réaliser les représentations en les projetant dans le dehors. Donc la perception extérieure est une représentation du dedans, projetée et réalisée dans le dehors. — De la nature de la perception extérieure, de ses précédents, de ses suites, de ses vérités, de ses erreurs, jaillit cette phrase dix fois répétée et dix fois démontrée : la connaissance sensible est la conscience d'un simulacre intérieur, lequel paraît extérieur, sorte d'hallucination naturelle, ordinairement correspondante à un objet réel, opération qui

---

1. Mueller, *Traité de Physiologie*, t. II, p. 267.

mène par l'illusion à la vérité, qui trompe l'homme pour l'instruire, et, par les fantômes du dedans, lui révèle les substances du dehors [1].

En quoi consistent ces simulacres ? Quelle force les forme, les accommode à la nature des objets extérieurs, les enchaîne entre eux, les attache à la sensation ? Par quelle mécanique admirable la nature tire-t-elle la vérité de l'erreur ? Comment naissent ces trompeurs dont le mensonge est véridique ? Qui nous assure de leur véracité ? Quelles raisons avons-nous pour nous fier à des témoignages d'imposteurs et pour affirmer un dehors inaccessible ? Il faudrait un traité dogmatique pour répondre. Je ne suis ici que critique ; mon unique but était de prouver que M. Royer-Collard, à l'exemple de Reid et avec plus de force, a traité d'hypothèse gratuite un fait certain, qu'il a détruit des découvertes fécondes, et décrié des vérités visibles, qu'il a réduit la théorie de la perception extérieure à l'énumération inutile de deux faits dénués de nouveauté et d'importance ; qu'au lieu d'une psychologie accrue il n'a eu qu'une psychologie absente, et que, dans son ardeur pour disci-

---

[1]. Cette théorie est si naturelle, que M. Royer-Collard l'accepte en partie, lorsqu'il forme l'idée de la substance, de la durée, de la cause extérieure et corporelle, avec l'idée de la substance, de la durée, de la cause humaine et personnelle.

pliner les esprits et abattre les sceptiques, il a mutilé la science et réfuté la vérité.

On vit un jour un cheval plein de feu, d'orgueil et de courage, le cœur aussi grand que la force, généreux, capable de durer et de s'user à la peine. Il y avait là un char abandonné par son attelage fatigué. Il s'y attacha et d'un élan l'emporta roulant et retentissant à travers les obstacles, par-dessus les corps de ses adversaires. Les spectateurs applaudirent, et il fut déclaré vainqueur.

Une heure après, regardant autour d'eux, ils aperçurent bien loin à l'horizon, la colonne sacrée, but de toutes les courses. Le noble animal lui avait tourné le dos.

CHAPITRE III.

M. MAINE DE BIRAN.

I

Pendant que M. Royer-Collard du haut de sa chaire dénonçait pour la première fois le danger des doctrines régnantes, un penseur solitaire, opiniâtrément absorbé dans la contemplation de lui-même, s'écartait peu à peu de la philosophie sensualiste par l'effort répété de son propre esprit. Quoiqu'il fût entré dans l'administration et les affaires, il avait toujours réservé à la psychologie une part de lui-même. « Il avait, dit-il lui-
« même, une pente naturelle vers les choses
« d'observation intérieure »…. Il suivait « une lu-
« mière intérieure, un *esprit de vérité* qui luit

« dans les profondeurs de l'âme et dirige l'homme
« méditatif appelé à visiter ces galeries souter-
« raines... Cette lumière n'est pas faite pour le
« monde, car elle n'est appropriée ni au sens ex-
« terne ni à l'imagination ; elle s'éclipse ou s'é-
« teint même tout à fait devant cette autre espèce
« de clarté des sensations et des images ; clarté
« vive et souvent trompeuse qui s'évanouit à son
« tour en présence de *l'esprit* de vérité. »

Ainsi occupé, et ses regards concentrés sur lui-même, il avait fini, comme les philosophes indiens, par isoler et constituer à part, du moins à ses propres yeux, son être intérieur et sa volonté active. Des sentiments platoniciens et même chrétiens avaient fortifié les secrètes dispositions que l'abstraction psychologique et la retraite en soi avaient formées. Faute d'écho parmi les compatriotes de Cabanis, de M. de Tracy et de Laromiguière, il avait envoyé ses idées en pays germanique. Après avoir écrit pour notre Académie des sciences morales, il adressait ses mémoires aux Académies de Copenhague et de Berlin. De Condillac, il passait à Descartes, à Leibnitz, Platon, Plotin lui-même, admirait M. Royer-Collard, inspirait le brillant jeune homme qui, la trompette à la main, parcourant la contrée philosophique déployait la variété, l'agrément et l'agilité de ses fanfares, pour attirer la foule autour des nouveaux dogmes. Pour lui, enfermé dans son œuvre, il s'enfonçait toujours plus avant dans sa psychologie des forces, de là dans une métaphysique subtile, plus loin encore jusqu'aux confins du mysticisme, laborieux, abstrait, obscur dans son style, sorte d'oracle visité par quelques chercheurs, mais reculé dans les hauteurs, voilé de nuages, entouré de broussailles, inaccessible au vulgaire. Encore aujourd'hui, il rebute, et si on le donne à lire à des gens versés dans les sciences expérimentales, amateurs d'idées claires, accoutumés aux faits précis et prouvés, il n'est pas sûr qu'ils lisent un de ses volumes jusqu'au bout.

J'habitais porte à porte avec un jeune médecin rue Mazarine, et depuis six mois, presque tous les soirs, nous philosophions ensemble. Mon impétueux ami avait le tempérament de Broussais, et couvrait ma table de physiologistes auxquels je répondais par des métaphysiciens. Un jour je lui apportai les œuvres de Maine de Biran et je lui dis en empruntant les paroles de M. Cousin :

« Prenez et lisez. Voici la pierre angulaire du temple, le premier maître du spiritualisme, le révélateur de la force libre, le plus grand métaphysicien de notre temps. »

Il tourna et retourna les quatre volumes, les ouvrit, fronça les sourcils, gronda un peu, me prit par la main, et me poussant dans ma chambre, me pria de le laisser seul. Après quoi il s'installa dans un grand fauteuil, s'accouda sur la table, apprêta des plumes, remplit l'encrier, fit tous ses préparatifs exactement comme un brave cheval qui va traîner une poutre de trois mille livres, et tend d'avance son harnais et ses jarrets.

Deux heures après, je le retrouvai rouge, les veines du front gonflées, entouré de pages raturées, les volumes de M. de Biran honteusement jetés par terre, et de très-mauvaise humeur.

« Ah! c'est vous! Le beau livre! Et clair surtout! Un galimatias, un fouillis d'abstractions, un fourré de chardons métaphysiques! Vous y êtes à votre aise, n'est-ce pas? Et l'on rit des Allemands! Je voudrais être à Berlin et subir le récit des évolutions de la substance. Ils sont lucides, légers, agréables en comparaison. Ni faits précis, ni exemples distincts, jamais d'exordes nets, des courses à droite et à gauche à travers des citations inutiles et des questions accessoires, de grands mots qui semblent des vessies enflées d'air. Qu'est-ce que *l'immédiation*, *les modes mixtes de l'existence sensitive*, *l'absolu de la substance?* Le beau style! Cet homme met des barbarismes jusque sur ses titres. Regardez : comme celui-ci est clair! comme on entre vite dans le dessein de l'auteur! quelles expressions simples et engageantes! *Réponse aux arguments contre l'aperception immédiate d'une liaison causale entre le vouloir primitif et la motion, et contre la dérivation d'un principe universel et nécessaire de cette source.* Y a-t-il un jargon plus rude chez Duns Scot, Albert le Grand, chez les plus hérissés des docteurs du moyen âge ! Voici, au dix-neuvième siècle, un abstracteur de quintessence qui les rappelle et les dépasse tous.

— Vous exagérez.

— Laissez-moi dire ; j'en ai le cœur plein. Vous subirez les phrases de M. de Biran. A votre tour, je veux les lâcher sur vous : « Si la collec-
« tion de tous les modes, de toutes les qualités
« sensibles, étant brisée par l'abstraction, la sub-
« stance imaginaire n'est plus rien ou n'a qu'une
« valeur nominale, la substance abstraite du
« mode, dans ce point de vue intellectuel, con-
« serve encore la réalité qui lui appartient, à
« l'exclusion de toutes les apparences sensibles
« qui n'existent qu'en elle et par elle [1]. » Osez dire que vous comprenez ce jargon. Et c'est avec ces phrases qu'il prétend réfuter le charmant Laromiguière ! Osez dire que vous entendez celle-ci : « Chacun peut observer en lui-même que les
« perceptions directes des sens externes, comme
« les images ou intuitions du sens interne, et les

---

1. Tome IV, p. 20.

« idées mêmes, produits élaborés de l'intelli-
« gence, venant à être réfléchis ou contemplés
« successivement par le *moi* sous des modifica-
« tions sensitives diverses, ou avec un senti-
« ment variable de l'existence, triste ou pénible,
« agréable ou facile, se proportionnent jusqu'à
« un certain point à ces variations, quant aux
« degrés de clarté ou d'obscurité, de mobilité ou
« de persistance, de confiance ou de doute, qui
« impriment à ces idées un caractère particulier
« et comme une physionomie propre[1]. » Voilà un
fait bien désigné, n'est-ce pas? l'écriteau est clair?
on découvre du premier coup de quel phénomène
il a parlé? Indiquez-le-moi, si vous pouvez. Et
je ne vous ai cité que son meilleur ouvrage. Si
je vous mettais les autres devant les yeux, que
serait-ce? Tenez, débrouillez ce grimoire : « Il y
« a immédiation entre l'aperception immédiate
« de la force constitutrice du *moi* et l'idée de la
« notion de mon être au titre de force absolue,
« par la raison que je pense et entends la réalité
« absolue de mon être, de la même manière que
« j'aperçois ou sens immédiatement l'existence in-
« dividuelle et actuelle du *moi* [2]. » Savez-vous ce
que c'est que cette philosophie? Un charivari

---

1. Tome IV, p. 136.
2. *De l'aperception immédiate*, p. 18.

métaphysique, où les abstractions s'entre-choquent comme des cymbales pour assourdir et hébéter les cerveaux.

— Je crois, avec tout le public, qu'il a pensé.

— Croyez, et grand bien vous fasse! Est-ce que vous ne voyez pas comment sa gloire s'est forgée? Son mauvais style l'a érigé grand homme; il a réussi par ses défauts. S'il n'eût point été obscur, on ne l'eût pas cru profond. C'est pour cela que M. Cousin l'a promu au grade de « premier mé-« taphysicien du temps. » Autour du berceau du spiritualisme, il fallait des nuages. Personne n'en a plus fourni que M. de Biran. Je vois d'ici la scène; les gens frappaient à la porte de M. Cousin : « Daignez, monsieur, nous expliquer ce qu'est « l'âme ; pourquoi vous la nommez une force li- « bre; comment une force qui est une qualité « peut être le *moi* qui est un être. » Et M. Cousin répondait : « Passez, messieurs, dans l'arrière- « cave; c'est le domicile de M. de Biran, un bien « grand philosophe; il vous donnera tous les « éclaircissements nécessaires. Suivez ce couloir « sombre; au bout vous trouverez l'escalier. » Beaucoup de gens s'en allaient, croyant sur parole. D'autres, arrivés au bord, n'osaient descendre; le trou leur semblait trop noir; mieux valait accepter la doctrine que tenter l'aventure. Les obstinés des- cendaient, se meurtrissant les membres, donnant du nez contre les murs, et tâtonnant sur la terre humide : le premier soin de M. de Biran avait été de boucher toutes les fentes et tous les soupiraux. Ils regardaient avec attention, et continuaient à voir les plus parfaites ténèbres. Au retour, quand on les priait de raconter leur voyage, ils n'osaient, par amour-propre, avouer qu'ils s'étaient salis et froissés en pure perte, et confesser qu'ils étaient descendus dans une basse-fosse bien bouchée pour y mieux distinguer les objets « Oh ! M. de Biran « est un grand maître; allez le trouver, il éclair- « cira tous vos doutes. » On n'y allait pas. Je suis sûr que de tous ceux qui le citent, il n'y en a pas cent qui l'aient lu, et que des cent qui l'ont lu, il n'y en a pas dix qui l'aient pesé. Voilà comme on fabrique la gloire. Celle-là est la plus solide; on n'a point d'adversaires quand on n'a point de lecteurs.

— Là, vous voilà calme; vous avez jeté votre colère. M. de Biran fait cette impression agréable sur tous ceux qui le lisent. Permettez-moi maintenant de prendre une plume et d'écrire la traduction des phrases que vous m'avez citées; elles ont un sens. Le style de M. de Biran n'est pas le galimatias double; ce n'est que le galimatias simple. Les lecteurs n'entendent pas l'auteur, mais l'auteur s'entend. C'est un grand mérite; tous les philosophes ne l'ont pas. Il y a une clef pour ses énigmes. Il n'est obscur que parce que ses phrases sont générales : remplacez-les par des exemples particuliers. Il nous échappe, parce qu'il habite dans l'abstraction pure, à cinq cents pieds au-dessus de la terre ; faites l'en descendre, et ramenez-le au détail des circonstances précises, aux cas singuliers et distincts, aux événements visibles et palpables. Il est Allemand, rendez-le Français. Ses livres sont des partitions écrites une octave trop haut pour la voix humaine ; transposez et baissez chaque note de six tons. Vous aurez besoin à chaque instant de cette opération dans la philosophie moderne. Vous la ferez sur M. Cousin, sur M. Jouffroy, sur bien d'autres ; ils chantent trop haut et d'ordinaire se cassent la voix. Celui-ci avait le gosier solide ; quoique ses airs soient très-monotones et souvent faux, ils valent la peine d'être déchiffrés.

Voici d'abord ce que vous appeliez *son grimoire :*
« Il y a immédiation entre l'aperception immé-
« diate de la force constitutrice du *moi* et l'idée de
« la notion de mon être au titre de force absolue,
« par la raison que je pense et entends la réalité
« absolue de mon être de la même manière que
« j'aperçois ou sens immédiatement l'existence
« individuelle et actuelle du moi. »

La phrase est rude : *Force constitutrice du* moi, *idée de la notion de mon être au titre de force absolue.*

réalité absolue de mon être, immédiation entre l'aperception et l'idée; ce sont là autant de broussailles qui arrêtent l'esprit tout court. Substituons des équivalents et traduisons :

« Apercevant la volonté, force efficace qui est
« moi-même, je sais *directement* et sans raison-
« nement qu'il existe une force, laquelle est
« moi. »

L'idée ne vaut pas grand'chose, mais elle est intelligible, et M. de Biran s'entendait, puisque nous l'entendons.

Voyons la seconde obscurité :

« Si la collection de tous les modes, de toutes les
« qualités sensibles étant brisée par l'abstraction,
« la substance imaginaire n'est plus rien ou n'a
« plus qu'une valeur nominale, la substance abs-
« traite du mode dans ce point de vue intellectuel
« conserve encore la réalité qui lui appartient, à
« l'exclusion de toutes les apparences sensibles
« qui n'existent qu'en elle et par elle. »

Je traduis :

« Enlevez toutes les qualités sensibles de cette
« pierre, la couleur, la dureté, l'étendue, la poro-
« sité, la pesanteur, etc., et essayez de concevoir
« la substance intime : par l'imagination vous ne
« le pouvez, car la substance n'a rien de sensible;
« par la raison vous le pouvez, car la substance
« est indépendante de ces qualités et leur survit. »

L'idée est fausse, mais qu'importe ? On peut tout à la fois se comprendre et se tromper.

Je reprends votre dernière phrase : permettez-moi de la copier tout au long. « Chacun peut obser-
« ver en lui-même que les perceptions directes
« des sens externes, comme les images ou intui-
« tions du sens interne, et les idées mêmes, pro-
« duits élaborés de l'intelligence, venant à être
« réfléchies ou contemplées successivement par le
« moi sous des modifications sensitives diverses,
« ou avec un sentiment variable de l'existence,
« triste ou pénible, agréable ou facile, etc., se pro-
« portionnent jusqu'à un certain point à ces varia-
« tions, quant aux degrés de clarté ou d'obscurité,
« de mobilité ou de persistance, de confiance ou
« de doute, qui impriment à ces idées un carac-
« tère particulier et comme une physionomie pro-
« pre. »

Cette période effaroucherait Hégel ou Duns Scot lui-même. Et cependant, après avoir lu tout le passage, on trouve qu'elle renferme un sens très-simple et très-vrai que voici :

« Quand vous avez la colique ou la migraine,
« vos raisonnements ont moins de clarté, votre
« attention moins de durée, vos conclusions moins
« d'assurance que lorsque vous êtes en bonne
« santé. »

M. de Biran parle comme l'étudiant de Rabelais qui « pindarisait en latin » devant Panurge : mais vous savez le latin, même pindarique. Quand vous voudrez comprendre celui-ci, traduisez-le. »

Là-dessus, il prit le livre, relut le passage, vérifia mot à mot la traduction. Un instant après, il fourra les quatre volumes dans ses poches, boutonna son paletot sans mot dire et s'en alla courant. Pendant dix jours, on ne le vit plus. Son portier, par ordre, annonçait qu'il était en voyage.

II

Au bout de ce temps, il vint chez moi avec les quatre volumes, cette fois muni d'un cahier : « Voilà l'homme ! je l'ai traduit. Mais c'est un terrible homme. Quelle besogne! il y a telle phrase qui m'a coûté deux heures. Écoutez-moi sans m'interrompre, et dites si vous l'entendez comme moi.

Vous n'aviez pas tort. Il a pensé. C'est un esprit vigoureux, très-vigoureux, puisque avec ce style il n'est pas devenu imbécile. J'estime un homme qui ayant un boulet aux jambes se met à marcher. Il a creusé profondément, il a saisi dans un recoin obscur une idée singulière, il l'a pressée dans ses mains tenaces, il l'a gardée sous sa prise, toute glissante qu'elle fût, il en a exprimé tout le suc, et, avec cette liqueur étrange, il est venu tout dissoudre, psychologie, logique, métaphysique, pour tout recomposer par de nouvelles règles et sur un nouveau plan. Je reconnais le philosophe, logicien intraitable, qui, emprisonné dans une idée, pioche le roc, perce le granit, creuse un abîme où l'univers pourrait s'engloutir. Ainsi faisait Fichte. M. de Biran est un Fichte français, plus mesuré et plus faible, moins visionnaire et moins inventeur. Bien plus, il a fait des découvertes. Son premier livre est beau et restera. Contenu par Condillac, de Tracy, amateurs de faits et écrivains précis, il a commencé par l'étude des faits et le style précis. Son *Traité de l'habitude* est sensualiste et vrai. Des médecins pourraient le lire; les physiologistes devraient le lire. C'est livré à lui-même qu'il s'est gâté. Et s'il s'est gâté, c'est que cela était nécessaire. Là-dessus, regardez mon raisonnement et jugez.

Il y a des gens qui fabriquent une philosophie pour gagner une place ou de la gloire; mettez de côté ces flatteurs du gouvernement ou du public : M. de Biran n'en était pas. Mais il y a des gens qui fabriquent une philosophie pour traduire au dehors leur genre d'esprit et se faire plaisir; considérez ces solitaires : M. de Biran en était. Ceux-ci inventent pour eux-mêmes. Ils ne profitent pas des vérités ni des méthodes acquises. Ils n'ont qu'une philosophie personnelle. Leur doctrine porte l'empréinte de leurs facultés; leur méthode manifeste leur genre d'esprit. Si leur esprit a un défaut, leur système a un défaut. Ils sont comme des miroirs courbes et prêtent leur courbure aux objets; l'esprit de M. de Biran en avait une. Son style indique à chaque ligne la haine des faits particuliers et précis, l'amour de l'abstraction, l'habitude invincible de considérer uniquement et perpétuellement les qualités générales. On ne résiste pas à une inclination si forte, si continue, si universelle. Il n'y a pas résisté. Ne considérant que les abstractions, il a fini par prendre les abstractions pour des choses. Ne considérant que les facultés et les puissances, il a fini par prendre pour des êtres les facultés et les puissances. Platon, à force d'étudier le même, l'un, la différence, et toutes les qualités générales, avait fini par déclarer que ces qualités sont des substances. M. de Biran, à force d'étudier la volonté, a fini par déclarer qu'elle était l'âme et le moi luimême, véritable substance indépendante des organes et distincte des opérations.

Cela est incroyable, n'est-ce pas? La proposition est si énorme, qu'on croit d'abord n'avoir pas compris. On se frappe le front, comme en lisant Platon et les Alexandrins. On aime mieux accuser l'auteur d'obscurité que d'absurdité. On n'ose admettre qu'un grand nom couvre une fausseté éclatante. On ne veut pas qu'une vie entière ait été

employée à développer les suites d'une bévue. On
répugne à croire que tant de fortes facultés aient
peiné si obstinément et si laborieusement pour
creuser et fermer le cachot où il s'est enfoui. Attendez les preuves. Il a mis tous ses soins et toute
son énergie à vous convaincre, et, bon gré, malgré,
vous serez convaincu.

Posez d'abord avec lui qu'il y a deux psycho-
logies : l'une analogue aux sciences physiques,
ayant pour objet de constater, de décrire et de classer les plaisirs, les peines, les sensations, les idées,
bref, toutes nos opérations passagères ; l'autre ne
ressemblant à aucune des sciences physiques, unique en son genre, ayant pour objet d'observer et
de définir le sujet permanent et la cause durable
de ces opérations[1]. La première n'étudie que les
modifications, les effets, les phénomènes; la seconde étudie la substance et l'être qui sont l'âme
et le moi. Il laisse la première et s'attache tout entier à la seconde. Il n'observe que le moi, l'âme,
l'être, la substance. Où les trouve-t-il? Dans la volonté. Cela est si étonnant, qu'il faut le laisser
parler :

« Cette volonté n'est pas différente de moi. Le
« moi s'identifie de la manière la plus complète et
« la plus intime avec cette force motrice (*sui juris*)
« qui lui appartient[2]. »

1. Tome IV, p. 180. — 2. *Ibid.*, p. 244, 245.

Ainsi le moi n'est plus ce tout indivisible et continu dont nos idées, nos plaisirs, nos peines sont les parties composantes, isolées par fiction et par analyse. C'est une force ou faculté, portion du tout, mise à part, élevée au-dessus de toutes les autres. Le reste est mon bien : celle-ci est moi.

« Le moi identique et constant s'attribue à lui-
« même les modes variables et successifs de l'ac-
« tivité qui le constitue. Personne une, individuelle
« et libre, je ne suis pour moi-même ni un pur
« abstrait, ni un assemblage de sensations, quand
« j'aperçois et juge la sensation, quand je fais sa
« part et la mienne propre[1]. »

Et cent autres phrases pareilles. Vous voyez que pour lui la volonté est un être persistant et distinct. Cet être est une force qui agit sur les idées et sur les mouvements, les continue, les suspend, les répète et les reprend par elle-même et par elle seule. Ainsi fait un bâton d'ambre. Portez-le sur un duvet de plumes légères ; elles s'attachent à lui et il s'en couronne ; tout à l'heure elles tomberont ; d'autres prendront leur place. Seul le bâton subsiste avec sa force attractive, et il est la seule chose solide dans tout le bouquet.

De là mes obscurités et mes difficultés. Je ne pouvais m'habituer à considérer la volonté comme

[1]. Tome IV, p. 207, 208 et 211.

un être réel et solide. C'est une plume. En dépit du sens commun, M. de Biran en a fait un bâton.

N'importe; nous l'admettons, puisqu'il le veut : en philosophie on admet tout. Reste un point : comment connaissons-nous cette force? Je veux mouvoir mon bras, et je le meus. Il y a là, dit-il, une résolution de l'âme, un mouvement du corps, et une force qui attache le mouvement du corps à la résolution de l'âme ; j'aperçois à la fois et directement ces deux faits et leur rapport. Ce rapport n'est point connu par raisonnement, au moyen d'un axiome étranger. Ce rapport n'est point connu par expérience répétée, au moyen d'une généralisation préalable. Il est aperçu en lui-même, et il est aperçu du premier coup. Nous ne le déduisons pas, en posant l'axiome de raison suffisante. Nous ne l'induisons pas, en notant les cas nombreux où le mouvement suit la résolution. Nous l'observons dès l'abord, en face, par la conscience, comme un plaisir, une idée ou tout autre fait intérieur. Le cas est unique. Partout ailleurs nous ne faisons que deviner la force : ici nous apercevons la force ; partout ailleurs, quand deux faits s'accompagnent, nous n'observons que les deux faits et leur concours ; ici, par une exception merveilleuse, nous découvrons encore « ce je ne sais quoi qui s'ap-
« plique aux corps, pour les mouvoir, les pousser,

« les attirer[1], » élément ou ingrédient particulier, vraiment « inexplicable ou ineffable, lorsqu'on « veut chercher des exemples et des moyens d'ex- « plications hors du fait même de la conscience. » Il n'y a point d'autre vue semblable ; et quand vous concevez d'autres forces, c'est d'après la vôtre et sur ce modèle que vous en formez la notion.

Une fois la force constatée et comprise, la nature s'ouvre et les sciences entrent en révolution. Par-dessous les faits et les lois que découvre l'expérience, se développe un monde. Les physiciens et les naturalistes, dit M. de Biran, ne font qu'effleurer la superficie des choses ; le fond leur échappe. Souverains des phénomènes, ils n'ont point de prise sur les substances ni sur les causes[2]. Ni le scalpel ni le thermomètre n'atteignent les forces productives, sources inconnues et profondes desquelles jaillit le flot brillant et changeant des apparences. Ce qu'ils appellent une loi n'est qu'un fait fréquent et vaste. Quoi qu'ils découvrent, ils ne font que passer du phénomène particulier au phénomène général. Tout leur effort est de réduire le nombre des faits, et leur science sera parfaite quand, au lieu de cent mille phénomènes, ils en auront un. Pour nous, nous pénétrons et nous percevons plus loin. Nous entrevoyons cet univers secret, le seul

1. *Rapports du physique et du moral*, p. 24.
2. *Ibid.*, p. 26, 27.

stable, au-dessus duquel l'autre luit et s'agite. Nous avons touché la terre solide au-dessous des vapeurs trompeuses qui éblouissent les yeux vulgaires. Nous avons saisi un de ses hôtes, et nous savons comment elle est habitée. En observant notre force, nous savons ce que sont les siennes, et notre première découverte est qu'elles sont spirituelles. « Car nulle cause ou force ne peut se représenter
« sous une image qui ressemble à l'étendue ou à ce
« que nous appelons matière. » « Toute cause effi-
« ciente dans l'ordre physique même est une force
« immatérielle. » « Les êtres sont des forces, les
« forces sont des êtres : il n'y a que les êtres
« simples qui existent réellement à leur titre de
« forces ; ce sont aussi les véritables substances
« existantes. » « Aussi les esprits conséquents et
« qui pensent comme il faut, se trouvent-ils con-
« duits au point de spiritualiser le monde, comme
« a fait Leibnitz, en n'admettant d'autre réalité que
« celle des êtres simples dont toute l'essence est la
« force active. Dès lors l'étendue n'est qu'un pur
« phénomène relatif à notre manière de nous re-
« présenter les existences autres que la nôtre par
« le sens de l'intuition[1]. » La psychologie ainsi maniée devient une métaphysique. L'observation du moi a restauré la doctrine des monades. La

1. Tome IV, Examen des leçons de M. Laromiguière, p. 281 et 398 ; tome III, p. 14, 16, 56.

connaissance du petit monde a donné la connaissance du grand monde. En découvrant la nature du moi, M. de Biran a révélé la nature du tout.

Voilà sa construction ; elle est vaste. Mais elle repose sur un seul pilier. Si le pilier est vermoulu, tout l'édifice croule. Si la force n'est pas un être, le monde n'est plus un système de forces. Touchons ce pilier, examinons cette force. J'ai exposé assez longtemps ; à présent je vais réfuter.

III

Vous voilà assis dans un fauteuil ; la chambre est fraîche ; il y a des fleurs auprès de vous ; vous êtes à votre aise. Mais vous vous ennuyez, vous voyez le beau temps par les fenêtres, et vous songez à sortir. Les fleurs, la fraîcheur de la chambre, l'ennui de bâiller seul, la gaieté du ciel, toutes ces idées, avec tous leurs détails, passent et reviennent dans votre tête, agréables ou fâcheuses, avec des commencements et des chocs de désirs contraires ; tout à coup vous apercevez un volume nouveau, les *Contemplations* de Victor Hugo. Voilà une raison majeure, une idée prépondérante, une tendance décisive. Vous vous renfoncez dans votre fauteuil, vous croisez les jambes, et vous lisez. Qu'y a-t-il de nouveau en vous ? Au lieu de ten-

dances flottantes et contraires, une tendance finale
et fixée ; au lieu d'efforts ébauchés et suspendus
par d'autres, un effort définitif et unique. Vous
couriez à droite, à gauche, entre deux partis contraires ; vous voilà *arrêté*. Vous erriez à l'aventure,
hors de toutes limites ; vous voilà *déterminé*. C'est
une détermination, en d'autres termes une résolution. La résolution est la tendance arrêtée, fixée,
finale, prépondérante, définitive. Qui osera dire
qu'elle est un être ? Qui ne voit qu'elle est un
fait passager, momentané, périssable ? Pendant
la délibération elle ne pouvait point être. Par définition et par nature, elle suppose un moment
qui la précède et où elle n'existe pas. Elle est
l'extrémité d'une action, et les extrémités supposent un commencement où elles manquent. C'est
une fleur portée au bout d'une tige, et qui n'est
pas la tige. Elle est une action isolée, un état partiel du tout continu et persistant qui est l'âme.
Dire qu'elle est l'âme, c'est dire que l'arbre est la
fleur.

Répondrez-vous que ce n'est pas la résolution,
mais la volonté ou pouvoir de se résoudre qui est
un être ? On vous renverra à l'idéologie, et on vous
prouvera par l'analyse que le mot *pouvoir* n'est rien
qu'une expression générale. J'ai vu plusieurs fois
cette pierre tomber : donc elle peut tomber ; donc
elle a le pouvoir de tomber. J'ai remarqué plu-

sieurs fois que je me souvenais : donc je puis me souvenir ; donc j'ai le pouvoir ou la faculté de me souvenir, ou la mémoire. J'ai remarqué plusieurs fois que je prenais une résolution : donc je puis me résoudre ; donc j'ai le pouvoir ou la faculté de me résoudre, c'est-à-dire la volonté. Le mot *pouvoir* n'est qu'un moyen de grouper ensemble une multitude indéfinie d'opérations semblables. Il exprime que la chute n'est pas contradictoire à la notion de la pierre, que le souvenir et la résolution ne sont pas contradictoires à la notion du moi. Il n'ajoute rien de nouveau ni de réel au moi ni à la pierre. Il ne fait qu'analyser l'expérience. Il constate que deux faits étant liés, cette liaison n'est pas absurde. Il extrait une vérité contenue dans l'enceinte du fait, et n'extrait rien au delà. Il ne désigne donc point un être continu et stable, situé en dehors du fait, et qui dure auparavant et après. Il ne désigne point le moi ou l'âme, mais une classe d'opérations de l'âme. Le moi n'est point la volonté, non plus que la volition.

Répondra-t-on enfin que la force efficace par laquelle la résolution contracte le muscle est un être? Ici l'adversaire se contredit par sa propre réponse. Quand on dit : *force efficace de la résolution*, on entend que cette force efficace est une qualité ou propriété de la résolution. Or, la beauté, la grandeur, la force, toutes les qualités, toutes les propriétés périssent, dès que périt le fait ou l'être dont elles sont les qualités et les propriétés. Quand un beau tableau est brûlé, sa beauté ne subsiste plus. Quand une résolution capable de contracter le muscle s'est évanouie, sa force de contraction ne subsiste plus. Quand elle n'est pas née, sa force n'existe pas encore. Cette force est donc caduque, momentanée, intermittente, comme la résolution dont elle fait partie. Je dis trop peu. Elle est plus périssable qu'elle, puisqu'elle périt dans la paralysie, la résolution restant intacte. Bien loin d'être une substance, elle est la propriété d'une propriété, le phénomène d'un phénomène. Choisissez à présent. Voilà les trois sens entre lesquels vous avez flotté. Si vous dites que la résolution est le moi, vous prononcez qu'un simple fait est l'âme. Si vous dites que le pouvoir de se résoudre est le moi, vous prononcez qu'une simple qualité commune à plusieurs faits est l'âme. Si vous dites que l'efficacité de la résolution est le moi, vous prononcez que la qualité passagère d'un fait passager est l'âme. Vous roulez dans une cascade d'absurdités.

Monsieur de Biran, vous avez été sous-préfet; voici des factieux, dispersez-les; je vous donne des forces, trois cents soldats et un capitaine. Pour ne pas vous embarrasser, je retiens la partie inutile, le pur phénomène, l'étendue, c'est-à-dire les habits, les gibernes, les fusils et les corps. Il vous reste les forces. Marchez avec elles, et faites triompher la loi.

Comprenons donc que ni la volonté, ni la résolution, ni son efficacité, ni aucune force ne sont des êtres. Avant de chercher si loin et avec tant de peine la nature de la force et l'origine de son idée, il fallait analyser le sens du mot qui l'exprime. Cette analyse que vous avez abandonnée et maudite est le seul salut en métaphysique. Quand je dis qu'un ressort a la force de soulever un poids de dix livres, je veux dire seulement que le ressort étant placé sous le poids, il est *nécessaire* que le poids soit soulevé. Quand je dis que la vapeur comprimée est une force, j'entends simplement que le corps qui la comprime sera *nécessairement* poussé ou brisé. Quand je dis que ma résolution a la force de contracter mes muscles, j'entends simplement que, dans l'état de santé, si je prends la résolution de contracter un muscle, il est *nécessaire* qu'il soit contracté. Un fait étant donné, un autre fait devient nécessaire, et l'on dit que le premier a la force de produire l'autre. La seconde phrase n'est qu'une traduction figurée de la première. Lorsqu'on a de l'imagination comme M. de Biran et les scolastiques, on suppose que cette force est quelque chose « d'ineffable, d'immatériel, d'hyperorgani« que, » qui sort du premier fait, ainsi qu'un fluide subtil, et va s'infiltrer dans le second, « s'y appli-

« quer, le tirer, le pousser, » y créer des modifications et des formes nouvelles. C'est là de la philosophie fantastique. Quand un corps en choque un autre, il y a simplement rapprochement, mouvement, et nécessité d'un mouvement. Lorsque la résolution contracte le muscle, il y a simplement résolution, contraction et nécessité de la contraction. Quant au mot *nécessaire*, rien de plus clair : il signifie ce dont le contraire est absurde. Par exemple, il serait absurde ou contradictoire que la résolution ayant contracté le muscle une première fois, elle ne pût le contracter une seconde fois, toutes les circonstances étant exactement semblables. Il serait absurde que la vapeur d'eau ayant poussé le piston une première fois, elle ne pût le pousser une seconde fois, toutes les conditions étant exactement les mêmes. Il serait absurde qu'une loi de la nature étant donnée, cette loi fût démentie. Il n'y a dans le monde que des faits et des rapports nécessaires ; quand on transforme ces relations et ces nécessités en petits êtres, on fabrique des entités à la façon des scolastiques ; on voit quelque chose de vague et d'abstrait qu'on déclare spirituel ; on finit par soutenir que le monde réel n'est qu'une apparence. On s'infatue de ces monades chimériques jusqu'à en peupler l'univers. On devient un homme du moyen âge. On a commencé, avec Duns Scot, par métamorphoser les rapports en substances, et l'on finit, comme les mystiques, par fabriquer des théories de la grâce et de l'illumination[1].

On fait plus, on devient visionnaire. M. de Biran l'a été jusqu'à soutenir qu'il aperçoit la force, exactement comme on aperçoit le plaisir ou toute autre sensation. Il a vu la monade spirituelle appliquée sur le muscle et occupée à le contracter. Plotin prétendait avoir vu Dieu quatre fois. Les femmes de la Salpêtrière en disent autant. Pour nous qui croyons aux faits et à l'expérience, nous leur répondrons, avec les physiologistes, que la résolution n'a pas sur le muscle la moindre action directe. La résolution produit une certaine modification dans le cerveau : voilà toute son œuvre. Celle-ci en produit une dans la moelle, la moelle dans le nerf, le nerf sur le muscle; c'est le nerf qui agit sur le muscle et ce n'est pas la volonté. Coupez la moelle ou le nerf, à tous les commandements de la volonté le muscle reste inerte; touchez la moelle ou le nerf, contre tous les commandements de la volonté le muscle se contracte. La volonté est séparée du muscle par deux ou trois barrières; elle agit sur lui comme l'ingénieur du télégraphe de Vienne agit sur l'aiguille du télégraphe de Paris. — Nous répondrons enfin avec les

---

1. Tome IV, p. 147, note.

psychologues que la volonté, bien loin de remuer le muscle, ne tend pas même à le remuer. Son objet n'est point la contraction du muscle, mais la sensation musculaire. Vous avez beau regarder votre bras, connaître les muscles convenables, leur donner ordre, vouloir atteindre le but, si vous ne voulez rien d'autre, vous n'atteindrez pas le but avec cette pierre. Il faut encore que, par expérience fréquente et tâtonnements répétés, vous découvriez l'espèce et le degré exact de sensation musculaire dont vous aurez besoin pour l'atteindre avec la pierre. Il faut aussi que par des comparaisons nombreuses vous ayez distingué cette sensation de toutes les autres, et que vous en considériez l'idée précise. Il faut enfin que vous vouliez éprouver cette sensation; ce n'est point le mouvement qui est l'objet propre de votre volonté, c'est elle. Alors seulement le cerveau agit, la moelle communique l'action, le nerf la transmet, le muscle se contracte, le tendon tire, l'os se déplace, le membre se meut, et la pression des chairs vous donne la sensation commandée. Vous êtes comme un joueur de billard qui vise la bande pour toucher une bille par ricochet; vous avez visé à la sensation du nerf pour atteindre la contraction du muscle. Partout, au moral et au physique, vous ne commandez qu'à des intermédiaires. L'action de la volonté ne porte point sur le muscle, mais sur le cerveau; l'objet de la volonté n'est point le mouvement du muscle, mais la sensation musculaire. Nous n'opérons et nous ne voulons le mouvement que par contre-coup. Nous n'avons qu'une puissance dépendante et indirecte. Nous ne tenons que trois rouages d'une machine compliquée, qui se meut en nous et sans nous. Dites maintenant si la monade s'applique au muscle. Dites surtout si la conscience aperçoit cette application. Dites si M. de Biran a pu voir ce qui manifestement n'est pas. Ce n'est point par une vue directe et subite, c'est par une induction lente que nous découvrons la liaison de nos résolutions morales et de nos mouvements physiques. Nous constatons une coïncidence et une dépendance pareille à celle que nous observons entre la vibration et le son. Nous érigeons cette dépendance en loi générale; nous sentons que toutes les conditions restant les mêmes, il serait absurde que cette loi fût démentie; nous prévoyons que, la résolution étant donnée, le mouvement se fera; nous jugeons nécessaire qu'il se fasse, et, transportant cette nécessité dans la résolution, nous disons que la résolution est une force et produit le mouvement. Voilà tout l'artifice. Mais ce jugement n'est point une vue spontanée, il n'est qu'une croyance acquise. La preuve en est qu'il est faux quelquefois; car une croyance peut l'être, et une vue ne peut pas l'être. On peut croire ce qui n'est pas; mais on ne peut point voir ce qui n'est pas. Que le nerf moteur soit blessé, engourdi ou subitement paralysé, l'homme qui n'est point prévenu juge que sa force est encore efficace, et s'étonne en éprouvant qu'elle ne l'est plus. Votre jugement est le même que le sien : donc, comme le sien, votre jugement n'est qu'une croyance. Il n'a formé le sien que par induction; donc vous n'avez formé le vôtre que par expérience. M. de Biran prétend que la résolution agit directement, et que directement nous apercevons son œuvre. La physiologie et la psychologie répondent qu'ici rien n'est direct, ni l'œuvre, ni l'aperception.

C'est maintenant qu'on voit disparaître le monde imaginaire, fondé sur trois erreurs d'expérience et d'analyse, sur la transformation des qualités en substances, sur l'invention des efficacités et des aperceptions directes, sur le mépris des sciences positives, du sens commun et du bon sens. Les entités s'en vont, les monades s'évaporent, les petits êtres immatériels se réfugient auprès des sylphes et des gnomes; la matière cesse d'être une apparence, les sciences d'observation regagnent leur dignité, les forces redeviennent des qualités dérivées de rapports nécessaires. La nature apparaît telle qu'elle est, comme un ensemble de faits observables, dont le groupement fait les substances, dont les rapports fondent les forces ; et la science, rame née dans le lit où elle coule depuis deux siècles, se porte entière et d'un élan vers son terme unique et magnifique, la connaissance des faits et des lois.

— Nous n'irons pas plus loin, s'il vous plaît. J'ai promis de vous écouter sur M. de Biran, non sur votre théorie métaphysique. Rengainez-la, mon cher ami, comme une épée; la mode est passée d'e porter. Bon pour nos grands-pères. Puis, outre le mauvais goût, il y a le péril. C'est une arme, et les passants s'effarouchent vite. Si vous en avez une, cachez-la sous triple serrure; sinon, vous êtes un homme dangereux, c'est-à-dire un homme en danger. Vous avez, comme tout le monde, une canne à la main, la critique : qu'elle vous suffise. Quand vous aurez envie ou besoin de l'autre chose, prenez un port d'armes, et faites écrire en tête, en bien grosses lettres : *Par permission de l'autorité.* »

CHAPITRE IV.

M. COUSIN ÉCRIVAIN.

Nous voici arrivés devant es deux écrivains considérables, qui, à juste titre, sont appelés chez nous sinon les pères, du moins les représentants de la philosophie contemporaine, M. Cousin et M. Jouffroy. Ils n'ont point toujours été d'accord, et, sous une apparente conformité de paroles, ils sont allés par des voies distinctes vers des conclusions différentes ; mais, quoique divers, ils sont unis pour nous conduire. Ce sont leurs livres qui nous guident au sortir du collége. Ils nous prennent des deux côtés, l'un par la tête, l'autre par le cœur. L'un se saisit de notre admiration, l'autre gagne notre confiance. Par leur talent et leur autorité ils provoquent tous les deux l'étude et la critique; par leur œuvre et leur ascendant, ils appartiennent tous les deux à l'histoire et à la science. Parlons donc tout à notre aise de l'un et de l'autre. M. Cousin n'est point mort[1]. A Dieu ne plaise ! mais il est illustre, et je puis le mettre avec ses pareils. Quarante ans de gloire ont épuisé les éloges et les attaques; quarante ans de travail ont offert aux yeux son esprit sous toutes les faces. Le regard l'embrasse tout entier, et le regard est impartial. Qu'il rédige sa Théodicée, ou qu'il achève l'histoire de Mme de Longueville, il a dès à présent fourni au peintre et au critique tout ce que le peintre et le critique peuvent lui demander. Il n'excite maintenant ni l'enthousiasme ni la colère; en sa présence, on n'éprouve plus de passion, on ne ressent que de la curiosité. C'est un Père de l'Église, très-connu et très-antique, élevé par la renommée et par le temps au-dessus de l'amour et de la haine; et la postérité peut commencer pour lui de son vivant. Je voudrais l'étudier tout entier, distinguer et relier en lui le philosophe, l'écrivain, l'orateur et le philologue. Il semble que dans un livre comme celui-ci une telle recherche soit superflue, et pourtant elle ne l'est pas. Comme toutes les productions humaines, les systèmes philosophiques ont leur cause, et ne s'expliquent que par leur milieu. Il faut observer l'homme entier pour

---

1. M. Cousin est mort en 1867, et n'a point publié d'autres ouvrages philosophiques que ceux dont il est parlé ici.

définir une de ses parties. Telle erreur métaphysique a son premier ressort dans telle disposition littéraire. Ce n'est plus assez aujourd'hui de réfuter une doctrine, il faut encore la comprendre, et il est plus utile de décrire un homme à la façon des naturalistes que de le combattre à la façon des logiciens. Observons celui-ci, cherchons quelle est sa faculté maîtresse, comment elle a formé son génie, comment elle s'est développée, selon quelle ligne droite ou courbe. Nous ne cherchons pas autre chose, et il nous semble que nous allons parler d'un homme mort il y a deux mille ans.

I

C'est au style qu'on juge un esprit. C'est le style qui dévoile sa qualité dominante. C'est le style qui, en donnant la mesure de sa force et de sa faiblesse, fait prévoir ses mérites et ses erreurs. Car qu'est-ce que le style, sinon le ton habituel? Et qui détermine ce ton, sinon l'état ordinaire de l'esprit? Donc, sitôt qu'on le connaît, on connaît une cause toute-puissante; puisqu'elle agit toujours, et toujours dans le même sens. On sait si l'esprit est mesuré ou précipité, net ou obscur, systématique ou décousu, et jusqu'à quel degré. Ce sont donc de grands signes que le choix des mots, la longueur et la brièveté des périodes, l'espèce et le nombre des métaphores ; le tour des phrases explique l'espèce des idées et l'écrivain annonce tout l'homme.

Le talent de M. Cousin est oratoire. Il a le don et le goût de l'éloquence; vous trouverez en lui toutes les qualités qui peuvent la nourrir ou l'orner. D'abord il dispose parfaitement les diverses parties d'un sujet : en cela ses leçons de 1828 sont des modèles. Aucun professeur ne savait mieux classer les questions, les annoncer, faire compter aux auditeurs tous les pas de sa méthode, les mener par la main, les soutenir aux passages difficiles, marquer les étapes du voyage, les arrêter au bout de chaque question pour leur faire embrasser d'un coup d'œil l'espace parcouru. On sent qu'il est toujours maître de son sujet, qu'il se meut dans le champ des idées comme dans son domaine, qu'il en sait tous les chemins, qu'il est prêt, si l'un d'eux se trouve fermé, à en ouvrir d'autres, qu'il a le droit de prendre charge d'âmes, et de s'offrir pour guide aux ignorants et aux étrangers qui voudront visiter la contrée solitaire et périlleuse où il s'est établi. En effet, l'orateur est un guide ; son œuvre n'est point d'inventer, mais de conduire. Il ne crée pas les idées, il les répand. Celles de M. Cousin sont nées en Écosse, en Allemagne, au dix-septième siècle ; mais il a su les expliquer, les embellir, les propager, et, en leur acquérant l'empire, il a fait son office d'orateur.

Il n'en a pas fait d'autre ; et vous trouverez, dans ses leçons, par exemple, le plus étonnant contraste entre l'exposition et l'invention. Rien de plus travaillé que ses plans ; rien de plus improvisé que ses idées. Il construit des édifices admirables, hardis, élégants, d'une architecture nouvelle et symétrique ; et ce sont des châteaux de cartes. Il invente en deux mots la philosophie de la physique : attraction, répulsion, il n'y a pas d'autres forces ; toutes celles des chimistes et des physiciens se réduiront à celles-là ; et sur quoi se fonde cette prophétie ? sur ce que toutes les idées se réduisent à deux, celle du fini et celle de l'infini. — Il contredit toutes les habitudes françaises, il dément toutes les siennes, il se fait disciple de Hegel, en déclarant que la méthode expérimentale ne convient pas à la philosophie de l'histoire, qu'il faut, pour la construire, trouver *a priori* les idées fondamentales de la raison, que ces idées ont dû passer dans les faits, que les grandes périodes de l'histoire les représentent, et qu'on ne peut trouver en histoire, comme en physique, que le fini, l'infini et leur rapport. — Il s'apprête des embarras graves, en jetant imprudemment à chaque page des phrases panthéistes ; en disant par exemple que la création[1] est fort aisée à comprendre et que Dieu créa le monde comme

---

1. *Introduction à l'histoire de la philosophie*, cours de 1828, p. 146.

nous créons nos actions, « qu'il crée parce qu'il est une force créatrice absolue, et qu'une force créatrice absolue ne peut pas ne pas passer à l'acte. » On se souvient encore de la manière dont il *absolvait* l'industrie, la guerre, la philosophie, la géographie, et beaucoup d'autres choses. C'étaient de grandes revues passées à tire-d'aile; le philosophe, appuyé sur le fini, l'infini et leur rapport, se tenait partout en équilibre. Les auditeurs ravis admiraient la rapidité de ses courses et la dextérité de ses manœuvres. Mais qu'en reste-t-il aujourd'hui ? Combien de ces idées M. Cousin défendrait-il encore ? Combien en garde-t-il dans son livre définitif, *le Vrai, le Beau et le Bien* ? De ce monument, que subsiste-t-il, sinon un exemple d'éloquence, un modèle de composition, une preuve que son talent consiste, non à découvrir des vérités durables, mais à exposer des idées probables, et qu'il est moins philosophes qu'orateur?

Aussi, lorsqu'on veut admirer son style, ce n'est point dans les hautes spéculations métaphysiques qu'il faut l'étudier, mais dans la discussion des vérités moyennes. Les vérités moyennes sont celles qui appartiennent à la conversation et non à la science, qui sont du domaine de tous et non du domaine de quelques-uns, qu'on entend et qu'on aime, non parce qu'on est un homme spécial, mais parce qu'on est un homme bien élevé : telles

sont les questions de morale ordinaire, d'art, de
politique, d'histoire. Elles n'exigent point une
extrême rigueur de style ; elles n'aboutissent pas à
des réponses irréfutables ; elles n'ont pas besoin de
termes spéciaux, de mots abstraits, de phrases sèches et exactes ; elles sont résolues aussi bien par
le sentiment que par la logique. Elles s'adressent
au sens commun autant qu'au raisonnement ; les
vérités qu'elles établissent sont plutôt vraisemblables que vraies, et plutôt aimées que prouvées.
Aussi elles sont la vraie matière de l'éloquence.
C'est sur elles que presque tous les littérateurs
s'exercent. Seules, elles peuvent être populaires,
parce que seules elles peuvent être comprises sans
peine ; seules, elles peuvent être traitées en beau
style, parce qu'étant du domaine public, elles ne
demandent pas un langage spécial ; seules, elles
ouvrent une pleine carrière à l'orateur, parce qu'a-
vec le devoir de convaincre, elles lui imposent l'o-
bligation de toucher et de plaire ; seules, elles donnent des œuvres d'art, parce qu'avec la logique,
elles ont à leur service la passion et le bon goût.
M. Cousin est un des maîtres en ce genre, et il faudrait remonter jusqu'à nos classiques pour lui
trouver des égaux. Voici une page écrite sans légèreté et sans emphase, noble, mesurée, et pourtant pressante, d'un style ample et grave, sans rien
de monotone ou d'académique, qui semble du dix-

septième siècle et qui n'est point une copie, qu'on peut relire dix fois, et qu'on trouvera toujours plus belle, et qui, certainement, donne une idée de la perfection :

Depuis les premiers jours des sociétés humaines jusqu'à la venue de Jésus-Christ, tandis que dans un coin du monde une race privilégiée gardait le dépôt de la doctrine révélée, qui, je vous prie, a enseigné aux hommes, sous l'empire de religions extravagantes et de cultes souvent monstrueux, qui leur a enseigné qu'ils possèdent une âme, et une âme libre, capable de faire le mal, mais capable aussi de faire le bien? Qui leur a appris, en face des triomphes de la force, et dans l'oppression presque universelle de la faiblesse, que la force n'est pas tout, et qu'il y a des droits invisibles, mais sacrés, que le fort lui-même doit respecter dans le faible? De qui les hommes ont-ils reçu ces nobles principes : qu'il est plus beau de garder la foi donnée que de la trahir; qu'il y a de la dignité à maîtriser ses passions, à demeurer tempérant au sein même des plaisirs permis? Qui leur a dicté ces grandes paroles : Un ami est un autre moi-même ; il faut aimer ses amis plus que soi-même, sa patrie plus que ses amis, et l'humanité plus que sa patrie? Qui leur a montré, par delà les limites et sous le voile de l'univers, un Dieu caché, mais partout présent, un Dieu qui a fait le monde avec poids et mesure, et qui ne cesse de veiller sur son ouvrage, un Dieu qui a fait l'homme parce qu'il n'a pas voulu retenir dans la solitude inaccessible de son être ses perfections les plus augustes, parce qu'il a voulu communiquer et répandre son intelligence, et, ce qui vaut mieux, sa justice, et, ce qui vaut mieux encore, sa bonté? Qui enfin leur a inspiré cette touchante et solide espérance que, cette vie terminée, l'âme immatérielle, intelligente et libre, sera recueillie par son auteur? Qui leur a dit qu'au-dessus de toutes les incertitudes, il est une certitude suprême, une vérité égale à toutes les vérités de la géométrie, c'est à savoir que, dans la mort comme dans la vie, un Dieu tout-puissant, tout juste et tout bon, préside à la destinée de sa créature, et que derrière les ombres du trépas, quoi qu'il arrive, tout sera bien, parce que tout sera l'ouvrage d'une justice et d'une bonté infinies?

Vous reconnaissez dans ce morceau tout l'art des maîtres. Ces preuves en faveur de la raison naturelle ne sont point accumulées au hasard. Elles sont distribuées avec autant de soin que les matières d'un cours de morale. Cette énumération, qui semble négligente, est développée avec l'ordre le plus parfait. Chaque membre de phrase est un pas de la philosophie spiritualiste. C'est d'abord la distinction de l'âme et du corps; puis, c'est la découverte que cette âme est libre. Cette connaissance de la liberté produit l'idée du devoir; analysant cette idée, on y trouve d'abord celle de la justice, puis celle de la tempérance, puis celle de la charité et de tous les degrés de la charité. La religion vient alors achever la morale. La méthode prouve d'abord que Dieu existe, puis qu'il crée le monde avec sagesse, et enfin, qu'il couronne son ouvrage en faisant l'homme. En dernier lieu vient l'idée de l'immortalité de l'âme, et, pour calmer les incertitudes que laisse cette croyance, la résignation confiante aux mains d'un Dieu juste et bon. C'est par cet ordre exact qu'une énumération est puissante. Ainsi construite, elle laisse dans l'esprit un plaisir tranquille et une croyance sereine ; nous avons passé si aisément et si naturellement d'un point à l'autre, qu'il nous semble que nous sommes dans la vraie route, et nous nous abandonnons désormais à la sage main qui nous a si bien guidés jusqu'ici.

Je le demande, quelle puissance a enseigné tout cela à tant de milliers d'hommes dans l'ancien monde, avant la venue de Jésus-Christ, sinon cette lumière naturelle qu'on traite aujourd'hui avec une si étrange ingratitude ? Qu'on le nie devant les monuments irréfragables de l'histoire, ou que l'on confesse que la lumière naturelle n'est pas si faible pour nous avoir révélé tout ce qui donne du prix à la vie, les vérités certaines et nécessaires sur lesquelles reposent la vie et la société, toutes les vertus privées et publiques, et cela par le pur ministère de ces sages encore ignorés de l'antique Orient, et de ces sages mieux connus de notre vieille Europe, hommes admirables, simples et grands, qui, n'étant revêtus d'aucun sacerdoce, n'ont eu d'autre mission que le zèle de la vérité et l'amour de leurs semblables, et, pour être appelés seulement philosophes, c'est-à-dire amis de la sagesse, ont souffert la persécution, l'exil, quelquefois sur un trône et le plus souvent dans les fers : un Anaxagore, un Socrate, un Platon, un Aristote, un Épictète, un Marc-Aurèle !

Cette phrase a quinze lignes, et n'est point longue. Peu d'écrivains seraient capables aujourd'hui

de porter le poids d'une aussi large période sans tomber dans la déclamation ou dans le style symétrique. La pensée s'y meut avec une aisance extrême ; les idées accessoires s'attirent les unes les autres, et sont si bien placées qu'elles semblent n'en faire qu'une seule. Un souffle puissant pousse et soutient cette vaste machine ; suspendue deux fois, elle reprend son mouvement sans peine, par les tours les plus naturels et les plus simples ; l'émotion va croissant ; elle est si vraie et si bien justifiée, qu'elle autorise deux mots qui ailleurs seraient emphatiques. Avant de l'avoir lue, on croyait que cette phrase : *sur un trône ou dans les fers*, ne pouvait être employée qu'en style de tragédie ; et l'on s'aperçoit en la lisant que le mouvement des idées l'amène, que l'esprit ne se guinde pas pour y atteindre, que la noblesse du ton l'y conduit. Un peu plus haut, vous n'avez pas remarqué un autre mot de théâtre : *derrière les ombres du trépas* ; c'est qu'il est sauvé par la simplicité des expressions qui l'entourent : *quoi qu'il arrive, tout sera bien*. Quelques lignes auparavant, vous retrouvez encore ce mélange d'élévation et d'aisance qui, depuis le dix-septième siècle, semblait perdu :
« un Dieu qui a fait l'homme, parce qu'il n'a pas voulu retenir dans la solitude inaccessible de son être ses perfections les plus augustes, parce qu'il a voulu communiquer et répandre son intelligence,

et, ce qui vaut mieux, sa justice, et, ce qui vaut mieux encore, sa bonté. » La première phrase touche au sublime ; la seconde descend presque jusqu'au laisser-aller. Ce passage subit à un ton si différent montre que l'orateur est dans son naturel, qu'il a trouvé son genre, et que son sujet est d'accord avec son talent. Car c'est l'union de ces deux qualités qui fait l'éloquence. Si l'on est toujours noble, on ennuie et on finit par avoir l'air d'un charlatan ; il faut dans le discours que la familiarité vienne tempérer la noblesse, reposer l'auditeur et accréditer l'orateur. Si le ton est toujours familier, on ne s'empare point des esprits, on ne fait que les amuser et les instruire ; il faut que la noblesse vienne relever la familiarité, et que l'auditeur maîtrisé sente et respecte l'autorité de l'orateur.

Considérez maintenant le choix des mots et l'espèce des métaphores. Ce sont les termes du dix-septième siècle, exacts, nobles, tirés de la langue générale, ni techniques, ni abstraits. Ce sont ces métaphores modérées, à peine sensibles, qui n'interviennent que pour éclairer la raison, ou pour élever de temps en temps et d'un degré seulement le ton ordinaire. Il y a de la force dans ce mot : « Qui leur a montré par delà les limites et sous *le voile* de l'univers ? » Il y a une grâce touchante dans cette phrase : « L'âme immatérielle, intelligente et libre, sera *recueillie* par son auteur. » Mais cette grâce et cette force sont à demi cachées; l'auteur ne les étale point; d'elles-mêmes elles se font sentir. S'il se porte à des figures plus hardies, elles sont suivies, raisonnables, tirées d'objets ordinaires, préparées de loin, sans rien qui puisse étonner ou choquer, simples effets d'une éloquence passionnée, simples moyens oratoires, au même titre que les raisonnements et les faits : « La religion de Pascal, dit-il, n'est pas le christianisme des Arnaud et des Malebranche, des Fénelon et des Bossuet, fruit solide et doux de l'alliance de la raison et du cœur dans une âme bien faite et sagement cultivée; c'est un fruit amer, éclos dans la région désolée du doute, sous le souffle aride du désespoir. » Telle est l'imagination de l'orateur, bien différente de celle de l'artiste, qui est brusque, excessive, aventureuse, qui se plaît aux images nouvelles, qui frappe et éblouit le lecteur, qui se hasarde parmi les figures les plus rudes et les plus familières, qui ne se soucie pas d'élever, par des transitions ménagées, les esprits jusqu'à elle, et dont la folie et la violence mettraient en fuite l'auditoire que l'orateur doit se concilier incessamment pour le retenir jusqu'au bout.

II

Voilà de grands dons : un art de composition exquis, la largeur et l'aisance des phrases, un ton familier et noble, un style pur, une imagination riche et mesurée, toutes les facultés oratoires. Quittons le domaine qui leur est propre; sortons de ces vérités moyennes où elles s'exercent; voyons ce qu'elles deviendront sur un autre terrain. Entrons dans le champ du raisonnement pur, de la sèche analyse, de la démonstration rigoureuse. Quel changement, et qu'il est vrai de dire que chacun doit rester chez soi !

Je prends le morceau capital, la célèbre préface réfutée par Schelling, où M. Cousin essaye d'expliquer et de justifier sa méthode, de former et de résumer son système. Bien entendu, nous n'examinons que le style. Or, le style est un amas d'équivoques, de termes inexacts, de métaphores, d'expressions vagues. L'auteur ressemble à un homme qui voudrait calculer avec des chiffres dont il ignorerait ou changerait la valeur. Voici quelques phrases prises au hasard, mais toutes importantes, car chacune d'elles contient une doctrine. Que penser de la doctrine, si on la juge par l'expression?

Page 14. C'est un fait attesté par l'observation, que, dans cette même conscience où il n'y a que des phénomènes, il se trouve des notions dont le développement régulier dépasse les limites de la conscience et atteint des existences. Arrêtez-vous le développement de ces notions, vous limitez arbitrairement la portée d'un fait, vous attaquez donc ce fait lui-même, et par là vous attaquez l'autorité de tous les autres faits. Il faut ou révoquer en doute l'autorité de la conscience en elle-même, ou admettre intégralement cette autorité pour tous les faits attestés par la conscience.

Comprenez-vous? Pour moi, il me semble que je trébuche dans un brouillard. Traduisons; vous allez voir comment des obscurités naissent les équivoques, et comment des équivoques naissent les erreurs.

On appelle conscience la connaissance que nous avons de nos sensations, idées, jugements, peines, plaisirs, résolutions, et autres opérations ou événements intérieurs. Personne n'a jamais douté que cette connaissance ne fût vraie.

On appelle raison la connaissance des vérités universelles et nécessaires, par exemple : toute qualité suppose une substance ; tout événement suppose une cause. Quelques philosophes ont douté que cette connaissance fût vraie.

Un très-bon moyen de réfuter ces philosophes, serait de transformer les connaissances de la seconde espèce en connaissances de la première espèce, et de faire rentrer la raison contestée dans la conscience incontestée. Au moyen d'une équivoque, M. Cousin opère ce miracle ; son raisonnement n'a l'air bon que parce qu'il est mal écrit.

Il change dans la première phrase le sens naturel du mot *conscience*. On ne peut pas dire que les phénomènes ou événements intérieurs soient dans la conscience ; ils sont l'objet de la conscience ; une sensation, un souvenir, ne sont pas dans la conscience ; la conscience ne contient pas ces opérations, elle les aperçoit. On ne peut pas dire non plus que les notions ou connaissances de la raison soient dans la conscience. Elle ne les renferme pas, elle les constate ; elle ne forme pas de jugements universels et nécessaires ; elle atteste que nous en formons ; ces jugements ne sont pas en elle comme des parties dans un tout ; ils sont devant elle comme un spectacle devant un spectateur. M. Cousin fait donc une faute de langue : et voyez comme il en profite. En disant que les axiomes et les notions de la raison sont dans la conscience, et font partie de la conscience, il leur attribue l'autorité et la certitude de la conscience ; comme la conscience a toujours passé pour infaillible, la raison, par contagion, devient infaillible. Un jeu de mots a fait l'affaire. Ajoutez-y des expressions vagues, et qui ont aussi un double sens, comme : *limiter arbitrairement le développement d'un fait ;* par ce moyen nous répandrons sur les yeux du lecteur un second nuage. Pendant qu'incertain, fatigué, il tâtonnera dans les ténèbres, nous emporterons prestement la difficulté ; à la phrase suivante, nous lui dirons : « J'ai gagné la bataille. » Comme il est bon homme, il nous croira. Et voilà comment on fonde une philosophie.

Page 20. Plus que jamais, fidèle à la méthode psychologique, au lieu de sortir de l'observation, je m'y enfonçai davantage, et c'est par l'observation que, dans l'intimité de la conscience et à un degré où Kant n'avait pas pénétré, sous la relativité et la subjectivité apparentes des principes nécessaires, j'atteignis et démêlai le fait instantané, mais réel, de l'aperception spontanée de la vérité, aperception qui, ne se réfléchissant point elle-même, passe inaperçue dans les profondeurs de la conscience, mais y est la base véritable de ce qui, plus tard, sous une forme logique et entre les mains de la réflexion, devient une conception nécessaire. Toute subjectivité avec toute réflexivité expire dans la spontanéité de la perception.

La métaphore est magnifique. On se croit au fond d'un trou, (en effet on y est). On plonge dans cette sombre cave, et on cherche des mains l'entrée du précieux et nouveau souterrain où M. Cousin dit avoir trouvé son trésor. En même temps tous ces grands mots, relativité, subjectivité, réflexivité, spontanéité, font un cliquetis qui berce agréablement l'oreille, étourdit la pensée, et fait supposer au lecteur qu'il écoute un concert chinois. Or, notez bien que le sens de ce morceau se réduit à ceci :

Deux et deux font quatre. La première fois que j'ai vu deux objets avec deux autres objets, et que j'ai compris qu'ils faisaient quatre, je n'ai pas remarqué que toujours, partout et nécessairement, deux et deux font quatre. Cette remarque est venue plus tard, quand, en réfléchissant, j'ai observé ma pensée. On pense d'abord. Et après avoir pensé, on réfléchit sur sa pensée.

N'y a-t-il dans ce morceau que de l'obscurité? Non, par malheur. Il y a encore une équivoque. Presque toutes les grandes vérités établies par M. Cousin sont bâties sur de tels fondements. Il joue ici sur le sens du mot *subjectivité*, et il a beau jeu, car le mot est allemand et très-obscur. Une Allemande, dit Gœthe, reconnut que son amant commençait à la tromper, parce qu'il se mettait à lui écrire en français. Un Français peut conclure qu'un philosophe commence à se tromper, lorsqu'il introduit en français des mots allemands. Voici ce que Kant disait et ce que M. Cousin réfute : « Nous connaissons plusieurs axiomes ou propositions nécessaires : par exemple, toute qualité suppose une substance ; et nous ne pouvons imaginer un cas où cet axiome ne soit pas vrai. Mais peut-être cette nécessité vient de la construction de notre esprit, et nous sommes comme des gens nés avec des lunettes vertes, qui, ne pouvant imaginer que des objets verts, en concluraient que nécessairement tous les objets sont verts. J'appelle cette nécessité *subjective*, entendant par là qu'elle a pour cause la construction de notre esprit ; j'entends par *subjectivité* une *nécessité de croire* provenant, non de la nature des choses, mais de la nature de notre pensée ; et, selon moi, *cette nécessité* doit nous faire douter des axiomes. » M. Cousin change les termes de Kant. Il répond triomphalement : « Selon vous, *la connaissance de cette nécessité* doit nous faire douter des axiomes[1]. Eh bien, j'ai découvert un cas où l'on n'a pas cette connaissance. On ne l'a qu'après avoir réfléchi. Donc on ne l'a pas en commençant et lorsqu'on n'a pas encore réfléchi. Donc il y a des cas où cette connaissance n'est pas subjective, et dans lesquels on ne peut douter des axiomes. Vous voyez, mon pauvre Kant, que votre système tombe en ruine ; c'est que je me suis enfoncé dans l'intimité de la conscience, à un degré où vous n'avez pas pénétré[2]. »

Je me suis quelquefois représenté le sentiment d'horreur qui eût pénétré Condillac et les analystes du dix-septième siècle, s'ils avaient lu cette pré-

---

1. Kant parle de cette nécessité, et non de la connaissance qu'on en a.
2. L'équivoque est présentée avec une hardiesse naïve page 5) du *Vrai, du Beau et du Bien.*

face, et si on leur eût dit que l'auteur, écrivain admirable, avait commencé par écouter leurs leçons. Où est le style exact qu'ils enseignent? Qu'est devenue cette doctrine des signes, vérifiée dans toutes les sciences? A-t-on oublié que si l'on ne considère pas les mots comme des chiffres, on ne peut raisonner pendant six lignes sans commettre six erreurs? Où est cet amour du style simple, le seul intelligible, cette haine des mots abstraits, toujours obscurs? Je prends une phrase très-courte, je suppose qu'un analyste du dix-huitième siècle soit ici et veuille la comprendre : comptez toutes les tranformations qu'il devra lui faire subir, et jugez par le nombre des traductions à quelle distance la pensée philosophique de M. Cousin erre et s'égare au dessus des faits :

Page 16. Les faits volontaires sont seuls marqués aux yeux de la conscience du caractère d'imputabilité et de personnalité.

Un homme ordinaire ne comprendra pas ces mots : *faits volontaires*. Il ne sait pas bien non plus ce qu'est cette abstraction personnifiée, douée d'yeux, changée en témoin, et nommée la conscience. Il sera tout effarouché par les deux terribles substantifs *imputabilité* et *personnalité*. Il aura besoin de se souvenir que l'un vient du verbe *imputer* et l'autre du mot *personne*. Il essayera une première traduction et trouvera à peu près ceci :

« Nos actions voulues sont les seules que nous nous imputions et que nous rapportions à notre personne. »

Malheureusement, cette traduction met à nu une erreur. Les actions que nous voulons ne sont pas les seules que nous rapportions à notre personne. Il n'est pas vrai, comme le dit M. Cousin à la ligne suivante, « que la volonté seule soit la personne ou le moi. » Mes douleurs, mes plaisirs, mes idées, mes souvenirs, m'appartiennent très-certainement. Je les rapporte à ma personne ; ils font partie de moi-même. Les grands mots abstraits ressemblent aux gros ornements nouvellement adoptés par les dames. Déshabillez la phrase, il ne reste rien.

Supprimons donc l'avant-dernier membre de phrase et traduisons notre traduction. Imputer est un mot de jurisprudence qui n'est pas net ; il vaut mieux dire :

« Nos actions voulues sont les seules dont nous nous jugions responsables. »

Responsable est une métaphore, c'est-à-dire un terme inexact et vague. Répondre d'une action, c'est en porter la peine ou en recevoir la récompense. Mettons la définition à la place du défini et nous aurons :

« Nos actions voulues sont les seules que nous jugions dignes de punition ou de récompense. »

Nous voici revenus à une phrase ordinaire; il a fallu supprimer une erreur et faire trois traductions; il en faudrait quatre ou cinq autres pour exprimer la chose exactement et en psychologue. Or la netteté du style mesure la netteté des idées; la netteté des idées mesure la justesse des raisonnements; la justesse des raisonnements mesure l'autorité méritée par les doctrines. Quelle autorité méritent les doctrines de M. Cousin?

C'est que, pour être orateur, on n'est pas philosophe. Socrate, il y a bien longtemps, démontrait à Polus que l'éloquence n'est pas la dialectique, et que l'art de persuader le public par un choix habile de raisonnements vraisemblables, n'est pas l'art d'établir des analyses exactes et des syllogismes rigoureux. Cet amour passionné de la démonstration pure qui fait le philosophe, ce scrupule inquiet sur le sens des mots, ces habitudes algébriques, ce retour incessant sur soi-même, ce doute inné qui l'empêche de se faire illusion et le porte à mesurer perpétuellement le degré de probabilité de ce que les autres appellent certitude, ce mépris du sens commun, cette haine pour les arguments du cœur, cette foi absolue en l'observation et en la preuve, ce besoin éternel de vérifications nouvelles, voilà les qualités qui seraient des défauts dans un orateur. Elles l'empêcheraient de trouver les raisonnements populaires; elles l'éloigneraient du public. Il faut qu'il soit au-dessus du public, mais d'un degré seulement. On doit ressembler à ceux qu'on persuade; on n'entre dans leurs sentiments qu'en prenant leurs sentiments; pour conquérir leur esprit, il faut se plier aux habitudes de leur esprit. Cette impuissance en philosophie est le propre de l'esprit oratoire. Elle est plus visible encore quand l'orateur est capable d'enthousiasme, quand il s'enivre du son de ses paroles, quand ses idées ailées, accourant par multitudes et toujours plus pressées, s'accumulent, tourbillonnent, le soulèvent et l'emportent, d'une course précipitée et aventureuse, à travers toutes les vérités et toutes les erreurs. C'est alors qu'il s'écrie, sauf à s'en repentir plus tard : « Le Dieu de la conscience n'est pas un Dieu abstrait, un roi solitaire, relégué par delà la création sur le trône désert d'une éternité silencieuse et d'une existence absolue qui ressemble au néant même de l'existence; c'est un Dieu à la fois vrai et réel, un et plusieurs, éternité et temps, espace et nombre, essence et vie, indivisibilité et totalité, principe, fin et milieu, au sommet de l'être et à son plus humble degré, infini et fini tout ensemble, triple enfin, c'est-à-dire à la fois Dieu, nature et humanité. » Et combien le style vague et allemand convient à ces effusions lyriques ! Les abstractions s'entre-choquent; des formes obscures passent devant l'imagination troublée; dans le cerveau s'agite et roule une ronde d'êtres métaphysiques, grandioses et vides, poésie confuse et sublime que réclament toutes les jeunes têtes d'Allemagne, et qui, avec la bière, suffit pour les remplir à vingt ans. Nous étions un peu Allemands, en 1828, lors des célèbres leçons que je citais tout à l'heure; on y courait comme à l'Opéra, et en vérité c'était un opéra. L'impétueux orateur amenait sur le théâtre et faisait défiler en une heure Dieu, la nature, l'humanité, la philosophie, l'industrie, l'histoire, la religion, les grands hommes, la gloire et bien d'autres choses encore; cette symphonie chantée par un seul homme donnait le vertige, et les esprits, habitués aux tranquilles dissertations des sensualistes, s'inclinaient, comme devant un révélateur, devant le poëte qui peuplait leur imagination de ces prodigieux fantômes, et les entraînait, éblouis, dans un monde qu'ils n'avaient pas soupçonné. Depuis, M. Cousin s'est refroidi. Il a dépouillé sa poésie, il est resté simple orateur; son style est devenu plus mesuré; et cependant sa jeunesse parfois lui revient; il s'enflamme encore; on sent alors qu'il oublie ses auditeurs; il voit son idée se lever devant lui; il s'éprend d'amour pour elle;

il retrouve son enthousiasme ; il écrit cette phrase dont j'entends d'ici l'accent transporté et poétique. Il s'agit des amours de Condé, autre soldat impétueux qu'il admire en frère, et dont il vient de raconter la passion pour Mlle du Vigean. « Depuis, il n'a plus connu que l'enivrement passager des sens, surtout celui de la guerre, pour laquelle il était né, et qui était sa vraie passion, sa vraie maîtresse, son parti, son pays, son roi, le grand objet de sa vie, et tour à tour sa honte et sa gloire. »

Voilà ce que le style de M. Cousin nous apprend sur M. Cousin. Il est surtout orateur : le danger est grand pour la philosophie qu'il changera en dissertations oratoires, toutes les fois qu'il n'y introduira pas des idées vagues, des raisonnements douteux, des mots équivoques, et des erreurs. Il est un peu poëte : le danger est plus grand encore ; il transformera la philosophie en une symphonie métaphysique, qui entraînera tous les esprits, qui l'entraînera lui-même, qui lui fera traverser le Rhin, au risque d'y perdre pied, avec la certitude de s'en souvenir et d'en souffrir toujours.

CHAPITRE V.

M. COUSIN HISTORIEN ET BIOGRAPHE

I

Personne n'a plus étudié le dix-septième siècle que M. Cousin. Comme historien, il n'a guère étudié que le dix-septième siècle. L'a-t-il connu, et l'a-t-il fait connaître au public?

Supposons qu'on demande à M. Josse de décrire les colliers, les bracelets, les chaînes et les parures étalés sur son comptoir. Il répondra certainement: « Mes colliers, mes bracelets, mes chaînes, mes parures sont magnifiques. Vous vous en ferez une idée exacte en vous représentant des objets de toute beauté. L'or est de la dernière finesse, les diamants sont de la plus belle eau, vous n'en trouverez de pareils chez aucun orfévre. Le travail est exquis, il n'y a point d'ouvriers aussi habiles que les miens. Jamais on ne vit rien de si riche, ni de si galant. »

Nous nous en allons munis de cette description ; mais je ne sais pas si nous connaissons la boutique de M. Josse.

M. Cousin a décrit le dix-septième siècle, à peu près de la même manière, et pour la même raison. Il était chez lui, et, sans le savoir, il se jugeait lui-même. Tel talent, tel goût. Son esprit ressemblait à celui du dix-septième siècle ; il n'a pu s'empêcher d'aimer, d'admirer, de louer uniquement le dix-septième siècle. Il a dit partout : beau, parfait, sublime, et il n'a point décrit ni défini ce dont il parlait.

C'est qu'il était orfévre. L'esprit du dix-septième siècle, surtout pendant la première moitié, est, comme le sien, tout oratoire. Le public a fait sa rhétorique sous Balzac. On prend pour matière ces idées générales, ces descriptions de sentiments, ces vérités moyennes, qui sont l'objet propre de l'éloquence. On disserte avec Mlle de Scudéri, on fait des portraits avec Mademoiselle, on apprend le pur français avec Vaugelas, et l'on se pique de bien parler et bien écrire. On s'étudie à développer une idée, à la présenter successivement sous plusieurs formes, à l'introduire par un côté ou par un autre dans l'esprit le moins attentif et le moins pénétrant. On garde fidèlement l'ordre naturel des pensées, on s'attache aux transitions, on marche pas à pas sans poser jamais un pied plus vite ni plus loin que l'autre, et avec la régularité d'une procession. On se corrige des métaphores excessives, on fuit les images hasardées, on diminue le nombre des mots familiers, on commence à n'employer que les termes généraux. On observe les convenances, on pratique la gravité, on atteint le style noble, et l'on s'embarque dans la période. Qu'est-ce que tout ce changement, sinon la naissance de la raison oratoire? Or, en quoi consiste le talent de M. Cousin, si ce n'est dans la possession de cette raison, dans l'art de bien développer, dans la bonne composition, dans la faculté d'expliquer en style élevé et clair les vérités moyennes? D'où il arrive que, lorsqu'il considère l'avénement de cet esprit, il n'y voit point, comme fait le public, la naissance d'un genre particulier, ayant son domaine, mais ayant ses limites, ayant ses mérites, mais ayant ses défauts. Il y voit la perfection même ; c'est la Beauté qui descend sur la terre, et commence son voyage par l'hôtel de Rambouillet. Il ne montre pas ce qui lui manque; il ne l'oppose pas à celle des siècles qui précèdent ou qui suivent; il la met sur le trône, prosterne devant elle le dix-huitième siècle, et pour toute définition nous dit : « Adorez. »

Et cependant tout ne mérite pas d'y être adoré. La raison oratoire, admirable dans son domaine, cesse de l'être lorsqu'elle en sort. Entrons dans un de ces salons dont M. Cousin se fait le secrétaire; prenons nos textes dans M. Cousin lui-même, Croyez-vous que la grande phrase périodique, surchargée de propositions incidentes, soit bien propre à exprimer la gaieté, l'enjouement, la vivacité de la conversation légère? Voici un billet de la marquise de Sablé au sujet de la petite vérole de Mlle de Bourbon, « badinage agréable, » si l'on veut, mais écrit avec la solidité d'un raisonnement métaphysique.

Je vous ai trouvée si bien instruite dans toutes les précautions de la poltronnerie, que je doute un peu si j'avais raison, il y a deux jours, de disputer avec une personne de vos amies, que vous aviez vu Mlle de Bourbon sans aucune frayeur. Ce n'est pas, comme vous pouvez juger, que je veuille ôter à votre générosité tous les avantages qu'elle mérite : car je sais fort bien que, si vous en aviez besoin, elle vous ferait surmonter toutes ces choses pour ne manquer jamais à aucun devoir ; mais je vous avoue que je ne suis guère plus persuadée de l'amitié que vous avez pour vos amis, que je ne la suis de votre hardiesse. Néanmoins vous avez fait de si belles réflexions sur la timidité, que j'ai sujet d'espérer que, puisque vous connaissez si bien les dangers, vous pourrez un jour les craindre, et qu'enfin vous ferez le plaisir à vos amis de vous conserver mieux à l'avenir.

Emprisonnées dans ces phrases à queue, les idées

semblent roides; on croit voir des femmes serrées dans des corsages carrés, bardées de collerettes immenses, appesanties par la multitude des plis de leurs robes massives, et faisant la révérence avec la majesté mathématique d'un poteau. Six pages plus loin, M. Cousin cite un autre billet « d'une légèreté tout à fait remarquable. » Que dites-vous de cette légèreté?

> Je crois qu'il n'y a que moi qui fasse si bien tout le contraire de ce que je veux faire ; car il est vrai qu'il n'y a personne que j'honore plus que vous, et j'ai si bien fait qu'il est quasi impossible que vous le puissiez croire.

M. Cousin ressemble à un homme qui, après avoir manié des morceaux de plomb de trois cents livres, trouverait une petite masse de deux cents, et dirait avec satisfaction : « Celle-ci est légère. » L'esprit est venu tard au dix-septième siècle. Du temps de La Bruyère (1687), et de l'aveu de La Bruyère, il avait seulement quelques années de date. Et en vérité, il ne fit que visiter les contemporains de Louis XIV. Son domaine n'était point là. Il trouvait la gravité, les convenances impatronisées à sa place. Il attendit et fit bien. Ce dix-huitième siècle, tant méprisé, « ces poupées charmantes, musquées et poudrées, » Voltaire et Montesquieu le recueillirent, et la vraie conversation commença. A l'hôtel de Rambouillet on dissertait; chez Mme d'Épinay, on sut causer. On mit en mots piquants les questions graves; la philosophie resta profonde, et devint enjouée Le ton gai et le style moqueur lui donnèrent des ailes. Elle vola par toute l'Europe, et fit ce que vous savez.

Avec le style lourd, l'esprit oratoire produit le style plat. Les vérités moyennes sur lesquelles il s'exerce sont les lieux communs ; et, comme il les développe, il les rend plus communs encore. Ils étaient nouveaux alors, et semblaient intéressants; aujourd'hui ils répandent un mortel ennui. Personne ne peut lire Boileau, sinon à titre de document historique; ses dissertations sur le vrai, sur l'honneur, sur le style, ressemblent aux amplifications d'un écolier laborieux et fort en vers. Les romans de Mlle Scudéri sont d'une longueur infinie et d'une fadeur étonnante; elle met une page à expliquer ce que nous dirions en un mot. Quittez les grands hommes, écoutez les conversations, lisez les lettres de tout le monde; vous ne concevrez pas qu'on ait pu écouter sans bâiller des choses si vides. L'emploi du style régulier et des mots généraux contribuait encore à effacer l'originalité des idées; souvent une remarque ordinaire, écrite en style familier ou tournée en manière de paradoxe, amuse; mais alors le tour familier eût paru bas, et le tour paradoxal eût semblé choquant. On évitait l'un et l'autre, et le grand Condé faisait des vers semblables à ceux qu'on colle autour des mirlitons.

> Depuis votre départ nous goûtons cent délices
> Dans nos doux exercices.
> Même pour exprimer nos passe-temps divers
> Nous composons des vers.
> Une troupe sans pair de jeunes demoiselles
> Vertueuses et belles
> A pour son entretien cent jeunes damoiseaux
> Sages, adroits et beaux.

On trouvait fort ingénieux et fort élégant ce petit morceau de Voiture :

> Baronne pleine de douceur,
> Êtes-vous mère, êtes-vous sœur,
> De ces deux belles si gentilles
> Qu'on dit vos filles [1]?

Et M. Cousin, par imitation, tombe dans des phrases du même goût : « Mlle du Vigean est appelée l'Aurore de la Barre, du nom de la maison de plaisance *dont elle était le plus aimable ornement*[2]. » La fadeur est une maladie contagieuse, et le salon de la Barre a gâté son historien.

Saluons les gens du salon, point trop bas cepen-

---

1. Lire les sonnets de *Job* et d'*Uranie*, et les disputes, dissertations, démonstrations et admirations sans nombre excitées par deux pauvretés.
2. La jeunesse de Mme de Longueville, p. 199.

dant; nous aurions l'air de roturiers admis dans la bonne compagnie par grâce ou par mégarde, émerveillés de cet honneur extrême, grossissant aux yeux de nos amis notre bonne fortune, agenouillés en public devant nos nouveaux patrons. Suffit-il de les montrer partout comme nobles, héroïques, généreux, pleins d'éloquence, de vertu et de génie? La société que peint M. Cousin est une aristocratie, et la haute naissance, il est vrai, enseigne la fierté, parfois la grandeur d'âme, toujours l'élégance et les belles manières; avec la richesse elle donne la sécurité, le loisir, le goût pour les occupations de l'esprit; elle fait des hommes du monde, des hommes de guerre, des hommes de cour, et quelquefois des hommes de cœur. Mais elle enfante l'orgueil de rang et les mœurs d'antichambre, et ce côté de la médaille valait bien la peine d'être montré. On ne peut imaginer, avant d'avoir lu les mémoires originaux, dans quel abîme de petitesses cet orgueil a précipité la noblesse. Saint-Simon cite deux duchesses qui, s'étant disputées le pas dans une cérémonie publique, s'injurièrent, se poussèrent du coude, et, à la fin, « en vinrent aux griffes. » On sait le nombre infini de disputes, de négociations, de traités en règle que produisirent les questions de tabouret. Présenter la chemise au roi et aux princes, obtenir le bougeoir, faire des visites de deuil en mante ou sans mante, avoir le droit de s'enrhumer dans les carrosses du roi et d'étouffer dans un entre-sol de Marly, tels sont les graves intérêts qui emploient les forces, la pensée, le crédit des hommes les plus capables, et qui, selon l'issue, les transportent de bonheur ou les plongent dans l'extrême désespoir. « Hélas! se dit un mandarin en Chine, je n'ai que douze boutons à mon habit, et mon confrère en porte treize. Mes boutons sont bleus et les siens sont jaunes. Comment cet homme heureux a-t-il pu, sans mourir, supporter cet excès de félicité céleste? »

De là encore cette insolence contre les inférieurs, et ce mépris versé d'étage en étage, depuis le premier rang jusqu'au dernier. Lorsque dans une société la loi consacre des conditions inégales, personne n'est exempt d'insulte; le grand seigneur, outragé par le roi, outrage le noble qui outrage le peuple; la nature humaine est humiliée à tous les étages, et la société n'est plus qu'un commerce d'affronts. Le duc de Guise se bat avec Coligny au sujet de Mme de Longueville; Coligny fait un faux pas et tombe; Guise lui dit : « Je ne veux pas vous tuer, mais vous traiter comme vous méritez, pour vous être adressé à un prince de ma naissance sans vous en avoir donné le sujet. » Et il le frappa du plat de son épée. J'aime mieux être un petit bourgeois dans une société de petits bourgeois, qu'un seigneur dans une société de seigneurs. Il est vrai que je n'ai le droit d'insulter personne, mais j'ai le droit de n'être insulté par personne. Je salue M. Jourdain, mais je suis salué par Dorante. Cela est plus agréable que de recevoir des coups de pied de Dorante et d'en donner à M. Jourdain.

Un dernier effet de l'inégalité est la haine de la loi. Car la loi fonde l'égalité, en soumettant les mêmes fautes aux mêmes peines. Ceux qui profitent de l'inégalité sont ses ennemis naturels, et, pour défendre de toute atteinte l'inégalité et l'injustice, ils font la guerre à la justice et au droit. Cette aristocratie, si admirée par M. Cousin, a fait quatre révoltes contre Marie de Médicis, pour avoir des titres, des charges, des pensions. La régente était faible, il s'agissait « de se bien faire valoir » et de prendre la plus grosse part possible du trésor public. C'était la mendicité à main armée, la guerre entreprise contre l'intérêt public, le vol pratiqué contre l'État par les défenseurs naturels de l'État. Richelieu les fit ployer à grand'peine, et il fallut le bourreau pour leur enseigner le respect de la patrie. Ce qu'il y a de merveilleux, c'est qu'entre les mains des juges, ils s'étonnaient et s'indignaient encore de l'insolence de la loi. Le maréchal de Marillac, traduit en justice pour avoir volé son armée, ne pouvait revenir de sa surprise : « Dans mon procès, disait-il, il s'agit de paille, de foin, de briques. Belle affaire pour un homme de ma qualité? il n'y a pas de quoi fouetter un laquais. » « L'État, c'est moi, » dit plus tard Louis XIV. « L'État, c'est nous, » pensait la noblesse. Ils passent aux Espagnols, parce que Mazarin leur résiste ; et Condé croit emporter la France dans les plis de son manteau. Notre siècle est peut-être immoral ; croyons-en M. Cousin, puisqu'il le dit ; il est possible que nous n'ayons point la grandeur ni la vertu des héros de la Fronde. A tout le moins, nous avons une idée qui leur manquait, celle de la patrie. Aucune classe aujourd'hui ne regarde l'État comme son domaine propre ; c'est une gloire pour la raison et c'est un progrès de la justice de l'avoir restitué à son légitime propriétaire, à la nation.

Il y a donc du mal comme du bien dans le dix-septième siècle. Sa littérature n'est point le modèle accompli : c'est une certaine littérature, parfaite en quelques genres, imparfaite ailleurs ; c'est le développement d'une faculté régnante, la raison oratoire, et par conséquent c'est le sommeil des autres. Cette société n'est point le chef-d'œuvre de l'histoire : c'est une certaine sorte de société, qui engendre de beaux sentiments en même temps que de laides passions ; c'est une aristocratie qui, perdant son indépendance et quittant la vie guerrière, devient une cour servile et fière sous la main d'un maître, et trouve ses nouveaux plaisirs dans les amusements de l'esprit et dans la vie de salon.

Supposons qu'un historien accepte cette idée générale ou toute autre, et la développe, non pas en termes généraux, comme on vient de le faire, mais par des peintures, par un choix de traits de mœurs, par l'interprétation des actions, des pensées et du style, il laissera dans l'esprit du lecteur une idée nette du dix-septième siècle ; ce siècle prendra dans notre souvenir une physionomie distincte ; nous en discernerons le trait dominant, nous verrons pourquoi de ce trait naissent les autres; nous comprendrons le système des facultés et des passions qui s'y est formé et qui l'a rempli ; nous le connaîtrons, comme on connaît un corps organisé après avoir noté la structure et le mécanisme de toutes ses parties. Au contraire, priez un lecteur ordinaire de lire l'histoire de Mme de Sablé et de Mme de Longueville ; l'expérience est aisée, et je l'ai faite : il n'emportera qu'une impression vague ; il ne pourra dire exactement quel fut l'esprit de cette époque ; il saura seulement que, selon M. Cousin, les entretiens alors étaient charmants, les bâtiments magnifiques, les fêtes galantes, les actions héroïques, les amours nobles, les caractères grands, la piété parfaite, et que dans ce monde accompli Mme de Longueville tenait le premier rang. Il admirera sur parole, et s'en ira disant : « M. Cousin m'a fait lire une lettre de recommandation ; j'aimerais mieux un signalement. »

II

Si M. Cousin a forcé son talent en se faisant historien, il l'a violenté en se faisant biographe et peintre de portraits.

C'est que l'imagination du peintre ne ressemble guère à celle de l'orateur. On a beau être éloquent, on n'a pas pour cela la faculté de faire revivre les êtres. Corneille et Racine ont fait des discours admirables, et n'ont pas créé un seul personnage tout à fait vivant. Shakspeare n'a pas fait un seul discours concluant et éloquent, et toutes ses figures ont le relief, la vérité, l'animation, l'originalité, l'expression des physionomies réelles. Comparez, pour comprendre la différence de ces deux facultés, l'histoire de la Direction au dix-septième siècle par M. Michelet[1] avec l'œuvre de M. Cousin. Le premier sait ranimer les morts; les sentiments éteints reparaissent dans son âme; il ne déduit pas logiquement une idée d'une autre; il ne construit pas noblement de larges périodes; il n'essaye pas de conduire régulièrement un auditoire d'esprits pesants vers une vérité lointaine : il n'est pas maître de lui-même: il y a quelque chose de fiévreux dans son inspi-

---

1. *Le prêtre, la femme et la famille*, par J. Michelet, 1re partie

ration. Les idées lui viennent sans qu'il les choisisse ou qu'il les ordonne, et elles ne se présentent pas sous la livrée commune de mots généraux ; elles accourent en métaphores, en expressions familières, en habits de folles ou de paysannes ; et dès l'abord, elles saisissent ; l'accent de la phrase est un chant. On est transporté à l'instant à mille lieues des idées ordinaires. On ne sait plus ce qu'est devenue la raison raisonnante ; des formes, des couleurs se tracent sur le champ décoloré où la pensée abstraite ordonnait ses syllogismes ; on aperçoit des gestes, des attitudes, des changements de physionomie ; peu à peu le personnage ressuscite ; il semble qu'on l'ait connu ; on prévoit ce qu'il va faire, on entend d'avance le cri de sa passion blessée ; on ne le juge pas, on l'aime ou le hait, ou plutôt on sent avec lui et comme lui ; on quitte son siècle, on devient son contemporain ; on devient lui-même. Et, pour cela, l'on n'a pas besoin d'une longue explication ; souvent une phrase suffit ; un seul mot, comme un éclair, déchire le voile obscur du temps, ramène en pleine lumière les figures cachées, rallume dans leurs yeux ternes la divine flamme de la vie. Ces mots magiques, nul raisonnement, nulle science ne les découvre ; ils sont le langage de l'imagination qui parle à l'imagination ; ils expriment un état extraordinaire de l'âme qui les trouve, et mettent dans un état pareil l'âme qui les écoute ; ils sont la parole du génie ; ils ne sont donnés qu'à l'artiste, et changent la triste langue des analyses et des syllogismes en une sœur de la poésie, de la musique et de la peinture. Si vous n'avez pas ces visions, si vous n'êtes pas obsédé par les tout-puissants fantômes des morts que vous voulez rendre à la lumière, si les personnages ressuscités n'habitent pas votre esprit, avides d'en sortir et de rentrer dans la vie, n'essayez pas d'être peintre. Appelez l'éloquence à votre aide, faites des panégyriques, prononcez des oraisons funèbres, enseignez la morale au public, établissez des théories sur le beau, rassemblez des documents inédits ; soyez orateur, professeur, prédicateur, tout ce qu'il vous plaira : vous ne parviendrez qu'à écrire longuement une histoire froide. C'est ce qu'a fait M. Cousin.

Donnons-nous le spectacle d'un talent dépaysé. Au lieu d'une peinture, l'éloquence fournit des éloges et des raisonnements ; nous aurons donc un éloge raisonné. Tout le monde sait que M. Cousin s'est fait le chevalier servant de Mme de Longueville. La noble dame a eu le rare honneur de faire des conquêtes posthumes, et les froides murailles de la Sorbonne n'ont pas défendu M. Cousin contre les traits de ses beaux yeux. Il s'est épris si vivement qu'il a parlé de Condé comme d'un beau-frère et de La Rochefoucauld comme d'un rival.

Mais dans cette passion nouvelle, il a gardé ses anciennes habitudes d'esprit ; il a loué sa dame comme il aurait loué Descartes ; et en galanterie, comme en philosophie, il est resté professeur.

Établissons, s'est-il dit, par une argumentation irréfragable, que Mme de Longueville fut la plus belle des femmes. En tout sujet, il y a deux sortes de preuves : les unes *a priori* et de théorie, les autres *a posteriori* et de fait. Démontrons d'abord *a priori* la beauté de Mme de Longueville, et pour cela établissons les caractères de la vraie beauté.

Le fond de la vraie beauté, comme de la vraie vertu, comme du vrai génie, est la force. Sur cette force répandez un rayon du ciel, l'élégance, la grâce, la délicatesse : voilà la beauté !... Mme de Longueville avait tous les caractères de la vraie beauté, et elle y joignait un charme particulier. Elle était assez grande et d'une taille admirable. L'embonpoint et ses avantages ne lui manquaient pas. Elle possédait, je ne puis en douter en regardant les portraits authentiques qui sont sous mes yeux, le genre d'attraits qu'on prisait si fort au dix-huitième siècle, et qui avec de belles mains avait fait la réputation d'Anne d'Autriche. Les yeux étaient du bleu le plus tendre ; des cheveux d'un blond cendré de la dernière finesse, descendant en longues boucles abondantes, ornaient l'ovale gracieux de son visage, et inondaient d'admirables épaules, très-découvertes selon la mode du temps. *Voilà le fond d'une vraie beauté.*

Passons aux preuves *a posteriori*, c'est-à-dire à l'expérience et aux témoignages.

« Commençons par celui qui l'a le mieux connue et qui certes ne l'a pas flattée, La Rochefoucauld. » Ne vous méprenez pas, lecteur zélé ; souvenez-vous que « les deux seules bonnes et complètes éditions sont celles de Renouard, 1804 et 1817, et celles de la collection Petitot. Voyez cette dernière, tome LI, p. 455. Écoutons aussi le cardinal de Retz, très-bon juge en cette matière. Après les hommes, « consultons les femmes. » D'abord, Mme de Motteville, puis la Grande Mademoiselle, puis Mlle de Vandy. Après les témoignages graves, viennent les témoignages douteux, et jusqu'à celui du poëte Scudéry, le plus grand vantard du monde. — Êtes-vous satisfait, lecteur sceptique? Cette belle classification des témoignages, cette critique de la capacité des témoins, ce renvoi exact aux bonnes éditions et à la page précise, cette méthode de jurisconsulte et de savant, suffit-elle pour vous convaincre? Elle ne suffit pas à M. Cousin. Il amène un réformé aux pieds de sa dame ; aux affirmations des catholiques, il joint le témoignage d'un ministre protestant inconnu, qu'il découvre exprès, Pierre Dubosc. — C'est trop peu encore ; il énumère tous les portraits de Mme de Longueville, peintures, gravures, émaux, médailles. Il allait finir, et se rappelle « qu'il doit y avoir au château d'Eu un portrait de Mme de Longueville, haut de vingt-deux pouces et large de dix-huit, pro-

venant de la vieille collection de Mademoiselle. »
Et il couronne le tout par le témoignage d'un gentilhomme qui vit Mme de Longueville après sa conversion. Que de preuves! quelle solidité! quelle démonstration substantielle! De sa fenêtre à la Sorbonne, M. Cousin nous verse sur la tête toute une bibliothèque. Combien le lecteur doit être touché de la beauté de Mme de Longueville, quand il la voit à travers cette poussière de certificats!

Elle eut la petite vérole. Voilà la démonstration en danger. L'invincible orateur ne perd pas courage. Il appuie sur les témoignages favorables, et voyez avec quelle vigueur! « Ce fut une sorte de joie publique lorsqu'on apprit que Mme de Longueville avait été épargnée, et que, si elle avait perdu la première fraîcheur de sa beauté, elle en avait conservé tout l'éclat. *Ce sont les propres paroles de Retz*, et Godeau, le galant évêque de Grasse, les confirme.... » Puis en note : « Mademoiselle a beau dire que Mme de Longueville resta marquée de petite vérole. Retz affirme le contraire, éd. d'Amsterdam, 1731, t. I, p, 185. » Et il cite Retz tout au long. Ailleurs il insiste sur cette maladie, et jure de nouveau qu'elle ne laissa « presque aucune trace. » C'est que l'affaire est grave, et que M. Cousin défend aussi ses intérêts de cœur. Je me trompe. Ceci est une méthode; cette lourde façon de manier la beauté en la froissant est une habitude

A chaque instant, M. Cousin nous fait oublier ses personnages; il entre lui-même dans le récit, un paquet de livres sous le bras. Il nous donne entre un duel et un billet doux le spectacle de ses lectures, de ses recherches et de ses perplexités érudites. Il étale sa bibliothèque en plein salon. Coligny fit la cour à Mme de Longueville et va se battre pour elle. Qui est ce Monsieur? de quel droit usurpe-t-il sur M. Cousin l'honneur d'être le champion de Mme de Longueville? Quelque freluquet, sans doute? M. Cousin veut avoir des renseignements sur ce jeune homme. Il n'en trouve pas, et cela le contrarie. Il s'inquiète. Quoi! Lenet ne dit rien de lui!

Nous *avouons* qu'un tel silence n'est guère en sa faveur. Mais *répondons-nous à nous-mêmes* que Coligny était jeune, qu'il n'avait pas eu le temps de se faire connaître, et qu'il a été naturellement éclipsé par Dandelot, qui succéda à son titre et prit sa place auprès de Condé. Dans l'absence de tout autre document, un manuscrit de la Bibliothèque nationale, auquel déjà nous avons eu recours, nous fournit quelques détails dont nous ne garantissons point la parfaite exactitude, mais qu'il ne nous est pas permis de négliger faute de mieux. Ce manuscrit nous représente Coligny comme très-bien fait, sans avoir pourtant une tournure fort élégante, spirituel et ambitieux, mais d'un mérite au-dessous de son ambition.

Que cette peinture est vive! quel à-propos dans cette parenthèse! Quel intérêt dans « ces aveux, » dans ces « réponses que l'auteur se fait à lui-même ! » Comme elles suspendent bien le récit ! Comme elles préparent habilement un duel, un meurtre et une agonie ! Vous croyiez rencontrer un peintre ; vous subissez les élucubrations d'un antiquaire, révélateur de vieux manuscrits.

Quand l'éloquence dépaysée ne produit pas des démonstrations, elle produit des dissertations. Ici M. Cousin est terrible. La moitié de son livre semble tirée du *Journal des savants*. C'est un tombereau de documents. Mlle de Bourbon va au couvent ; il décrit ce couvent, mesure son étendue, nomme toutes les rues qui le bornent, indique l'entrée, la place des jardins, des chapelles, de l'infirmerie, des appartements séparés, les dates, les moyens et la grandeur des accroissements successifs. Il nomme toutes les prieures, il expose en style ecclésiastique leurs caractères tous divers, mais tous également saints ; il marque leur famille, il donne des détails sur la généalogie, il explique les circonstances qui les ont retirées du monde. Un peu avant, il institue un procès entre Mme de Longueville et M. de La Rochefoucauld ; il cite et pèse un nombre infini de témoignages ; il établit que celui de La Rochefoucauld tourne contre La Rochefoucauld. Il divise en cinq parties toute l'argumentation, met des numéros d'ordre en tête de chaque paragraphe ; il veut « établir sur des faits certains et mettre dans une lumière irrésistible le point de vue qu'il vient d'indiquer. »

Après la réfutation, l'énumération. Tous les procédés oratoires vont entrer en ligne. Mme de Longueville connaissait beaucoup de personnes ; M. Cousin attache bout à bout les histoires de toutes ces personnes, et raconte celle de son frère, de ses amis, de ses poëtes, de ses amies, celle de Mlles de Rambouillet, de Mlle de Brienne, de Mlle de Montmorency, de Mlle du Vigean. L'histoire de Mlle de Rambouillet amène celle de son mari, le duc de Montausier, et ainsi de suite. C'est une liasse de biographies. Dans cette enfilade de renseignements, où est la vie ? Font-ils un tableau ? Font-ils même une galerie de portraits ? Le *Port-Royal* de M. Sainte-Beuve est un petit coin d'histoire défriché, comme le sujet de M. Cousin, jusqu'au fond. L'auteur a remué des montagnes de documents et creusé jusque dans les minuties de l'érudition. Mais de ce labeur infini et de ces petits détails est sortie une œuvre vivante ; ces portraits si nombreux, attachés les uns au bout des autres, sont animés ; ils parlent au visiteur ; on sent la main d'un romancier et d'un poëte. L'énorme dissertation de M. Cousin n'intéresse que les érudits et n'est qu'un recueil de matériaux.

La dissertation à contre-temps et la démonstration hors de propos sont moins tristes encore que la déclamation. M. Cousin déclame, et il le faut bien ; car qu'est-ce que la déclamation, sinon l'accent oratoire employé là où il faudrait le style simple? Or, M. Cousin a naturellement l'accent oratoire, et dans ce tableau de mœurs élégantes, de galanteries aimables, de jolis péchés et d'amusements littéraires, le style simple de la narration aisée était le seul qui ne fût pas déplacé. Écoutez ce ton de tribune :

> Ah! sans doute, dit-il, il eût mieux valu lutter contre son cœur, et à force de courage et de vigilance se sauver de toute faiblesse. Nous *mettons un genou en terre* devant celles qui n'ont jamais failli. Mais quand à Mme de Longueville ou à Mlle de La Vallière on ose comparer Mme de Maintenon avec les calculs sans fin de sa prudence mondaine et les scrupules tardifs d'une piété qui vient toujours à l'appui de sa fortune, *nous protestons de toute la puissance de notre âme*. Nous sommes *hautement* pour la sœur Louise de la Miséricorde et pour la pénitente de M. Singlin et de M. Marcel. *Nous préférons mille fois* l'opprobre dont elles essayent en vain de se couvrir, à la vaine considération qui a entouré dans une cour dégénérée Mme Scarron, devenue en secret la femme de Louis XIV.

Luxe d'adjectifs, mouvements oratoires, tout y est. Il y a de plus ici je ne sais quel vide emphatique et quel fracas maladroit de séminaire. Voulez-vous des apostrophes? « Non, dit M. Cousin à La Rochefoucauld, ce n'est pas pour plaire à Mme de Longueville que vous vous êtes engagé dans la Fronde; vous vous y êtes jeté de vous-même par la passion du mouvement et de l'intrigue. » — Voulez-vous des rentrées d'éloquence philosophique et de l'indignation vertueuse ? M. Cousin raconte que la prieure des Carmélites avait des visions, et là-dessus, il s'écrie : « Quelle philosophie que celle qui viendrait proposer ici de misérables objections ! Prenez garde, elles tourneraient contre Socrate et son démon, aussi bien que contre le bon ange de la mère Madeleine de Saint-Joseph. » — Voulez-vous des phrases de mandement et de panégyrique? « Il semble que la naissance de cet enfant porta bonheur à ses parents. » « Condé se couvrit de gloire. » Mlle de Bourbon « portait en elle toutes les semences d'un avenir orageux. » — « Arborer l'étendard de la révolte[1]. » Est-ce là cet écrivain si ferme, dont le style sain sauvait les faiblesses? Devait-il tomber dans ces banalités officielles? Était-ce à lui d'emprunter les transitions contrites et les périodes ronflantes d'un grand vicaire? « La Providence en a disposé autrement, et Chantilly attend encore une main réparatrice. » Cela fait penser à cette phrase célèbre qu'il semble avoir copiée dans une oraison funèbre : « O maison d'Orléans, maison illustre et infortunée, je briserais à jamais ma

1. *La jeunesse de Mme de Longueville*, p. 67, 62, 361, 166.

plume plutôt que de la tourner contre vous. Mais puis-je donc vous sacrifier les principes de toute ma vie, la Révolution, et l'honneur de mon pays? »

Que conclure de tout ceci? Que les facultés de l'orateur ne sont point celles de l'historien ni du peintre. Faites d'un orateur un historien : il laissera de côté les traits distinctifs et les caractères propres du temps qu'il décrit; son récit deviendra un panégyrique et une leçon. Faites d'un orateur un peintre : ses portraits seront sans vie; il composera des dissertations, des démonstrations et des tirades. Dans l'histoire et dans la biographie, il restera orateur en dépit de lui-même : ses grandes qualités employées à faux choqueront ; il paraîtra pesant et pédant; il sera sec ou emphatique; et à force de recherches, de travail, d'efforts de style, il ne parviendra qu'à bâtir un piédestal fragile de dissertations et de syllogismes, où il posera religieusement et contemplera amoureusement la tête moutonne et frisée de Mme de Longueville.

CHAPITRE VI.

M. COUSIN PHILOSOPHE.

I

Il y a deux philosophes dans M. Cousin : celui d'autrefois, et celui d'aujourd'hui.

D'où vient ce changement ? Quelle force l'a poussé dans la première voie ? Quelle force supérieure l'en a détourné, et l'a engagé dans la seconde ? On va voir jouer le mécanisme intérieur que nous avons décrit Ses deux philosophies sont l'effet de deux facultés diverses : l'une, qui est l'imagination poétique, aidée par la jeunesse, l'emporte vers la philosophie pure et vers les idées allemandes ; l'autre, qui est l'éloquence, chaque jour plus puissante, soutenue par l'âge, finit par devenir maîtresse, et l'entraîne vers le spiritualisme oratoire, dans lequel il s'est assis et endormi.

A l'École normale, M. Cousin fut d'abord destiné à la littérature. Une leçon de M. Laromiguière le charma et le jeta dans la philosophie. M. Royer-Collard le tira bientôt du sensualisme : il connut M. de Biran, étudia les Écossais, lut Kant. Ce furent les sources de son premier enseignement.

Rien de plus naturel que cette première passion. Pour les gens d'imagination, à vingt ans, la philosophie est une toute-puissante maîtresse. Au sortir de la rhétorique, c'est un ravissement que de penser. On n'avait encore combiné que des phrases ; on croit pour la première fois créer des idées ; on plane sur le monde ; on remonte à l'origine des choses, on découvre le mécanisme de l'esprit. Il semble que tout d'un coup on se soit trouvé des ailes ; sur ces ailes nouvelles, on s'élance à travers l'histoire et la nature ; on touche à tout, on ne doute de rien, on croit à sa force, on n'est point inquiété par la réflexion, on n'est pas attristé par l'expérience ; on se porte et on s'élance tout entier, de tout son cœur et de toute sa force, à la conquête de la vérité. Quelle séduction ! Comptez celles-ci qui sont plus grandes encore. Il s'agissait pour M. Cousin de détruire la philosophie régnante ; philosopher était un combat. Fut-il jamais un attrait plus vif ? Quel plus grand plaisir que de se battre? Combattre, c'est se donner le sentiment de sa force, s'animer par la résistance, jouir du danger, rouler dans le torrent tumultueux de toutes les émotions contraires. Combattre, en philosophie, c'est, pour parler en jeune homme, mettre la couronne de la Victoire sur la tête de la Vérité. La nouveauté des doctrines, le courant de l'opinion publique, la naissance d'une littérature poétique, la grandeur mystique des théories sur l'infini et sur la raison éternelle, il n'en fallait pas tant pour pousser M. Cousin dans la philosophie. Et voyez comme il y fut retenu. Tour à tour vingt doctrines se présentèrent pour réveiller sa curiosité et nourrir son enthousiasme. D'abord les sensualistes, puis les Écossais commentés et développés par M. Royer-Collard, puis M. de Biran, ensuite Kant, bientôt Schelling et Hégel qu'il découvre, puis Platon, Plotin, Descartes, Leibnitz, qu'il retrouve. Ces diverses doctrines ont brillé tour à tour dans cette vive imagination, comme autant de lumières dans une lanterne magique, un peu confondues, un peu altérées, un peu transformées. De tout cela s'est formé l'éclectisme. On comprend maintenant le mot et la chose. Par lui-même, M. Cousin invente peu ou point; mais il a besoin d'éprouver des émotions métaphysiques; il ressent le plus vif et le plus poétique plaisir, lorsqu'il voit un système se former dans son cerveau, se développer et embrasser l'univers dans ses conséquences. Ne pouvant se donner ce plaisir lui-même, il appelle les autres à son aide; il expose un, deux, dix, vingt systèmes. Chaque philosophie, en coulant sur son esprit, dépose en lui quelques débris d'elle-même. Naturellement tous ces débris s'assemblent, emportés par un courant d'éloquence, et dirigés à peu près dans le même sens par les habitudes françaises et par l'éducation psychologique de l'auteur. Vous voyez que tout s'accorde et s'explique. Il n'est pas philosophe, et il est poëte : de là son histoire de la philosophie et son éclectisme. Il est orateur : en attendant que le génie oratoire l'envahisse tout entier et lui façonne sa métaphysique, il se contente d'être le plus grand et le plus admirable des professeurs.

Ce fut le premier âge de sa pensée, et c'est alors qu'il fut pris par la philosophie allemande. Il alla à Munich en 1818, connut Schelling et Hégel, devint leur disciple. Faute d'invention personnelle, il s'abandonnait au mouvement de la pensée publique; or la pensée publique aboutissait à ce système le plus audacieux et le dernier du siècle. On comprend qu'il ait fait plus d'impression qu'un autre dans un esprit qui recevait, traduisait ou interprétait la métaphysique, mais ne la créait pas.

J'ai lu Hégel, tous les jours, pendant une année entière, en province ; il est probable que je ne retrouverai jamais des impressions égales à celles qu'il m'a données. De tous les philosophes, il n'en est aucun qui soit monté à des hauteurs pareilles, ou dont le génie approche de cette prodigieuse immensité[1]. C'est Spinoza agrandi par Aristote, et debout sur cette pyramide de sciences que l'expérience moderne construit depuis trois cents ans. Lorsqu'on gravit pour la première fois la *Logique* et l'*Encyclopédie*, on éprouve la même émotion qu'au sommet d'une grande montagne. L'air manque, la vue se trouble; on n'est plus en pays humain, on n'aperçoit d'abord qu'un entassement d'abstractions formidables, solitude métaphysique où il ne semble pas qu'un esprit vivant puisse habiter; à travers l'Être et le Néant, le Devenir, la Limite et l'Essence, on roule, la poitrine oppressée, ne sachant si jamais on retrouvera le sol uni et la terre. Peu à peu la vue perce les nuages; on entrevoit des ouvertures lumineuses; le brouillard s'évapore; devant les yeux se déroulent des perspectives infinies; des continents entiers s'étalent embrassés d'un coup d'œil; et l'on se croirait arrivé au sommet de la science et au point de vue du monde, si là-bas, sur un coin de la table, on n'apercevait un volume de Voltaire posé sur un volume de Condillac.

1. On parle ici d'Hégel lui-même, et non de la secte grossière qui l'a continué et défiguré.

CHAPITRE VI.

M. Cousin n'aime pas Voltaire et méprise beaucoup Condillac. Faute de ces deux contre-poids, il fut emporté par la métaphysique allemande et se trouva panthéiste, ou très-voisin du panthéisme, sans le savoir peut-être, et bien malgré lui. Il le nie aujourd'hui; il croit toujours avoir pensé de même; il a persuadé beaucoup de gens qui ne savent pas la philosophie. Il a tort. Est-ce un si extrême malheur que d'avoir accepté une doctrine grandiose enseignée par de grands génies? Il la trouve fausse. Y a-t-il de la honte à confesser que l'on s'est trompé? Craint-il qu'on n'en découvre encore des traces dans ses opinions présentes? Cela n'est point à craindre. Il est aujourd'hui le plus grand ennemi de la philosophie allemande; non-seulement il la réfute, mais encore il l'injurie; et l'on dit que contre les péchés métaphysiques de sa jeunesse il ira bientôt chercher refuge dans le bénitier.

Montrons ce qu'il était en 1828 et même en 1833. Il écrivait alors dans sa seconde préface une petite phrase décisive, si décisive qu'il l'a supprimée dans les dernières éditions, depuis qu'ayant changé de doctrine, il s'est fait horreur à lui-même. Il s'agit du système de Schelling dont il dit[1] : « Selon lui la philosophie doit s'élever d'abord jusqu'à

---

1. *Fragments philosophiques.* 2ᵉ préface, p. 39.

l'Être absolu, substance commune et commun idéal du moi et du non-moi, qui ne se rapporte exclusivement ni à l'un ni à l'autre, mais qui les comprend tous deux, et en est l'identité. Cette identité absolue du moi et du non-moi, de l'homme et de la nature, c'est Dieu. Il suit de là que Dieu est dans la nature aussi bien que dans l'homme. » Et il ajoute : « *Ce système est le vrai.* » Phrase imperceptible qu'on peut retrancher sans rompre la liaison des idées, et dont il a cru qu'on n'apercevrait pas l'absence. On l'aperçoit; et ce retranchement exécuté par l'auteur prouve tout ce que valent ces quatre mots. C'est qu'alors, en effet, Schelling avait déjà publié son écrit le plus net : *Bruno ou de l'Unité absolue*, et que, pour n'y point voir le panthéisme, il faudrait se crever les yeux.

M. Cousin employait alors un moyen ingénieux pour s'en défendre. Il donnait le nom de panthéisme à divers systèmes autres que celui de Schelling, et prouvait qu'il ne professait pas ceux-là. Il disait, par exemple[1] : Mettez en un tout les hommes, les animaux, les pierres, tous les êtres du monde, corporels ou incorporels; si vous dites que ce monceau est Dieu, vous êtes panthéiste. — Ou bien encore : Supposez, comme les Éléates, que

---

1. *Fragments philosophiques*, 4ᵉ édition, p. 65

le monde n'est qu'une apparence, et qu'il n'y a qu'un seul être, l'unité absolue, vous êtes panthéiste. — On aurait pu lui répondre : Pardon, il y a une troisième manière d'être panthéiste, celle de Schelling et d'Hégel ; car ils repoussent avec autant de mépris que vous celle que vous venez de citer. Voici l'abrégé de celle qu'ils enseignent, grossière esquisse, mais qui fera comprendre le cours de 1828, et mesurer les courbes décrites par la philosophie de M. Cousin.

Concevez une espèce vivante, par exemple, celle des bluets. Chaque bluet meurt dans l'année, non par accident, mais en vertu de sa constitution, et par une nécessité intérieure ; il en produit d'autres qui le remplacent, et ainsi de suite. Ce qui persiste et ce qui tend à persister, ce ne sont pas les individus, c'est l'espèce, c'est-à-dire la forme abstraite ou idéale commune à tous les individus, et les individus ne vivent, ne naissent et ne se remplacent que parce que cette forme tend à subsister. L'espèce est donc autre chose que la somme des individus ; elle est nécessaire, et ils sont accidentels ; elle est une cause, ils sont des effets. Mais d'autre part elle n'existe qu'en eux et par eux ; elle ne serait pas s'ils n'étaient pas ; il n'y aurait pas de forme idéale commune à tous les bluets, s'il n'y avait pas de bluets.

Selon les panthéistes d'Allemagne, la somme des

bluets, c'est le monde. La forme idéale du bluet, c'est Dieu [1].

En d'autres termes, la somme des choses qui existent, c'est le monde ; la loi, ou formule primitive, de laquelle on peut les déduire, c'est Dieu.

Traduisons ceci en bon allemand, c'est-à-dire en mauvais français. Le type du bluet subsiste seul pendant que les individus passent. On peut donc dire qu'il est leur *substance*. Il est la force qui les produit : on peut donc dire qu'il est leur *cause*. Supposons qu'il n'y ait que des bluets au monde ; comme ce type ne dépend pas d'eux et que partant il ne dépend de rien, on peut l'appeler *l'inconditionnel et l'absolu*. Ce type étant donné, ils sont donnés ; on peut donc les considérer comme étant *contenus* en lui, et dire qu'il est leur *unité* et leur *identité*. Quoique les bluets qui le manifestent se succèdent dans le temps et soient placés dans l'espace, il est, comme le triangle abstrait et comme les vérités géométriques, *en dehors du temps et de l'espace*. Chaque bluet qu'il produit est limité, puisqu'il est distinct de tous les autres ; pour lui, il est absolument *infini*, puisqu'il ne peut y avoir

---

[1]. Selon les panthéistes, le bluet idéal, c'est Dieu. Selon les matérialistes, il n'y a pas de bluet idéal, il n'y a que des bluets particuliers. Selon les déistes, il n'y a pas de bluet idéal, mais un ouvrier intelligent et puissant, qui fabrique tous les bluets particuliers. Selon les positivistes, on ne peut connaître que les bluets particuliers, il ne faut pas s'occuper du bluet idéal.

qu'un type abstrait du bluet. Il est *créateur*, et tire de lui-même tous ces bluets qu'il produit ; car c'est lui-même qui devient chacun d'eux. Cette création est *nécessaire*, incessante, éternelle, car sans elle il ne serait pas. Donc si, en résumé, on veut exprimer sa nature, on devra dire : l'un, absolu, l'inconditionnel, la substance, la cause, qui de sa nature est au-dessus du temps et de l'espace, se développe nécessairement, et tombe pour se développer dans la diversité, dans la limitation, dans la pluralité.

Comprenez-vous maintenant ces phrases de M. Cousin? « L'immensité ou l'unité de l'espace, l'éternité ou l'unité du temps, l'unité des nombres, l'unité de la perfection, l'idéal de toute beauté, l'infini, la substance, l'être en soi, l'absolu, c'est une cause aussi ; non pas une cause relative, contingente, finie, mais une cause absolue. Or, étant une cause absolue, l'unité, la substance ne peut pas ne pas passer à l'acte, elle ne peut pas ne pas se développer.... L'absolu est la cause absolue, qui absolument crée, absolument se manifeste, et qui en se développant tombe dans la condition de tout développement, entre dans la variété, dans le fini, dans l'imparfait, et produit tout ce que vous voyez autour de vous [1]. »

1. Cours de 1828, p. 121.

2° Préface, p. 66. « Dieu n'étant donné qu'en tant que cause absolue, à ce titre, selon moi, il ne peut pas ne pas produire, de sorte que la création cesse d'être inintelligible, et qu'il n'y a pas plus de Dieu sans le monde, que de monde sans Dieu. »

1re Préface, p. 34. « Le Dieu de la conscience n'est pas un Dieu abstrait, un roi solitaire, relégué par delà la création sur le trône désert d'une éternité silencieuse et d'une existence absolue qui ressemble au néant même de l'existence ; c'est un Dieu à la fois vrai et réel, un et plusieurs, éternité et temps, espace et nombre, essence et vie, indivisibilité et totalité, principe, fin et milieu, au sommet de l'Être et *à son plus humble degré*, infini et fini tout ensemble, triple enfin, c'est-à-dire à la fois Dieu, nature et humanité. »

Cours de 1828, p. 123. « L'unité en soi, comme cause absolue, contient la puissance de la variété et de la différence. Elle la contient ; mais, tant qu'elle ne l'a pas manifestée, c'est une unité stérile. Mais aussitôt qu'elle l'a produite, c'est une unité riche de ses propres fruits, dans laquelle se rencontrent la multiplicité, la variété, la vie, » etc., etc.

Il faut s'arrêter, car on citerait tout. Le cours de 1828 est rempli d'idées et d'expressions allemandes. Vous trouverez à chaque instant des phrases comme celles-ci : « Tous les moments de l'essence divine passent dans le monde et reviennent dans la conscience de l'homme. » — « Qu'est-ce que Dieu ? c'est la pensée en soi, la pensée absolue avec ses moments fondamentaux[1]. » Toutes formules panthéistes. Quand Hégel les vit : « M. Cousin, dit-il, m'a pris quelques poissons, mais il les a bien noyés dans sa sauce. » M. Cousin était alors entraîné si loin, qu'il oubliait sa chère méthode psychologique, seule différence qui le séparât encore « de ses amis, de ses maîtres, des chefs de la philosophie du siècle. » Il établissait *a priori* la philosophie de l'histoire et l'histoire de la philosophie[2]. Il prouvait qu'il y avait trois époques historiques, « ni plus, ni moins, » celle de l'infini, celle du fini, et celle de leur rapport ; puis monté sur un char attelé de quatre systèmes, et traversant l'empyrée philosophique, partout, en Orient, en Grèce, au moyen âge, aux temps modernes, il distribuait en quatre compartiments les doctrines qu'il connaissait et les doctrines qu'il ne connaissait pas[3].

Telle fut sa première carrière. Son éclectisme, philosophie d'un curieux, aboutissait au panthéisme, philosophie d'un artiste. Vers 1833, s'ou-

1. Cours de 1828, p. 151, 160.
2. Cours de 1828.
3. Par exemple, la philosophie indienne. Son plus fidèle élève, M. Saisset, a réfuté à l'École normale la théorie des quatre systèmes.

vre la seconde; il entre peu à peu dans le spiritualisme, philosophie d'un orateur.

II

Quelle différence y a-t-il entre un philosophe et un orateur? Un philosophe cherche à trouver et à prouver des vérités générales, rien de plus. Il aime la science pure, et ne s'occupe pas de la vie pratique; il ne songe pas à réformer le genre humain. Il pense à la morale, mais comme il pense à la chimie; la morale, comme la chimie, n'est qu'une science particulière; il ne s'y attache que parce qu'elle est une partie de l'encyclopédie qu'il construit, ou une application de la méthode qu'il découvre; il ne lui soumet pas les autres sciences; il ne fait pas d'elle le but de ses recherches, ou la pierre de touche de ses doctrines. Il est logicien ou métaphysicien, à toutes les minutes et jusqu'au bout de sa vie, et il n'est pas autre chose. Hégel trouve une méthode de construction, et conçoit une nouvelle idée de l'univers; il applique cette méthode aux mathématiques, aux sciences physiques, à toutes les parties de l'histoire naturelle, à la psychologie, à l'histoire, à toutes les sciences morales, à toutes les sciences humaines, et meurt en construisant. Condillac trouve une méthode d'analyse, et définit d'une façon nouvelle la nature des idées générales et des signes. Il écrit vingt ouvrages qui sont l'explication et l'emploi de cette méthode. Chaque année sa définition devient plus claire. Il finit par composer la *Langue des calculs*, son chef-d'œuvre, expression définitive de sa découverte, et meurt en achevant le premier volume. Un instinct intérieur et invincible pousse l'araignée à fabriquer éternellement des toiles; une conformation d'esprit indestructible et toute-puissante contraint le philosophe à éclaircir et prouver sans cesse l'idée qu'il s'est faite de la science et de l'univers.

Au contraire, l'esprit de l'orateur est tout pratique. Cicéron a traversé la métaphysique des platoniciens et des stoïciens, mais il n'a fait que la traverser; c'est que ces spéculations n'ont qu'une utilité médiocre, lointaine et douteuse. Il n'a guère étudié que la philosophie pratique, qui est la morale. Celle-là lui servira dans ses plaidoiries; elle lui fournira la théorie du juste et de l'injuste; elle élèvera son accent, elle ajoutera de l'autorité à sa parole, elle soutiendra son éloquence, elle lui conciliera son auditoire, elle le munira de phrases sublimes. Aussi supposez qu'un orateur, un beau jour, par entraînement, par imagination, par jeunesse, se soit trouvé panthéiste. L'âge le refroidit et le mûrit. Son ressort primitif, qui est le besoin d'éloquence, peu à peu se relève. Un orateur aime le bon style. Le nôtre éprouvera du dégoût pour le style barbare et les effrayantes abstractions de Hégel. Un orateur aime à parler sur la vertu, et fait volontiers la leçon aux hommes. Le nôtre s'écartera insensiblement d'une philosophie qu'on accuse de confondre le bien avec le mal, et de justifier les crimes en les déclarant nécessaires. Un orateur se conforme volontiers au sens commun, et accepte pour gouverner les hommes les croyances qui gouvernent le plus grand nombre des hommes. Le nôtre prendra en aversion une métaphysique qui fait de Dieu non un roi et une personne, mais une loi abstraite et une force fatale, et qui remplace l'immortalité de l'individu par l'immortalité de la civilisation ou de l'espèce. Peu à peu il éprouvera de l'horreur pour ses anciennes opinions; quand il relira ses propres livres, il ne voudra pas les reconnaître, il ne pourra se persuader qu'il ait professé une philosophie si « détestable. » Il supprimera sans le dire une phrase décisive; il interprétera les autres comme il pourra; il se réfugiera derrière l'obscurité des termes; il fera croire au public qu'entre ses deux philosophies, il n'y a qu'une différence de style. S'il expose de nouveau sa doctrine, il ira chercher un de ses plus anciens cours, celui de 1817, pur de tout panthéisme, par cette excellente raison qu'à ce moment le panthéisme était encore ignoré de l'auteur[1]. Il le corrigera pour plus de sûreté, et y joindra, pour l'édification du lecteur, la plus étonnante préface qu'un philosophe ait jamais écrite.

En voici le sens : Je ne suis pas philosophe, je suis prédicateur. Je n'apporte ni une vue nouvelle sur la nature des êtres, ni une vue nouvelle sur la méthode des sciences ; j'apporte une exhortation à la vertu. Ma philosophie n'est pas une ouvrière de science, c'est un instrument de morale. Son but n'est pas de découvrir le vrai, quel qu'il soit, mais de faire des honnêtes gens, quoi qu'il en coûte. « Son caractère est de subordonner les sens à l'esprit, et de tendre, par tous les moyens que la raison avoue, à élever et à agrandir l'homme. » Elle n'est pas seulement une doctrine, elle est « un drapeau. » C'est « une cause sainte, » et il y a bientôt quarante ans que « je combats » pour elle. On la reconnaît en ce qu'elle est « l'alliée naturelle de toutes les bonnes causes. Elle soutient le sentiment religieux, elle seconde l'art véritable, la poésie digne de ce nom, la grande littérature ; elle est l'appui du droit ; elle repousse également la démagogie et la tyrannie ; elle apprend à tous les hommes à se respecter et à s'aimer. » Pour mieux prouver que la science m'est indifférente, et que je ne me soucie que de

---

1. C'est en 1818 seulement qu'il connut Schelling.

morale, je range avec moi sous le même drapeau des philosophies sans métaphysiques, des métaphysiques opposées entre elles et des religions; il me suffit qu'en pratique elles tendent au même but, et contribuent à nourrir dans l'homme les mêmes sentiments. Je prends pour doctrine « cette philosophie qui commence avec Socrate et Platon, que l'Évangile a répandue dans le monde, que Descartes a mise sous les formes sévères du génie moderne, qui a été au dix-septième siècle une des gloires et des forces de la patrie, qui a péri avec la grandeur nationale, et qu'au commencement de celui-ci M. Royer-Collard est venu réhabiliter dans l'enseignement, pendant que M. de Chateaubriand, Mme de Staël, M. Quatremère de Quincy la transportaient dans la littérature et les arts. » C'est une croisade que j'annonce, ce n'est pas une formule que j'établis. Écoutez plutôt le ton de mon discours :

> Puisse notre voix être entendue des générations présentes comme autrefois elle le fut de la sérieuse jeunesse de la Restauration. Oui, c'est à vous que nous adressons particulièrement cet écrit, jeunes gens qui ne nous connaissez plus, mais que nous portons dans notre cœur, parce que vous êtes la semence et l'espoir de l'avenir. Nous vous montrons ici le principe de nos maux et leur remède. Si vous aimez la liberté et la patrie, fuyez ce qui les a perdues. Loin de vous cette triste philosophie, qui vous prêche le matérialisme et l'athéisme, comme des

doctrines nouvelles destinées à régénérer le monde : elles tuent, il est vrai, mais elles ne régénèrent point. N'écoutez pas ces esprits superficiels qui se donnent pour de profonds penseurs, parce qu'après Voltaire, ils ont découvert des difficultés dans le christianisme ; vous, mesurez vos progrès en philosophie par ceux de la tendre vénération que vous ressentirez pour la religion de l'Évangile.... Ne fléchissez pas le genou devant la fortune, mais accoutumez-vous à vous incliner devant la loi. Entretenez en vous le noble sentiment du respect; sachez admirer : ayez le culte des grands hommes et des grandes choses. Repoussez cette littérature énervante, tour à tour grossière et raffinée, qui se complaît dans la peinture des misères de la nature humaine, qui caresse toutes nos faiblesses, qui fait la cour aux sens et à l'imagination, au lieu de parler à l'âme et d'élever la pensée. Défendez-vous de la maladie de votre siècle, ce goût fatal de la vie commode, incompatible avec toute ambition généreuse. Quelque carrière que vous embrassiez, proposez-vous un but élevé, et mettez à son service une constance inébranlable. *Sursum corda*, tenez en haut votre cœur, voilà toute la philosophie....

Il le dit, du moins. Mais se figure-t-on l'étonnement d'un chimiste ou d'un naturaliste qui lit ce morceau, surtout si jusqu'ici il a cru (sur parole) que la philosophie est une science? Il découvre qu'elle est une harangue, moyen de pédagogie et de gouvernement.

Voilà l'orateur rentré dans l'éloquence. Construisons sa philosophie, toute pratique et morale. Sans observer les faits, sans pratiquer d'analyses, on peut la prédire; car elle ne dépend ni des faits ni des analyses. Son premier principe est d'édifier les honnêtes gens et de convenir aux pères de famille. C'est là pour elle l'unique marque du vrai. Une doctrine a-t-elle ce caractère, elle l'accepte. Ne l'a-t-elle pas, elle la rejette. Les observations et les analyses sont de simples accessoires qu'elle emploie pour se donner un faux air de science, et sur lesquels elle ne s'appuie pas.

Commençons par la question de la certitude. Elle est résolue d'avance. Le scepticisme absolu, le scepticisme modéré, tout scepticisme est immoral. Si l'on doute sur un point, on peut douter sur tous les autres; et rien de plus dangereux pour la pratique. Nous rejetons donc tous les systèmes qui nient ou affaiblissent la certitude, et mettent à la place le doute ou la probabilité. Il s'agit maintenant de trouver des arguments. Kant a fait contre la certitude un raisonnement que M. Jouffroy jugeait invincible. Nous le réfuterons par une équivoque[1]. Quant aux recherches utiles qui pourraient agrandir cette question de logique, nous nous en dispenserons. Peut-être se rencontrera-t-il un vrai savant, très-peu connu parce qu'il méritera de l'être, très-philosophe parce qu'il ne se donnera point pour philosophe, qui prendra la peine de

---

1. Voy. chapitre iv, le double sens du mot *subjectivité*.

mesurer le degré de certitude des sciences, d'établir l'axiome sur lequel elles s'appuient et d'expliquer les raisons raisonnables que nous avons de croire en elles. Nous parlerons éloquemment de la certitude, on ira l'étudier dans le livre de M. Cournot[1].

Arrivons à l'homme. Notre psychologie va se réduire à deux théories : nous croyons à la liberté, parce que, si on la supprime, on supprime le mérite et le démérite, ce qui est immoral ; nous croyons à la raison, parce qu'on relève l'homme en lui attribuant une faculté distincte capable d'atteindre Dieu, et parce que, si on nie la raison, on compromet les preuves de l'existence de Dieu, ce qui est immoral ; nous allons donc défendre la raison et la liberté. Ces deux noms que nous avons choisis sont beaux et populaires. Ils mettront le public de notre côté et nous fourniront des mouvements d'indignation généreuse. Quant aux mille questions que suggèrent la physiologie et l'étude des langues, nous ne nous en embarrasserons pas. Nous laisserons là, de parti pris, tout ce qui est scientifique, et nous développerons, de parti pris, tout ce qui est oratoire ; si on nous prie de découvrir quelque chose de nouveau en psychologie, nous renverrons le questionneur chez les Écossais.

Montons jusqu'à Dieu. Il ne s'agit pas, pour nous,

---

[1]. *Essai sur les fondements de la certitude*, 2 vol.

d'étudier sa nature ou de démontrer son existence, comme un physicien examine la nature et démontre l'existence de l'éther; il s'agit de trouver en lui un gardien de la morale. Pour qu'il soit le gardien de la morale, il faut qu'il ressemble à l'homme le plus qu'il se pourra; il faut qu'on le considère comme un juge, comme un roi, comme un surveillant éternel, comme un distributeur de peines et de récompenses. Nous lui attribuerons toutes ces qualités, et nous dirons que, s'il est l'auteur de l'humanité, il en est « le type. » Nous ne nous embarrasserons pas de concilier ces attributs moraux avec les attributs métaphysiques. Nous n'examinerons pas si le Dieu qu'on prouve par l'idée de l'infini n'a pas une nature contraire à la nature du Dieu qu'on construit par l'induction psychologique. Nous fonderons notre principale démonstration sur une équivoque visible[1]; et nous développerons en style touchant ou en phrases imposantes la grandeur de cette idée et la force de cette démonstration.

Pour que Dieu distribue des peines et des récompenses, il faut que l'âme survive à la mort; nous dirons donc que l'âme est immortelle. Nous prendrons pour arguments ceux des philosophes qui nous ont précédés. Nous éviterons soigneusement d'en ajouter un seul; et nous ne daignerons

---

1. Le double sens du mot *vérité*.

pas examiner les difficultés que présente la survivance forcée de l'âme des bêtes ni surtout les objections terribles que les expériences de la physiologie ont précisées et accumulées depuis trente ans.

Puisque nous n'avons d'autre but que de produire la perfection morale, nous dirons qu'il n'y a d'autre beauté que la beauté morale, et que l'objet de l'art est de l'exprimer. L'art ainsi défini deviendra un auxiliaire de l'éloquence, et l'artiste devra se considérer comme un maître de vertu. Nous appliquerons cette règle aux diverses écoles, et nous avancerons cette conséquence ridicule que Lesueur et Poussin « égalent ou surpassent » Murillo, Corrége, le Titien, Rembrandt et Rubens.

Cette morale qui vient de produire toute notre philosophie, nous allons la fonder sur la distinction populaire du juste et de l'injuste. Nous nous garderons bien de l'établir à la façon des psychologues, en exposant le mécanisme forcé de nos sentiments, ou à la façon des métaphysiciens, en découvrant la définition du Bien. Nous l'exposerons en orateurs, en citant le sens commun, et en racontant ce qui se passe dans le cœur d'un honnête homme. Si nous avons besoin de quelque formule rigoureuse, nous irons à Kœnigsberg et nous emprunterons celle de Kant.

Telle est cette philosophie ; le besoin oratoire

de prêcher la morale y explique tout, le choix des doctrines, le manque d'invention et la faiblesse des preuves. Tout s'y tient, tout s'accorde pour définir le génie de l'auteur; tout indique la domination définitive de la faculté maîtresse que nous avons reconnue dans les beautés et dans les défauts de son style, dans ses goûts et dans son impuissance d'historien et de peintre, et que nous reconnaissons dans le but, comme dans toutes les parties de sa philosophie, dans sa théorie de la certitude, de la raison, de la Divinité, de la justice et de l'art. Il n'était point inutile de voir deux doctrines contraires naître en lui tour à tour du développement de deux facultés diverses, une faculté plus faible, fortifiée d'abord par les circonstances, prendre l'empire, fléchir lorsque le temps emporte les causes qui la soutenaient, et s'effacer enfin devant la véritable souveraine, qui essaye d'anéantir tout ce que sa rivale a produit. Les forces qui gouvernent l'homme sont semblables à celles qui gouvernent la nature; les nécessités qui règlent les états successifs de sa pensée sont égales à celles qui règlent les états successifs de la température; la critique imite la physique, et n'a autre objet que les définir et de les mesurer.

CHAPITRE VII.

THÉORIE DE LA RAISON PAR M. COUSIN.

Il y a dans M. Cousin une doctrine capitale sur laquelle il établit sa théodicée, qui lui semble le fondement de la morale et de la science, avec laquelle il réfute les sensualistes, la seule entre toutes les siennes qui renferme autre chose que les maximes du sens commun : la théorie de la raison ; elle est sa place d'armes. C'est de là qu'il part, toutes les fois qu'il commence une expédition philosophique. C'est là qu'il se réfugie toutes les fois qu'il est pressé par un adversaire. C'est ce fort dont nous allons examiner la solidité.

I

M. Cousin appelle raison la faculté ou pouvoir qu'a l'esprit de produire les axiomes et les idées des objets infinis Les axiomes sont des propositions nécessaires, par exemple : Toute qualité suppose une substance; tout corps est situé dans l'espace ; tout changement arrive dans le temps, etc. Les objets infinis sont, par exemple, l'espace, le temps, Dieu, etc. Ces axiomes sont bien réellement nécessaires ; non-seulement nous n'apercevons pas de cas où ils soient faux, mais nous apercevons très-nettement qu'en aucun cas ils ne peuvent être faux. Ces objets sont bien réellement infinis ; non-seulement nous ne leur découvrons pas de limite, mais nous savons très-évidemment qu'ils ne peuvent pas en avoir.

La théorie consiste à dire que ces axiomes et ces idées ne peuvent se tirer par aucune voie, addition, abstraction, combinaison, transformation, etc., des jugements et des idées que fournissent les sens et la conscience. Ainsi, mes sens me donnent l'idée d'un corps étendu ; la théorie prétend que par aucun moyen je ne pourrai tirer de cette idée la notion de l'étendue infinie qu'on appelle l'espace. Je me connais moi-même par la conscience, et je juge qu'entre autres qualités, la faculté de sentir appartient à mon être ou à ma substance ; la théorie prétend que de ce jugement particulier je ne pourrai jamais tirer le jugement universel ou axiome : toute qualité suppose une substance.

Voici les preuves sur lesquelles on établit cette théorie. Elles sont dispersées dans les différents ouvrages de M. Cousin. Je vais les exposer avec toute la rigueur dont je suis capable.

On ne peut tirer d'une chose que ce qu'elle contient ; on ne peut donc tirer des jugements portés par les sens et par la conscience autre chose que ce qu'ils renferment. Ils ne renferment qu'un rapport de contingence, et ne renferment pas de rapport nécessaire. Dans ces deux jugements : « Je souffre ; cette pierre est ronde, » il n'y a qu'un rapport contingent, il n'y a point de rapport nécessaire. On ne peut donc tirer d'eux un rapport nécessaire. Donc les axiomes ou jugements nécessaires ne peuvent être tirés des jugements portés par la conscience et les sens.

Autre point de vue : additionnez tous les cas où par les sens et la conscience vous avez remarqué que le tout est plus grand que la partie, qu'une qualité suppose une substance, et autres vérités semblables. Votre vie a commencé ; donc vous n'avez remarqué qu'un nombre limité de cas ; donc le total de votre addition ne comprendra qu'un nombre limité de cas. Mais l'axiome : toute qualité suppose une substance, s'applique à la totalité des cas, non-seulement à tous ceux que vous avez remarqués, mais à tous ceux qui vous ont précédé, à tous ceux qui paraîtront après vous, à tous ceux que vous ne connaissez pas. Donc vous ne l'avez pas formé en additionnant vos expériences, c'est-à-dire les jugements portés par votre conscience et par vos sens. Donc vous ne l'avez pas tiré de ces jugements. — De même, additionnez toutes les étendues finies que vous avez observées. Votre vie a commencé; donc vous n'avez pu en observer qu'un nombre fini; donc en les joignant bout à bout, vous n'avez encore qu'une quantité finie. Mais l'espace est une quantité infinie. Vous n'avez donc pas formé son idée en additionnant toutes les étendues que vos sens ont observées. Donc vous n'avez pas tiré sa notion des notions que vous acquérez par les sens.

En résumé, on ne tire pas l'universel du particulier, l'infini du fini, le nécessaire du contingent, par cette raison très-simple qu'on ne tire pas d'une chose ce qu'elle ne contient pas.

Appelons ces axiomes vérités absolues; à l'instant la théorie se complète. « Comme tout phénomène a son sujet d'inhérence, comme nos facultés, nos pensées, nos volitions et nos sensations n'existent que dans un être qui est nous, de même la vérité suppose un être en qui elle réside, et les vérités absolues supposent un être absolu comme elles, où elles ont leur dernier fondement. Cet être absolu et nécessaire, puisqu'il est le *sujet* des vérités nécessaires et absolues, d'un seul mot on l'appelle Dieu[1]. »

M. Cousin, au dernier chapitre, rassemble toutes les preuves et toute la théorie en une page[2]. « Les vérités universelles et nécessaires ne sont pas des lois générales que notre esprit tire par voie d'abstraction des choses particulières ; car les choses particulières sont relatives et contingentes et ne peuvent renfermer l'universel et le nécessaire. D'un autre côté, ces vérités ne subsistent pas en elles-mêmes; elles ne seraient ainsi que de pures abstractions, suspendues dans le vide et sans rapport à quoi que ce soit. La vérité, la beauté, le bien, sont des attributs et non des êtres. Or, il n'y a pas d'attributs sans sujet. Et comme il s'agit ici du vrai, du beau, du bien absolus, leur substance ne peut être que l'Être absolu. »

Cette théorie repose sur deux pétitions de principe et sur deux équivoques de langue :

Première pétition de principe. Vous dites qu'en additionnant un nombre limité d'expériences, on ne forme pas un jugement universel. Rien de plus vrai. Mais vous prenez pour accordé que l'addition est le seul moyen par lequel on puisse tirer d'une expérience particulière un jugement universel. Ce qui n'est pas. Car on peut faire deux opérations sur

1. *Du Vrai, du Beau et du Bien.*
2. *Ibid.*, p. 415.

une expérience particulière, l'addition et la soustraction. On peut la transformer soit en lui ajoutant quelque chose, soit en lui retranchant quelque chose. Des deux voies, vous n'en fermez qu'une à l'adversaire; vous lui fermez l'addition; vous ne lui fermez pas cette opération qui retranche, et qu'on nomme abstraction. Oubliant qu'elle existe, vous avez supposé qu'elle n'existe pas, et vous avez pris pour accordé ce qu'on ne vous accorde pas.

Deuxième pétition de principe. Vous dites qu'en additionnant un nombre limité d'objets finis, on ne forme pas un objet infini. Cela est vrai. Mais vous supposez, par un oubli semblable au précédent, que l'addition est le seul moyen par lequel de l'idée d'un objet fini on puisse tirer l'idée d'un objet infini. Ce qui n'est pas. On peut faire sur une idée comme sur un jugement deux opérations, l'addition et la soustraction que nous venons d'appeler abstraction. Vous nous avez interdit l'addition, vous ne nous avez point ôté l'abstraction. Vous avez raisonné comme si on vous accordait qu'il n'y a qu'une méthode de transformation. Ce qui est une pétition de principe, puisque la pétition de principe consiste à prendre pour accordé ce qu'on ne vous accorde pas.

Première équivoque. Quand vous dites qu'on ne peut pas tirer d'une proposition contingente une proposition nécessaire, vous prononcez une phrase à double sens. Dans une proposition, il y a deux choses, les termes et leur rapport. Vous dites vrai, si vous parlez du rapport. Vous dites faux, si vous parlez des termes. Vous dites vrai, si vous affirmez que d'un *rapport* contingent on ne peut tirer un rapport nécessaire. De ce que cette fleur est rose, on ne peut conclure que cette fleur est nécessairement rose. De ce que ces quatre chevaux sont blancs, on ne peut conclure que nécessairement ces quatre chevaux sont blancs. Il y a dans le second jugement un mot et une idée de plus que dans le premier. Puisqu'ils sont en plus dans le second, c'est qu'ils n'étaient pas dans le premier ; s'ils n'y sont pas, je ne puis les y trouver ; si je ne puis les y trouver, je ne puis les en tirer. — Au contraire, vous dites faux, si vous affirmez que de termes contingents on ne peut tirer un rapport nécessaire. Une fois posé que ces quatre chevaux sont blancs, on peut par abstraction détacher l'idée de quatre, le décomposer par abstraction en $3 + 1$ et en 2×2, remarquer par abstraction l'égalité nécessaire de ces deux quantités, et dégager ainsi, d'une proposition contingente, une proposition nécessaire. Une fois posé que cette fleur est rose, on peut par abstraction dégager du mot fleur l'idée de substance, et du mot rose l'idée de qualité, comparer ces deux termes, isoler entre eux par abstraction un rapport nécessaire, celui de substance à qualité, et tirer ainsi une vérité nécessaire d'une vérité contingente. Vous accordez vous-même qu'entre l'attribut ou qualité, et le sujet ou substance, il y a un rapport nécessaire. Puisqu'il y est, je puis l'y trouver; si je le trouve, je puis l'en tirer. Sous ce mot jugement ou proposition, vous confondez donc deux choses distinctes, les termes et leur rapport. Vous raisonnez comme si le rapport était la même chose que les termes. Vous imposez aux termes une conséquence qui ne s'applique qu'au rapport, et vous arrivez à une conséquence fausse par un faux raisonnement.

Deuxième équivoque. Quand vous dites qu'il y a des vérités nécessaires, et que ces vérités étant un attribut supposent un sujet ou substance nécessaire en qui elles résident, vous prenez le mot *vérité* dans un double sens. « Il y a des vérités nécessaires : » dans ce membre de phrase, vérité signifie *rapport*, et vous voulez dire, avec tout le monde, qu'il y a des rapports nécessaires entre certains sujets et certaines qualités. « Ces vérités sont un attribut et supposent un sujet nécessaire[1] : » dans ce second membre vous entendez par vérité *connaissance d'un rapport nécessaire*, et vous voulez dire qu'une connaissance nécessaire suppose un être connaissant, lequel existe nécessairement. La con

---

1. *Du Vrai, du Beau*, etc., p. 101. « Le sujet de la vérité est la raison universelle et absolue. »

séquence est très-bonne. Mais remarquez que pour la tirer vous avez confondu sous le mot *vérité* deux choses fort distinctes, une connaissance et un rapport. Le rapport du tout et de la partie existe dans le tout et dans la partie ; la connaissance de ce rapport n'existe ni dans le tout ni dans la partie. mais dans l'être intelligent qui connaît l'un et l'autre. Le rapport est une différence ou une ressemblance entre deux objets qui souvent ne pensent point ; la connaissance est l'action d'un être qui pense. Vous imposez au rapport une propriété qui ne convient qu'à la connaissance, et vous profitez ainsi d'une équivoque pour faire une pétition de principe. Ajoutez que cette conclusion fausse engendre des absurdités. Si « le sujet de la vérité est la raison universelle et absolue, » si les vérités nécessaires ne sont pas dans les choses [1], si elles sont des pensées de l'intelligence divine, j'aperçois des pensées de l'intelligence divine lorsque je les aperçois. Quand je remarque que quatre est le double de deux, ce n'est pas un rapport que je vois, c'est une idée, une idée d'autrui, une idée de Dieu ; c'est Dieu lui-même, car on ne voit pas une idée sans voir l'intelligence qui la produit. Si j'écris des formules d'algèbre pendant une heure, je vois Dieu pendant une heure. Ce gros mathématicien,

1. *Du vrai*, etc., p. 68.

mon voisin, qui, la craie en main, s'amuse à chiffrer en fumant, l'air gai et l'esprit tranquille, contemple en ce moment cette intelligence immense qu'on ne peut concevoir sans stupeur. Proposition si énorme, si contraire à l'expérience intime, si violemment réfutée et à chaque minute par la conscience, qu'on ne comprend pas qu'elle ait pu entrer dans un cerveau humain.

Le lecteur voit que cette théorie se réduit à des fautes de langue. Quelqu'un disait : « La métaphysique s'occupe à souffler des ballons ; la grammaire vient, et les crève avec une épingle. »

Par quelle opération formons-nous ces jugements nécessaires et ces idées d'objets infinis ? Au lieu de faire des raisonnements, regardons des faits. Formons un de ces jugements et une de ces idées sous les yeux du lecteur ; il saura comment les uns et les autres se forment en les voyant se former.

II

Nous allons chez le gros mathématicien qui fume ; nous le saluons et nous l'abordons ainsi :

« Monsieur, nous sommes philosophes, c'est-à-dire fort embarrassés et à court. Il s'agit des propositions nécessaires. Si vous en connaissez, comment les découvrez-vous ?

— Messieurs, c'est mon métier, je n'en découvre pas d'autres ; prenez des chaises ; je vais en trouver devant vous.

Avec de la craie, je trace sur le tableau un triangle A B C ; par le sommet C, je mène une parallèle à la base. L'angle 1 égale l'angle 5 comme alternes internes ; l'angle 2 égale l'angle 4 pour la même raison ; ajoutons des deux parts une même quantité, l'angle 3 ; la somme des angles 1, 2, 3, égalera la somme des angles 3, 4, 5. Mais la première somme, comprenant tout l'espace qui est au-dessous d'une ligne droite, égale deux angles droits. Donc la deuxième somme, qui est celle des trois angles du triangle, égale deux angles droits. Donc, nécessairement et universellement, dans tout triangle, la somme des trois angles égale deux angles droits.

— Monsieur, comment avez-vous fait ?

— J'ai tracé un triangle particulier, déterminé, contingent, périssable, A B C, pour retenir mon imagination et préciser mes idées. J'ai extrait de lui le triangle en général ; pour cela je n'ai considéré en lui que des propriétés communes à tous les triangles, et je n'ai fait sur lui que des constructions dont tout triangle pourrait s'accommoder. Analysant ces propriétés générales et ces constructions générales, j'en ai extrait une vérité ou rapport universel et nécessaire. J'ai retiré le triangle général compris dans le triangle particulier; ce qui est une abstraction. J'ai retiré un rapport universel et nécessaire contenu dans les propriétés générales de la construction générale; ce qui est encore une abstraction. Pour découvrir une proposition universelle et nécessaire, il suffit donc d'employer l'abstraction.

— Ainsi vous n'avez pas contemplé la pensée de Dieu?

— Pas que je sache.

— En effet il était plus court de contempler le triangle abstrait. Mais soyez complaisant jusqu'au bout, et donnez-nous encore un exemple.

— 7 ouvriers font 14 mètres d'ouvrage; combien 12 ouvriers en feront-ils? Par une règle de trois, on trouve que le nombre demandé est 24.

Ce problème contient des nombres déterminés dont aucun n'est nécessaire, et qui pourraient tous être remplacés par d'autres. A leur place, mettons des lettres; nous les transformerons ainsi en quantités indéterminées, générales et abstraites :

A ouvriers font H mètres; combien B ouvriers en feront-ils?

Nous arrangeons ces quantités en équation, et nous faisons les transpositions et transformations nécessaires; ce qui signifie que, par abstraction ou analyse, nous tirons d'une expression les diverses expressions qu'elle contient :

$$A : H :: B : x,$$
$$A \times x = B \times H,$$
$$x = \frac{B \times H}{A}.$$

Cette équation finale est une solution nécessaire et universelle, qui s'applique à tous les problèmes du même genre, sans qu'il y ait ni qu'il puisse y avoir une seule exception. Faites varier tant qu'il vous plaira le nombre des ouvriers et des mètres. Universellement et nécessairement, le quatrième nombre inconnu égale le produit du deuxième par le troisième, divisé par le premier.

Ici l'abstraction est visible, puisqu'elle se manifeste par la conversion des chiffres en lettres, et qu'elle constitue une science entière, l'algèbre. Et il est visible aussi qu'elle agit seule, puisqu'une fois les chiffres traduits en lettres, il n'y a qu'à leur trouver une position convenable, et à remplacer les expressions ainsi formées par des expressions équivalentes. Il y a ici un ouvrier agissant, l'abstraction ; il n'y a ici qu'un ouvrier agissant, l'abstraction ; il se fabrique une œuvre qui un instant auparavant n'existait pas : une proposition nécessaire et universelle. C'est donc l'abstraction ou analyse seule qui a fabriqué cette proposition.

— Fort bien. A présent, permettez-nous d'aller réfléchir à ceci là-bas dans un coin.

Voilà des jugements universels et nécessaires, formés par l'abstraction seule. Probablement ils ne sont pas les seuls. Il faut voir si par hasard les choses ne se passent pas en *métaphysique comme en mathématiques.* Peut-être est-ce une opération d'algèbre qui forme les fameux axiomes de M. Cousin.

Prenons l'axiome des substances, et commençons par l'entendre. Toute qualité suppose une substance. Qu'est-ce qu'une substance et qu'est-ce qu'une qualité? Cette pierre est dure, blanche, carrée. Cet homme est laid, spirituel, méchant. Le moi est sensible, passionné, intelligent. La pierre, l'homme, le moi, voilà des substances; la blancheur, la dureté, la laideur, la méchanceté, l'intelligence, voilà des qualités. Réfléchissons un instant, et nous verrons que les qualités sont des parties, des points de vue, des éléments, bref des abstraits de la substance, et que la substance est l'ensemble, le tout indivisible, en un mot la donnée concrète et complexe d'où sont extraites les qualités. L'objet avant analyse et division, c'est la substance; le même objet analysé et divisé, ce sont les qualités. La substance est le tout, les qualités sont les parties; ôtez toutes les qualités d'un objet, toutes ses manières d'être, tous les points de vue par lesquels on peut le considérer, il ne restera rien. La substance n'est donc pas quelque chose de réel, distinct et différent de ses qualités; c'est par illusion qu'on se la représente comme une sorte de siége et d'appui sur lequel les qualités viennent se poser. Cette pierre n'est rien en dehors de la forme, de l'étendue, de la dureté, de la couleur, des propriétés physiques et chimiques qu'elle possède. Elle en est, non la collection, car ce mot semble indiquer un tout fabriqué de parties primitivement séparées, mais l'ensemble primitif, et les qualités ne sont que des parties de cet ensemble ultérieurement séparées. Maintenant l'axiome s'entend très-clairement. Toute qualité suppose une substance. Cela signifie : tout abstrait, c'est-à-dire toute partie, tout fragment, toute donnée extraite d'une donnée plus complexe suppose une donnée plus complexe. Vous voyez que le mot *donnée plus complexe* se trouve dans le sujet comme dans l'attribut de la phrase, qu'ainsi l'attribut ne fait qu'isoler ce qui est déjà dans ce sujet, et que par conséquent il n'y a là qu'une analyse. Ainsi, pour former l'axiome de substance, il suffit d'analyser les notions de qualité et de substance. Mais on aura ces notions dès qu'on pourra observer une qualité et une substance particulières, et en tirer par abstraction l'idée d'une substance et d'une qualité en général. Or, nous observons par la conscience une substance qui est nous-mêmes et des qualités qui sont nos manières d'être. Il suffira donc, pour former l'axiome de substance, de deux observations de conscience, de deux abstractions ayant pour effet de produire deux idées générales, et d'une analyse ou abstraction pratiquée sur ces deux idées. Il suffira donc, pour produire un axiome, d'employer l'expérience et l'abstraction.

Essayons. J'aperçois mes sensations par la conscience. J'aperçois par la même conscience un tout continu et persistant, dont ces sensations sont des moments isolés, et que j'appelle **moi**. En d'autres termes, ces sensations sont des données extraites d'une donnée plus complexe, le moi. A ce titre je les appelle qualités, et j'appelle la donnée plus complexe substance. Par abstraction, je dégage deux idées générales, l'idée de qualité, et l'idée de substance. J'analyse celle de qualité, et j'y retrouve ce que je viens d'y mettre, l'idée de substance L'axiome est formé. Récapitulez, et vous trouverez que les seules facultés qui l'ont produit sont l'expérience et l'abstraction.

Or, tous les axiomes sont des propositions de ce genre. L'attribut est toujours enfermé dans le sujet, et on l'en extrait par analyse. Kant avait cru qu'en certains cas il n'en est pas ainsi. Hégel a prouvé que les exceptions apparentes rentrent dans la règle générale. Et il faut bien qu'elles rentrent dans la règle générale, puisque le sens unique et toute la force du verbe *être* consistent à exprimer que l'attribut est enfermé dans le sujet. On voit maintenant comment on peut tirer une proposition nécessaire et universelle de la notion d'un objet limité et contingent. De cet objet, substance limitée, on tire par abstraction l'idée générale de substance. Cette idée étant générale convient à toutes les substances; donc ses propriétés se retrouvent dans *toutes* les substances. Dans ce mot *toutes* vous voyez naître les propositions universelles. — De ce même objet, substance contingente, on tire un groupe d'idées qu'on réunit en une seule notion. Cette notion est identique aux idées qui la composent, et qui sont elle-même sous un autre nom. On ne peut donc l'en séparer, puisqu'on ne la peut séparer d'elle-même. *Il faut* donc que toujours et partout elle les contienne. Dans ce mot *il faut* vous voyez naître les propositions nécessaires. Réduisez les mots à leur valeur. Rapport universel signifie rapport entre deux abstraits; mais il y a des abstraits dans les choses limitées; on peut donc découvrir dans les choses limitées des rapports universels. Rapport nécessaire signifie rapport d'identité; mais il y a des données identiques à d'autres dans les choses contingentes. On peut donc découvrir des rapports nécessaires dans des objets contingents.

Reste un second point. Revenons au mathéma-

CHAPITRE VII

ticien. Monsieur, secourez encore une fois la métaphysique. Si vous connaissez des objets infinis comment les connaissez-vous?

— Messieurs, rien de plus simple. L'infini entoure toute quantité. Dans les hautes mathématiques, on l'exprime, on le met en équation, on compare ses diverses formes, on le calcule, on s'en joue. Vous allez le voir dans un compte de cuisinière et dans une numération d'écolier.

La série des nombres est absolument infinie. Cela signifie que non-seulement nous n'apercevons pas la limite de cette série, mais qu'elle n'en a pas et ne peut en avoir.

Pour former l'idée de cet infini, je forme les idées de deux ou trois nombres. Soit 2, c'est $1 + 1$. J'observe dans ce cas particulier que j'ai pu ajouter 1 à 1. Mais le second 1 est absolument semblable au premier. Je puis donc faire sur lui la même opération que sur le premier, et lui ajouter 1, ce qui donne 3. Ce troisième 1 a la même nature que les autres. De ces trois cas, je dégage par abstraction la conception de l'unité en général; de cette conception je dégage encore par abstraction cette loi générale qu'une seconde unité tout à fait semblable à la première peut être ajoutée à la première. Cette loi engendre une addition éternelle. Il suffit de l'analyser pour apercevoir par abstraction cette addition parmi ses conséquences. Ici encore l'abstraction forme une idée générale, en tire une loi générale, et par cette loi produit en nous l'idée d'un infini.

— Nos yeux sont plus intelligents que notre cervelle. Daignez trouver un exemple qui rende sensible la génération de l'infini.

— Soit 1 à diviser par 3.

```
10 | 3
10 | 0,3333, etc.
10 |
10 |
etc.|
```

La série verticale des 1 et la série horizontale des 3 sont visiblement infinies.

Remarquez la façon dont vous découvrez cette infinitude. Dès la première opération, vous constatez que le reste est 1 comme le dividende. Puisque le diviseur ne change pas, la deuxième opération se trouve la même que la première. Donc, puisque la première en engendre une autre semblable à elle-même, la deuxième en engendrera une autre semblable à elle-même, et ainsi de suite. Puisque le quotient de la première est 3, le quotient de la seconde est 3, et ainsi de suite. D'où je conclus que le nombre des chiffres du quotient est absolument infini, et que tous les chiffres sont des 3. Toutes ces conséquences naissent d'une seule remarque obtenue par abstraction, à savoir que le reste est semblable au dividende. En découvrant que le dividende engendre un dividende absolument semblable, j'ai découvert la cause d'une division éternelle. L'abstraction, appliquée sur une opération particulière, a dégagé l'idée générale du dividende et du reste; puis, de cette idée, elle a tiré la loi générale qui, au quotient, répète toujours les mêmes chiffres et les répète à l'infini.

— De sorte que vous n'avez contemplé ni un être infini, ni une intelligence infinie, mais simplement des quantités exprimées par des chiffres, et leurs propriétés isolées par abstraction? Retournons dans notre coin; probablement nous allons trouver que nos infinités, comme les vôtres, ont l'abstraction pour mère. Leurs idées naîtront humainement par analyse, et non plus divinement par révélation.

Soit l'idée d'un objet infini, par exemple, l'espace. Examinons d'abord ce que nous entendons par espace et ce que contient cette idée. L'espace est une grandeur continue à trois dimensions, absolument infinie, c'est-à-dire excluant toute limite. De plus, nous le concevons comme n'étant ni un être réel, ni la qualité d'un être réel, ce qui signifie qu'il est une grandeur abstraite; d'où l'on voit pourquoi il est nécessaire, et pourquoi on ne peut le supposer détruit. Pour pouvoir être détruit, il faut être, et il n'est pas. De plus, sa grandeur continue à trois dimensions se confond absolument avec celle des corps, qu'on appelle étendue : ce qu'on exprime en disant que les corps occupent l'espace. L'espace est donc l'étendue abstraite séparée du corps, non réelle, purement possible, et portée à l'infini.

Voyons maintenant ce que nous entendons par infini. Ces traductions, à demi grammaticales, à demi logiques, sont la seule lumière en philosophie ; les maîtres du dix-huitième siècle nous les enseignent ; il faut les faire et comprendre parfaitement son idée, avant d'expliquer comment elle peut se former. Dire qu'une grandeur est infinie, c'est dire qu'elle exclut toute limite, et que, si elle était limitée, il y aurait en elle une contradiction. Concevoir l'espace comme infini, ce n'est pas apercevoir expressément et distinctement par un seul acte de l'esprit la totalité de ses parties, c'est simplement lui concevoir une limite quelconque, analyser cette idée de limite et y trouver une contradiction. C'est donc encore une analyse qui me fera concevoir l'espace comme infini. Et cette analyse portera comme précédemment sur une idée générale, puisqu'elle portera sur l'idée d'une limite quelconque, c'est-à-dire d'une limite en général. Cette idée sera donc tirée comme précédemment d'un cas particulier, et il suffira pour la former de considérer une certaine limite particulière. Ce sont là tous les procédés employés plus haut pour former les axiomes, employés dans le même ordre, avec le même effet. Concluez que la même théorie s'applique aux idées d'objets infinis aussi bien qu'aux axiomes, et que partout l'expérience et l'abstraction suffisent pour expliquer les jugements et les notions que M. Cousin explique par la raison.

Essayons l'opération. Soit un corps connu par le toucher ou une sensation étendue observée par la conscience. Je puis séparer cette étendue de son sujet, et par abstraction la considérer à part. Cette étendue étant abstraite n'est rien que de l'étendue; et ses parties, comme elle, étant étendues et n'étant rien de plus, sont absolument semblables, l'une à l'autre. Ce qu'on exprime dans le langage ordinaire, en disant qu'entre les parties de l'espace pur il n'y a aucune différence. Donc ce qui sera vrai de l'une sera vrai de l'autre. Ainsi considérez l'une d'elles, vous connaîtrez toutes les autres. Or, arrivé à sa limite, vous apercevez une autre partie qui la continue. Mais la limite de cette autre partie est, d'après ce qu'on vient de dire, absolument semblable à celle de la première; vous devez donc concevoir une troisième partie, c'est-à-dire un espace nouveau qui continue la seconde et la prolonge au delà de l'espace que vous avez considéré d'abord. De l'idée de ces trois étendues limitées, vous tirez par abstraction l'idée d'une étendue limitée quelconque. Vous avez maintenant l'idée générale d'étendue, et, par abstraction aussi, vous découvrez ce qu'elle contient. Ce qu'elle contient, c'est la loi suivante : toute étendue limitée peut être continuée par une seconde étendue limitée. Vous analysez cette loi, et vous trouvez que la seconde étendue a la même définition que la première, qu'ainsi elle est soumise à la même loi, que, par conséquent, elle engendre elle-même une nouvelle étendue, et ainsi de suite. Vous remarquez que si à un endroit quelconque cet accroissement n'était plus possible, la loi serait contredite. Dès lors vous avez l'idée de l'espace infini, puisque vous avez l'idée d'une étendue abstraite et purement possible, c'est-à-dire de l'espace, et que vous avez découvert en elle la loi génératrice de l'infinitude, et dans cette loi l'impossibilité de la limitation. Comptez vos pas. Vous avez employé l'expérience des sens ou de la conscience pour former l'idée d'un objet réel étendu. Vous avez employé l'abstraction pour isoler cette étendue et la considérer pure. Vous avez encore employé l'analyse ou abstraction pour découvrir en elle la similitude absolue de toutes les parties, et la propriété que possède une partie d'être continuée par sa voisine. Vous avez formé ainsi l'idée générale d'une partie quelconque. Analysant cette idée, vous en avez tiré la loi en question. Reconnaissez donc ici par l'observation, comme tout à l'heure par le raisonnement, qu'il suffit de l'expérience et de l'abstraction pour produire l'idée de l'espace infini.

Je conclus contre M. Cousin que les propositions nécessaires et les idées des objets infinis se tirent par abstraction ou analyse des notions et des jugements acquis par l'expérience.

Pourquoi cette longue discussion? C'est un plaidoyer en faveur de l'analyse. Expérimenter, analyser les idées et les jugements acquis par l'expérience, la méthode n'est rien de plus. L'expérience nous donnera tous les faits, l'analyse nous donnera toutes les lois. Appliquons aux expériences que le dix-neuvième siècle sait si bien faire l'analyse que le dix-huitième siècle enseignait, et que, grâce à M. Cousin, nous avons désapprise. La question qu'on vient d'examiner est celle-ci : Où est la vérité? De la réponse dépend toute la méthode, et quelque chose de plus grave encore, je veux dire la direction habituelle et involontaire de l'esprit. Si, comme on vient de le montrer, la vérité est dans les choses, il suffit pour la trouver de décomposer les choses, de les résoudre par l'analyse en leurs éléments, de noter ces éléments par des signes précis, d'assembler ces signes en formules exactes, de convertir ces formules les unes dans les autres, et d'arriver par des équations à l'équation finale qui est la vérité cherchée. Un esprit élevé dans ces habitudes court droit aux faits sitôt qu'on lui propose une question générale ; il en choisit un particulier et contingent ; il le garde incessamment sous ses yeux ; il sait qu'il n'a pas d'autre moyen de préciser et vérifier ses idées ; il y revient sans cesse ; il sait que ce fait est la source de tous les termes abstraits qu'il va recueillir et combiner. C'est la marche de Condillac dans cette admirable *Langue des calculs,* que nous ne lisons plus. Si au contraire, comme le veut M. Cousin, la vérité est en Dieu, si les faits particuliers ne sont que l'occasion et l'accident qui tourne nos yeux vers elle, si c'est en Dieu que nous l'apercevons, c'est Dieu qu'il faut contempler pour la connaître. Pour étudier une chose, il faut étudier ce qui la contient. Si l'on est conséquent, on prend à l'instant pour méthode l'extase des Alexandrins. Faute de hardiesse et de logique, M. Cousin ne s'élance pas dans ces aventures. Privé de la méthode que demande sa théorie, il est privé de toute méthode. Faute d'analyser les choses, il n'aperçoit point dans les choses ce que l'analyse y découvre, c'est-à-dire les rapports nécessaires, ni ce que l'analyse en tire, c'est-à-dire les idées des objets infinis. Faute d'analyser les idées, il ne voit pas qu'une proposition nécessaire est un rapport nécessaire, qu'un rapport nécessaire est un rapport d'identité, qu'il y a dans tout objet, contingent ou non, des termes identiques, et que partant on peut tirer de tout objet des propositions nécessaires. Faute d'analyser les idées, il ne voit pas qu'une proposition universelle est un rapport entre deux abstraits, qu'il y a des abstraits dans toute chose particulière, et qu'ainsi, de toute chose particulière, on peut tirer des propositions universelles. Faute d'analyser les idées, il ne voit pas que l'idée d'un objet infini n'est que l'idée d'un objet fini, jointe à la connaissance de la loi ou cause intérieure qui, en excluant de lui toute limite, le prolonge au delà des termes que nous apercevons ; et il ne remarque pas que cette loi, étant générale ou abstraite, peut se tirer par abstraction de la moindre partie de cet objet fini! Faute d'analyser, il déclare l'analyse impuissante; elle se venge en lui imposant l'obligation de fonder sa théorie capitale, et par suite toute sa philosophie, sur deux pétitions de principe, et sur deux équivoques de langue.

CHAPITRE VIII.

M. COUSIN ÉRUDIT ET PHILOLOGUE.

I

Beaucoup de grands hommes ont à côté des facultés qui les illustrent un goût particulier, moins glorieux, mais utile encore, qui va croissant et qui finit par dépenser à son service la moitié de leur temps et de leurs forces. Celui-ci, homme d'État, est passionné pour le jardinage; il donne six heures par jour aux affaires, et six heures à la culture des dahlias. Le plus grand de nos romanciers nourrissait sa cervelle de spéculations, de comptes, de projets de Bourse, et parlait incessamment d'établir à Paris une serre d'ananas qu'il vendrait quinze francs et qui lui coûteraient dix sous. D'autres font des petits vers, ou se jettent dans l'entomologie. M. Cousin s'est enfoncé dans l'érudition, dans la philologie, dans la bibliomanie, dans les goûts d'antiquaire, et il y est resté.

Cette inclination très-vive, comme toutes celles de M. Cousin, devient manifeste au premier coup d'œil jeté sur la liste de ses ouvrages. Ses grands travaux sont des éditions : Platon, en treize volumes, Descartes, en onze volumes, Proclus, en six volumes, Abailard et Maine de Biran. Faire une édition est un accident qui peut arriver à tout le monde ; on a eu besoin d'argent, ou bien l'on voulait publier les matériaux d'une histoire qu'on préparait. Faire cinq éditions, c'est prouver qu'on prend plaisir à en faire. M. Cousin, comme Raphaël, s'est fait aider (trop aider) par ses élèves, d'accord; il n'en est pas moins certain que, pour accomplir de tels travaux, il fallait être philologue dans l'âme. Quiconque a touché, même de loin, la philologie, sait qu'elle demande une vocation spéciale. Fouiller des bibliothèques, déchiffrer d'horribles manuscrits, restaurer les textes mutilés, choisir entre les leçons, discuter l'authenticité du document, conjecturer son âge, chanceler partout sur le sol mouvant des probabilités, se plonger dans la foule querelleuse des commentateurs, sur sa vue et sa pensée sur les sottises innombrables et sur les platitudes incroyables dont la populace littéraire et philosophique obstrue les œuvres des grands hommes, c'est là une étude si minutieuse, si stérile en conclusions générales et en vérités certaines, qu'il fallait pour l'entreprendre les instincts et les habitudes d'un érudit. Un érudit est un maçon, un philosophe est un architecte ; et quand l'architecte, sans nécessité absolue, au lieu d'inventer des méthodes de construction, s'amuse à tailler, non pas une pierre, mais cinquante, c'est que, sous l'habit d'un architecte, il a les goûts d'un maçon. Vous apercevez ici une des causes et un des caractères de l'histoire de la philosophie, telle que M. Cousin l'a faite. Il a tenté, un instant, de l'écrire en philosophe ; il a voulu trouver les lois des faits, et l'ordre de leur succession ; il a improvisé la fameuse théorie des quatre systèmes, les seuls, disait-il, qui puissent exister, et qu'on retrouve à toutes les époques de la philosophie. Aujourd'hui cette construction *a priori* est si fort en ruines que personne ne songe plus à la renverser. Faute de pouvoir la rétablir ou la remplacer, il s'est contenté d'exposer les diverses philosophies ; il a publié une foule de documents sur Descartes et son école ; il a retrouvé la dialectique d'Abailard, et raconté les commencements de la scolastique. On l'a imité : depuis Thalès jusqu'à Kant, on a exploré toutes les philosophies ; moyen âge, Pères de l'Église, philosophes de la Renaissance, les thèses et les monographies ont tout remis au jour. Mais en étudiant les faits comme lui, on s'est, comme lui, dispensé d'en rechercher les lois ; nous avons, grâce à lui, tous les matériaux d'une histoire de la philosophie ; grâce à lui, nous n'avons pas cette histoire. Il n'a point trouvé en lui-même ni développé dans les autres l'esprit philosophique ; il a la gloire d'avoir montré en lui-même et développé dans les autres l'esprit d'érudition.

Feuilletez ses livres. Cet esprit devient plus visible à mesure que vous tournerez les pages. Que découvre-t-il dans le dix-septième siècle, tant aimé, tant étudié ? Des idées ? Non, des documents.

Il est un homme qui s'est pris de passion pour l'Italie du seizième siècle, comme M. Cousin pour la France du dix-septième, Henri Beyle. Comparez ses récits à ceux de M. Cousin ; vous mesurerez la distance qui sépare un psychologue peintre et amateur de sentiments, et un érudit chercheur et amateur de textes. La différence sera plus sensible encore si vous opposez les personnages décrits par M. Cousin aux personnages du même temps, peints par M. Sainte-Beuve. M. Cousin encadre une multitude énorme de documents inédits dans une mince bordure de commentaires ; en tête, il place, en matière d'ornements, des détails de bibliographie. Voici, par exemple, comme il ouvre l'histoire de Jacqueline Pascal : « Commençons par deux documents authentiques, inédits ou peu connus. D'abord une biographie composée par Gilberte, et qui conduit Jacqueline depuis sa première enfance jusqu'au moment où elle entre à Port-Royal ; ensuite, dans les Mémoires de Marguerite Périer, plusieurs paragraphes consacrés à sa tante, qui développent et achèvent la première biographie.... Nous rétablissons ici le vrai texte d'après deux excellents manuscrits, l'un de la Bibliothèque royale de Paris, *Supplément français*, n° 1485 ; et l'autre de la bibliothèque de Troyes, n° 2203. » Là-dessus suit un volume de textes, terminé, dit la table, « par la description du manuscrit de l'Oratoire, du manuscrit 1485, du manuscrit 2281, du manuscrit 397, etc., par une lettre de Pascal à la reine de Suède, et par un fragment d'un écrit sur la conversion du pécheur, avec les variantes des manuscrits. » — *L'Histoire du P. André* est composée exactement de la même manière, et c'est à peine si l'orateur moraliste apparaît dans six lignes égarées à travers une forêt de documents. On a vu [1] que les biographies de Mme de Longueville et de Mme de Sablé ont le même défaut. Les dates, les citations, les anno-

---

1. Chapitre

tations, les textes prodigués, les commentaires intercalés, infestent le style. Au moment où la douce figure de Mme de Longueville commence à se reformer sous les yeux du lecteur, il entend un fracas d'in-folio qui tombent ; c'est une dissertation qui arrive et efface la charmante image sous son appareil démonstratif. « Il ne serait pas sans intérêt de savoir quel était ce bal où Mlle de Bourbon fut traînée en victime, où elle parut en conquérante, et d'où elle sortit enivrée. Mais Villefore ne nous apprend rien à cet égard. On en est donc réduit aux conjectures. En voic une que nous donnons pour ce qu'elle peut valoir. On lit dans les Mémoires manuscrits d'André d'Ormesson, et dans la *Gazette de France* de Renaudot, que le 18 février 1635, il fut donné au Louvre, sous le roi Louis XIII, un grand ballet où figurèrent toutes les beautés du jour, et parmi elles, Mlle de Bourbon. » Ce n'est point de ce ton qu'on conduit au bal une jeune princesse, surtout lorsqu'on est amoureux d'elle ; M. Cousin l'emploiera plus à propos, lorsqu'il voudra montrer à quelque archéologue une édition rare ou un manuscrit inconnu. La même erreur lui a fait prendre des textes pour des peintures. Par exemple, il s'est fort réjoui d'avoir découvert les noms des religieuses, compagnes de Mlle de Bourbon au couvent des Carmélites ; il a cru introduire le public

dans l'intérieur d'un couvent, en lui apprenant
l'âge, la condition, la date de la mort et de l'entrée de toutes les abbesses et de toutes les prieures,
en transcrivant des biographies inédites composées au couvent, lesquelles, en leur qualité de biographies pieuses, ne renferment que des éloges vagues et des anecdotes édifiantes; toutes choses qui
ressemblent à l'histoire comme une boîte de couleurs ressemble à un tableau.

Ce sont là des misères de l'érudition. Il en est
encore une autre bien naturelle. Toute vraie passion tombe dans l'excès. On finit par se prendre
d'amour pour des bagatelles, et on s'exalte à propos d'un fétu. Le lecteur se souvient de ce minéralogiste allemand qui cherchait un certain caillou ; un jour l'apercevant : « Ah! sirène, dit-il,
tu m'enchantes, mais tu ne m'échapperas pas. »
M. Cousin s'enthousiasme au sujet de la rue Saint-Thomas-du-Louvre, et pousse là-dessus des exclamations, avec l'onction d'une oraison funèbre ; en
effet, c'est l'oraison funèbre de la rue Saint-Thomas-du-Louvre, rue infortunée qui vient de disparaître au profit du Carrousel. « Puisse, dit-il,
cette admirable place conserver sa grandeur si
chèrement achetée et nul bâtiment transversal ne
gâter la belle harmonie du Louvre et des Tuileries ! Puisse aussi quelque homme instruit et laborieux, voué à l'étude de Paris et de ses monu-

ments, ne pas laisser périr la rue Saint-Thomas-du-Louvre sans en donner une description et une histoire fidèle à l'époque de son plus grand éclat[1] ! » Lorsqu'il s'agit d'un philosophe du dix-septième siècle, il se croit dans son domaine ; il revendique l'homme ; grand ou petit, exhumé par lui ou exhumé par d'autres, il veut à toute force le présenter au public. Il s'approprie et publie une seconde fois, avec corrections, la correspondance de Malebranche et de Mairan, qui venait d'être publiée. Un peu plus tard, on découvre à Caen et on lui communique une partie de la correspondance du P. André ; mais l'heureux auteur de la découverte se réserve la partie la plus précieuse, les lettres échangées entre André et Malebranche. M. Cousin indique son regret avec réserve, mais il l'indique ; en effet, il est spécial en cette matière [2]. « Nous nous serions offert bien volontiers pour mettre au jour cette correspondance, où peut-être aurait été de mise quelque connaissance des matières agitées entre les deux métaphysiciens, et surtout de la littérature philosophique de cette époque. » On lui a fait tort, on lui a pris son bien. Le lecteur se souvient de la querelle qu'il eut sur un sujet pareil avec M. Sainte-Beuve. M. Cousin, dans une préface, disait qu'il avait décou-

---

1. *La jeunesse de Mme de Longueville*, p. 140.
2. *Le P. André*, p. 214.

vert au dix-septième siècle, toute une littérature féminine et toute une galerie de femmes illustres. M. Sainte-Beuve, dans une autre préface, se souvint qu'il avait écrit lui-même l'histoire de Port-Royal et de ses religieuses, et qu'en outre il avait fait le portrait de plusieurs grandes dames du temps. Il le dit, et en style piquant. Le public compta les piqûres et jugea que la province littéraire disputée était assez grande pour recevoir deux habitants.

D'autres traits, quoique singuliers, font plaisir; toute passion vraie est aimable. Celle de M. Cousin pour les textes inédits ressemble à l'amour d'un chevalier pour sa dame. Le chevalier, pour délivrer sa dame, tuait les monstres, rompait les enchantements, abattait les géants, escaladait les murailles. M. Cousin pénètre dans les couvents, bouleverse les bibliothèques, séduit les bibliothécaires, dépense des trésors d'amabilité, d'éloquence et de patience, pour conquérir les précieux documents. Sur un simple portrait, Amadis devint amoureux d'Oriane; sur un simple soupçon, M. Cousin devient amoureux d'un texte; épris du manuscrit qu'il devine, il se met en campagne, il écrit à l'un, fait écrire à l'autre, et poursuit une lettre de Descartes ou un fragment de Malebranche avec une opiniâtreté et un enthousiasme que personne n'a plus. « Le catalogue imprimé des manuscrits de la bibliothèque de Leyde m'avait donné des espérances qui, *grâce à Dieu*, n'ont pas été vaines.... Là *j'ai vu de mes yeux, touché de mes mains* une foule de lettres de Leibnitz, de cette écriture ferme et serrée qui est de son pays plus que de son siècle.... Cependant je ne pouvais me persuader qu'il n'y eût pas à Leyde quelques lettres inédites de Descartes lui-même. » Là-dessus il fouille plusieurs gros paquets de lettres non cataloguées, et y découvre un billet de Descartes à son horloger, avec deux autres. « Ce sont là les seules petites découvertes cartésiennes que j'ai faites en Hollande. » Un peu plus tard il apprend que la Bibliothèque royale de Paris contient la correspondance de l'abbé Nicaise et de Leibnitz. Transcrivons cette page; le lecteur y verra ce que c'est qu'aimer et chercher des documents inédits.

Dès que j'appris que cette précieuse collection était à la Bibliothèque royale de Paris, on conçoit avec quel empressement j'y recherchai tout ce qui pouvait s'y rapporter à l'histoire de la philosophie du dix-septième siècle. La correspondance de Leibnitz attira particulièrement mon attention. Dutens s'était procuré quelques fragments de cette correspondance, et ces fragments avaient déjà paru bien précieux. J'eus le plaisir de rencontrer dans le manuscrit de la Bibliothèque royale les autographes de ces lettres, au nombre de six, écrites pour la plupart de la main de Leibnitz ou corrigées et signées par lui. Mais une étude un peu attentive me fit aisément reconnaître qu'il devait manquer un bon nombre de lettres. Cela se voit particulièrement par la correspondance de Huet, où le savant évêque d'Avranches remercie son ami de Dijon de lui envoyer des extraits des lettres de Leibnitz, lesquelles ne se retrouvent pas dans notre manuscrit. Que sont-elles devenues? Ont-elles péri, ou n'ont-elles fait que s'égarer entre des mains qui les retiennent au détriment du public? Un des amis de Bourgogne termina mes doutes et mon embarras en m'apportant une revue de mon pays, intitulée *Revue des deux Bourgognes*, année 1836, où sont imprimées les six lettres de Leibnitz du manuscrit de Paris, et celles dont je *déplorais* la perte, en tout dix-huit lettres parfaitement authentiques, adressées à l'abbé Nicaise par l'auteur de la *Théodicée*.

Chemin faisant, il conseille des éditions et fait des recrues d'antiquaires.

On ne peut comprendre, dit-il, pourquoi les éditeurs ont si mal copié, et tant défiguré les lettres de la Rochefoucauld, bien faciles à lire pourtant avec leur longue et grande écriture à la Louis XIV. Ces lettres si bien tournées, souvent si intéressantes, attendent encore un éditeur intelligent et soigneux. Si nous étions plus jeune, nous tâcherions d'être cet éditeur-là, d'autant que nous pourrions joindre aux lettres déjà connues bien des lettres nouvelles, parmi lesquelles il en est de fort importantes.

Ailleurs il souhaite qu'un élève de l'École des chartes veuille bien employer quelques années de sa vie à faire l'histoire de la place Royale[1]. Il offre ses notes, extraits et copies, à « l'ami de la re-

---

1. *La jeunesse de Mme de Longueville*, p. 265, 81.

ligion et des lettres » qui rassemblera le cartulaire du couvent des Carmélites de la rue Saint-Jacques. En apprenant que le P. André a écrit la vie et rassemblé la correspondance de Malebranche, mais que cet écrit égaré est maintenant retenu en des mains inconnues, il s'indigne contre l'enfouisseur et le somme de restituer son trésor :

> Avant de quitter cet important sujet, nous voulons adresser encore une fois avec toute la force qui est en nous, notre publique et instante réclamation à celui qui possède encore aujourd'hui les matériaux de ce grand ouvrage. Qu'il sache qu'il ne lui est pas permis de retenir le précieux dépôt tombé entre ses mains, encore bien moins de l'altérer. Tout ce qui se rapporte à un homme de génie n'est pas la propriété d'un seul homme, mais le patrimoine de l'humanité.... Retenir, altérer, détruire la correspondance d'un tel personnage, c'est dérober le public, et, à quelque parti qu'on appartienne, c'est soulever contre soi les honnêtes gens de tous les partis.

Cette éloquence est la preuve et l'effet du zèle érudit de M. Cousin. Peu d'hommes ont publié autant de documents nouveaux et utiles. Ses *Fragments philosophiques* en sont remplis. Le cardinal de Retz, dom Robert des Gabets, Roberval, M. de La Clausure, l'abbé Gautier, tous les personnages d'une académie cartésienne, une foule de pièces de Leibnitz, Malebranche et Descartes, des lettres de Spinoza, quantité de morceaux sur Mme de Longueville, Mme de Sablé, Pascal, sa famille : il a fourni des mémoires et des documents sur tous les personnages illustres de ce temps. Désormais tout écrivain qui entreprendra l'histoire du goût et de la pensée au dix-septième siècle devra profiter de ses veilles ; il n'aura plus qu'à tailler et à assembler les matériaux que M. Cousin a tirés de la carrière et dégrossis.

Cet amour des textes et ce goût du détail appliqués à la critique littéraire ont produit deux œuvres fort belles, la restitution des *Pensées de Pascal* et le *Commentaire du Vicaire savoyard*. Le premier, il a eu la patience de déchiffrer l'indéchiffrable manuscrit de Pascal, de deviner les abréviations, les renvois, les mots demi-effacés, demi-formés, de comparer mot à mot le texte vrai avec les éditions publiées, de noter ligne par ligne toutes les erreurs, tous les contre-sens, toutes les fautes de goût des éditeurs, de montrer le plan de l'ouvrage, d'en marquer l'esprit, et de ranimer enfin la figure souffrante, passionnée et sublime de Pascal. Cette opposition perpétuelle du texte vrai et du texte mutilé est la meilleure leçon de style ; on y voit clairement et sans phrases ce que c'est que le génie : c'est comme si l'on comparait le tableau d'un grand maître avec le carton de ce tableau. Le récit des ratures, des changements, des corrections que faisait Pascal, introduit le lecteur dans le laboratoire de l'éloquence : ce mot ajouté est un accès de passion impatiente; cette phrase retournée est un redoublement de logique victorieuse. Toutes les souffrances et toutes les hardiesses du Pascal que nous connaissions sont faibles auprès des ardeurs et des témérités du Pascal que M. Cousin révèle. Il a l'amour des grands hommes du dix-septième siècle : après avoir recueilli les moindres fragments de son auteur et retrouvé son écrit sur *les Passions de l'amour*, il a poussé la dévotion jusqu'à faire un lexique de ses locutions remarquables. Les érudits de la Renaissance qui ont édité les classiques ne faisaient pas si bien et n'ont pas fait mieux.

Si pourtant l'on veut voir ce talent de M. Cousin dans toute sa force, ce n'est point ici, c'est dans ses études sur Abailard, sur Xénophane et sur d'autres sujets semblables, qu'il faut l'admirer. L'esprit érudit réussit mieux qu'ailleurs dans les questions d'érudition pure; on est toujours à son aise quand on est chez soi. M. Cousin découvre trois manuscrits d'Abailard; il les décrit tour à tour avec scrupule; il juge de leur valeur; il prouve que ce sont eux que décrivait Oudin et que citait l'*Histoire littéraire*; il entre dans l'intérieur du manuscrit, marque les différents traités qu'il comprend, les lacunes plus ou moins longues, les feuillets blancs, les feuillets noirs, les différentes encres, et je ne sais combien d'autres choses encore

Arrivé au bon manuscrit, il montre par des raisons logiques que toutes ses parties se tiennent, qu'elles forment un cours complet de dialectique, que des ressemblances de style et diverses autres probabilités indiquent que cette dialectique est celle d'Abailard, citée dans la *Théologie chrétienne* par Abailard lui-même. D'autres conjectures, habilement établies, en découvrent à peu près la date. Puis tour à tour une suite de discussions excellentes, conduites avec une clarté parfaite et une raison soutenue, font voir que Roscelin fut le maître d'Abailard, qu'Abailard était très-ignorant en mathématiques, qu'il ne savait pas le grec, qu'il ne connaissait tout au plus de Platon que le *Timée* dans la version de Chalcidius, qu'il ne connaissait d'Aristote que l'*Organum*, et de l'*Organum* que les trois premières parties traduites par Boèce, et qu'ainsi la philosophie scolastique est sortie d'une phrase de Porphyre traduite par Boèce. Vous voyez quelles peines il faut prendre, quelle prudence, quel tact, quelles recherches de tout genre, quel soin minutieux, quels efforts de raisonnement il faut employer pour constater les faits les plus minces. C'est une gloire d'avoir réuni tant de mérites et composé des monographies qui resteront.

C'est une gloire plus rare encore d'être resté homme de goût, homme éloquent, amateur d'idées générales, parmi des détails si insipides et des argumentations si sèches. Souvent, en devenant érudit, on cesse d'être homme. La philologie est un souterrain obscur, étroit, sans fond, où l'on rampe au lieu de marcher, si éloigné de l'air et de la lumière, qu'on y oublie l'air et la lumière, et qu'on finit par trouver belle et naturelle la clarté fumeuse de la triste lampe qu'on traîne accrochée après soi. Au bout de quelques années de séjour, on y déclare que le ciel est un rêve d'esprit creux. J'ai entendu des habitants de ces caves traiter de chimère l'histoire que font les philosophes et les artistes, et rejeter comme choses malsaines l'imagination passionnée de M. Michelet et les idées générales de M. Guizot : en effet, quand un mineur revient à la surface, l'air pur le suffoque et la vraie lumière l'éblouit. Au contraire, lorsque M. Cousin s'enfonce dans ces noires galeries, il songe au retour, et d'un élan, sans qu'on s'y attende, le voilà remonté dans la philosophie, dans la haute histoire, dans le grand style, dans le monde supérieur où il eût dû toujours vivre, et qui est le seul digne de sa science et de son talent. Vous sortez d'un commentaire docte et aride, ayant pour but d'établir, d'après Stobée, Diogène de Laërte et d'autres, le système probable de Xénophane, et, parmi des arguments de commentateur, vous tombez sur la phrase suivante :

La partie du système de Xénophane qui porte l'empreinte de l'esprit ionien est et devait être sa partie cosmologique et physique. Car qu'est-ce que l'esprit ionien? le scepticisme en toutes choses : l'amour du plaisir dans la vie ; en politique, des goûts démocratiques et des mœurs serviles; dans l'art, la prédominance de la grâce ; dans la religion, l'anthropomorphisme ; dans la philosophie, qui est l'expression la plus générale de l'esprit d'un peuple, un empirisme plus ou moins ingénieux, une curiosité assez hardie, mais toujours dans le cercle et sous la direction de la sensibilité. Et qu'enseigne la sensibilité ? Ce qui paraît, non ce qui est. Que peuvent donc enseigner les sens sur l'ordre du monde ? Le système des apparences. Or l'apparence pour l'homme est que lui-même et avec lui cette terre qu'il habite est le centre de toutes choses. Selon l'apparence encore, la terre est immobile, et doit être infinie dans sa partie inférieure.

Tel est en effet le système de Xénophane ; et rien n'est plus agréable que de voir une idée générale confirmer par une déduction ingénieuse ce que la discussion des textes avait indiqué. Un peu plus loin, vous voyez l'orateur se lever subitement au milieu d'une citation, et s'interrompre pour exprimer avec une sorte de grandeur poétique l'émotion qui l'a saisi. Le contraste est brusque et frappant :

Aristote, dans son livre sur *Xénophane, Gorgias et Zénon*, Simplicius dans son *Commentaire sur la physique d'Aristote*, et Théophraste dans Bessarion, nous ont conservé le corps de l'argumentation par laquelle Xénophane démontrait que Dieu n'a pas eu de commencement et qu'il n'a pas pu naître. Il est impossible de ne pas éprouver une impression profonde et presque solennelle en présence de cette argumentation, quand on ne se dit que c'est là peut-être la première fois que, dans la Grèce au moins, l'esprit humain a tenté de se rendre compte de sa foi et de convertir ses croyances en théories. Il est curieux d'assister à la naissance de la philosophie religieuse : la voilà au maillot, pour ainsi dire ; elle ne fait encore que bégayer sur ces redoutables problèmes, mais c'est le devoir de l'ami de l'humanité d'écouter avec attention, de recueillir avec soin les demi-mots qui lui échappent, et de saluer avec respect la première apparition du raisonnement.

Lorsque, après avoir compté les livres et les connaissances que possédait Abailard, il arrive à la phrase de Porphyre qui contient le problème des genres et des espèces, et qu'il y voit en germe la scolastique entière, il ne peut se contenir. Ce grand spectacle l'enflamme, et le lecteur surpris sent tout à coup la contagion d'un enthousiasme qu'il n'avait pas prévu.

Ce problème, aujourd'hui glacé et comme pétrifié sous le latin de Boèce, avait été vivant jadis dans un autre monde. Il avait occupé Platon et Aristote. Il avait provoqué des luttes immortelles et enfanté des systèmes qui s'étaient longtemps maintenus debout l'un contre l'autre. Les luttes avaient cessé ; cette noble philosophie était éteinte ; la société qu'elle éclairait était à jamais ensevelie ; la langue même dans laquelle toutes ces grandes choses avaient été pensées et écrites avait fait place à une autre langue, qui elle-même n'était qu'une transition à une langue nouvelle.

Ainsi marche l'humanité : elle n'avance que sur des débris. La mort est la condition de la vie ; mais pour que la vie sorte de la mort, il faut que la mort n'ait pas été entière. Si, dans les orages de l'humanité, le passé disparaissait tout entier, il faudrait que l'humanité recommençât à frais nouveaux sa pénible carrière. Le travail des pères serait perdu pour les enfants : il n'y aurait plus de famille humaine : il y aurait solution de continuité entre les générations et les siècles. Et d'un autre côté, si ce monde qui doit faire place à un monde nouveau laissait un trop riche héritage, il empêcherait que le nouveau ne s'établît. Il faut que quelque chose subsiste du passé, ni trop ni trop peu, qui devienne le fondement de l'avenir et maintienne, à travers les renouvellements nécessaires, la tradition et l'unité du genre humain.

Voilà la philosophie, la poésie et l'éloquence introduites au milieu de l'érudition. Cette philosophie est un peu vague; cette loi de l'histoire improvisée par une inspiration aventureuse est incertaine ; les conséquences que M. Cousin en tire un instant après contre la Renaissance sont assez fausses. Mais un souffle intérieur emporte toutes ces phrases; la pensée est noble, l'impression grande, et le morceau, dans ses défauts et dans ses mérites, rassemble assez bien les mérites et les défauts de M. Cousin.

II

Tel est cet orateur que l'imagination poétique et l'esprit d'érudition ont promené dans l'érudition et égaré dans la philosophie, qui, après avoir voyagé parmi divers systèmes et hasardé un pied, et même deux pieds, dans le panthéisme, est venu se rasseoir dans les opinions moyennes, dans la philosophie oratoire, dans la doctrine du sens commun et des pères de famille; qui, pensant faire l'histoire du dix-septième siècle, en a fait le panégyrique; qui, croyant tracer des portraits et composer des peintures, n'a su que recueillir des documents et assembler des textes; mais qui, dans l'exposition des vérités moyennes et dans le développement des sujets oratoires, a presque égalé la perfection des écrivains classiques, et qui, par la patience de ses recherches, par le choix de ses publications, par la beauté et la solidité de ses monographies, a laissé des modèles aux érudits qui continueront son œuvre, et des matériaux aux philosophes qui profiteront de son travail. Ces critiques et ces louanges se résument en un mot : il est né deux cents ans trop tard; c'est un fils du dix-septième siècle égaré dans un autre siècle. Si le lecteur daigne regarder autour de lui, il verra cent exemples de ces vocations contrariées par les circonstances, de ces esprits prématurés ou tardifs, de ces hommes de talent qui eussent été des hommes de génie s'ils étaient venus à temps. La Nature nous jette au hasard dans le temps et dans l'espace ; et pour un qui se développe, il y en a mille qui avortent, ou qui restent à demi formés.

Transportons donc M. Cousin dans sa patrie, et racontons sa vie telle que son bon génie eût dû la faire. Il naquit en 1640. Il fit les plus brillantes études au collège de Navarre ; ses maîtres pressentirent son éloquence, son impétuosité, ses élans lyriques, sa capacité singulière dans la science des textes et dans les querelles d'érudition. Ils lui trouvèrent une voie. La théologie, par ses grands horizons métaphysiques, ouvre une large carrière à l'enthousiasme et à l'imagination ; en même temps, elle s'appuie sur la connaissance approfondie des textes, sur les recherches de philologie, sur le talent de discuter sans rien prouver, de raisonner sans rien découvrir. D'autre part, la prédication est le plus bel emploi de l'éloquence. La chaire est le trône de l'orateur. Il y parle en maître, il a Dieu dans sa main, il foudroie son auditoire, il ne descend jamais, comme l'orateur politique, dans les détails secs et minutieux d'une affaire particulière, il ne parle que du devoir en général, de la vie humaine, des dangers du monde, de la providence de

Dieu. Il ne sort jamais du ton imposant, et il peut entrer quand il veut dans le sublime. M. Cousin étudia la théologie et la prédication, et passa quatre ans au séminaire.

Pendant ces fortes études, il fut admis, grâce à sa réputation naissante et à son caractère sacré, dans la société des femmes et des hommes les plus nobles et les plus polis du siècle. Il connut Mme de Sévigné, Mme de la Fayette, Mme de Sablé, et il entrevit une fois Mme de Longueville. Cette angélique figure resta gravée dans sa mémoire, dans son cœur peut-être, et le souvenir de la charmante et touchante princesse, épuré par la vue de sa piété parfaite et de sa pénitence héroïque, lui servit plus tard, lorsque du haut de la chaire il peignait la beauté et la pureté des anges, et emportait avec lui ses auditeurs attendris dans le ciel. Il apprit, en écoutant le langage exquis des gens de cour et des gens du monde, la différence du style enflé et du style noble, du style vague et du style élevé; il se dépouilla d'une certaine rouille scolastique qu'il avait contractée en théologie, et comprit que, lorsqu'on faisait le portrait de personnes si élégantes et si mondaines, il ne fallait pas y apporter les habitudes philosophiques que la Sorbonne conservait dans ses argumentations d'apparat. Lorsque plus tard il écrivit, il se figurait toujours qu'il avait pour auditeurs ces esprits si délicats, si ennemis de toute affectation, si amateurs du style clair et des termes simples, et cette pensée le préserva des expressions abstraites ou vagues sur lesquelles les métaphysiciens chevauchent dans leurs promenades fantastiques, dont l'obscurité prétentieuse pouvait plaire à des écoliers, à des bourgeois, à des poëtes, mais qui auraient exclu l'auteur du salon de Mme de la Fayette, et l'auraient relégué dans la société des sulpiciens.

Il acheva ses études avec gloire, et fut dès lors considéré comme une des espérances du clergé français. Il s'attacha à Bossuet, et fit avec lui toutes ses retraites. Ce grand homme, théologien prudent, réprima quelques témérités de son disciple, et le retint dans les limites du dogme. Il l'aima, car il trouvait en lui, quoique à un moindre degré, toutes les parties de son propre génie. La seule différence entre ces deux esprits, c'est que Bossuet était serein dans la grandeur et s'y trouvait dans son assiette, tandis que M. Cousin, pour y atteindre, avait besoin de s'exalter; Bossuet restait maître de lui-même au plus fort de son éloquence ; M. Cousin s'enivrait de ses propres paroles, et la fantasmagorie des images troublait la sûreté de son inspiration. Au reste, le jeune homme suivit tous les pas de son maître; il fut comme lui théologien et philosophe; il voulut comme lui allier la raison et la foi; il accabla de superbes paroles les matérialistes qui commençaient à lever la tête; il aima la liberté pour lui-même, et défendit contre Rome les priviléges français, qui étaient les siens. Il ne fut pas évêque, mais c'est qu'il préféra jouir à Paris des triomphes de son éloquence. D'ailleurs on lui trouvait plus de talent pour prêcher que pour agir. Sa biographie ne dit pas s'il fut directeur de femmes; en tout cas, il n'eût accepté que les plus illustres pénitentes ; quoique roturier, il aimait les nobles et n'aurait voulu donner son avis que sur les grandes aventures du cœur. Un jour, par hasard, Mme de Longueville vint écouter son sermon ; la belle pénitente pleura, et tout le monde confessa que le prédicateur s'était surpassé. Mme de Sévigné, qui était là, manqua de se convertir, et l'écrivit à sa fille. Lorsque Bossuet eut quitté la chaire, son illustre élève passa pour le plus grand orateur de France. Il ranima le courage de Louis XIV pendant les revers de la guerre d'Espagne. Il tonna contre l'impiété naissante, et se retira du monde quand il vit que le courant de l'opinion publique avait tourné. Dans sa retraite, il réfuta les premiers ouvrages de Voltaire, et mourut laissant vingt volumes qui sont devenus classiques et que les élèves de rhétorique apprennent par cœur en même temps que les oraisons funèbres de Bossuet.

CHAPITRE IX.

M. JOUFFROY ÉCRIVAIN.

I

Les gens qui ont écouté M. Cousin et M. Jouffroy disent qu'on ne vit jamais dans une chaire de philosophie deux talents si grands et si différents. M. Cousin était le plus admirable tragédien du temps. Il préparait sa leçon huit jours à l'avance, idées, plan, style, métaphores, et jusqu'aux mots saillants; il l'écrivait; il la récrivait; il l'apprenait par cœur; il la répétait devant ses amis, devant les indifférents, devant tout le monde. Il la possédait dans les plus petits détails, comme un pianiste son morceau de concert. Le jour venu, les applaudissements, la popularité, les annonces des journaux, l'affluence du public, l'intérêt de parti, le sentiment de la gloire, le transportaient jusqu'au génie. Ses yeux noirs petillaient d'éclairs. Ses traits, ses bras, son corps, tout parlait. Son discours étudié prenait l'accent d'une improvisation sublime ; la philosophie l'illuminait. A ses gestes multipliés, à ses changements de physionomie, aux inflexions de sa voix, il semblait qu'il voulût sortir de lui-même. Dardées par ce visage net et par cette bouche expressive, les pensées prenaient un corps, devenaient visibles, pénétraient dans l'auditeur, le domptaient, le possédaient, le livraient aux coups de théâtre, aux effets de style, aux mouvements de passion, aux surprises de méthode. Emporté par le tourbillon métaphysique, assiégé de visions intenses, il tressaillait et croyait. Un vieux magistrat de province, sceptique, positif, et qui donnerait pour une poularde l'infini, le fini et leur rapport, m'a répété que tout le monde était sous le charme. « Quand ce diable d'homme nous disait : « Voyez-vous ? » quoi que ce fût, on croyait voir. » Le lendemain, à la réflexion, c'était autre chose; l'admiration seule restait entière, et on allait à un autre cours.

On trouvait là un homme maigre, un peu voûté, les épaules saillantes, comme tous les poitrinaires; les yeux d'un bleu pâle, profondément enfoncés

dans l'orbite flétri, l'air pensif et mélancolique,
portant dans toute sa personne une expression de
fatigue, de noblesse et de résignation. Il était fier,
hautain même, réservé, volontiers silencieux, ni
accueillant, ni familier avec les élèves. Tandis
que M. Cousin, emporté par l'assaut intérieur de
la verve et par la surabondance de la vie animale,
causait, s'ouvrait, s'épanchait, dissertait, plaidait
avec les gestes et l'appareil oratoire, dans un jardin public, dans son cabinet, n'importe où, devant
n'importe qui, jusque devant ce pauvre petit personnage qu'on appelait son secrétaire, M. Jouffroy,
même en chaire, paraissait froid et contenu. Il
n'avait point l'air de se douter qu'on fût là. Son
geste était rare, son corps immobile ; on eût dit
qu'il lisait un livre intérieur, uniquement attentif
à le comprendre et à se convaincre ; il réfléchissait
tout haut. Point de mots brillants ni de phrases
hasardées ; nul calcul pour amuser, émerveiller
ou toucher ; au contraire, de longs exordes, encombrés de divisions et de subdivisions minutieuses, un examen circonstancié et incessant de questions préalables. Lorsqu'il était entré dans son
sujet, nulle phrase incisive et subite ; des répétitions infinies : ses élèves, en relisant leurs notes,
trouvaient qu'ils avaient écrit la même idée trois
et quatre fois. Cependant, dès le premier jour,
tout esprit attentif fléchissait sous son esprit. Dès

l'abord, on découvrait en lui un foyer secret d'ardeur inextinguible, plus violente et plus puissante que l'éblouissante illumination de M. Cousin. Moins il s'épanchait, plus on le sentait brûler. Ces répétitions redoublées annonçaient, par leurs tâtonnements opiniâtres, un esprit insatiable de l'expression exacte, incapable de se reposer dans les idées ébauchées, invincible à la fatigue, obstiné à marcher jusqu'à ce qu'il eût atteint la parfaite clarté. Ces divisions infinies annonçaient, par leurs précautions multipliées, une intelligence avertie de l'étroitesse de la route et du débordement d'erreurs qui l'entoure, décidée à ne pas faire un pas avant d'avoir exploré ou assuré le terrain qu'elle allait fouler. On voyait qu'il ne poursuivait que le vrai, qu'il y employait toute sa force, qu'il n'en dépensait rien pour des intérêts étrangers, qu'il ne songeait ni à briller ni à plaire, qu'il était penseur et non orateur, qu'il se servait de la parole par occasion et non par amour de la parole. On était rempli de respect et de confiance, et quand un tremblement de la voix ou quelque image subite indiquait la découverte d'une vérité importante, on apercevait dans ce faible signe plus d'émotion et d'éloquence que dans les magnifiques dithyrambes de son rival.

Par nature et par éducation, M. Jouffroy fut un homme intérieur. Cette disposition était le trait saillant de son caractère. « Né de parents pieux, dit-il quelque part, et dans un pays où la foi catholique était encore pleine de vie au commencement du siècle, j'avais été accoutumé de bonne heure à considérer l'avenir de l'homme et le soin de son âme comme la grande affaire de ma vie[1]. » Cette préoccupation dura jusqu'au bout : hors du christianisme, il suivait la pente du christianisme ; devenu philosophe, c'est de l'avenir qu'il s'inquiétait encore ; en ramenant toute la philosophie au *problème de la destinée humaine*, il cherchait le salut sous un autre nom ; ses recherches étaient intéressées : ce n'est point une curiosité qu'il contentait, mais une inquiétude qu'il calmait. Comme un marin qui n'observe le ciel et les astres que pour prévoir les dangers, diriger sa course et atteindre le port, il n'étudiait la nature et l'homme que pour régler sa vie et conjecturer ce qui suit la mort. Sa philosophie n'était point spéculative, mais pratique ; de son cerveau, elle descendait dans son cœur, puis dans tout son être, et l'engageait tout entier. Les dogmes abstraits acquis par la science se changeaient ainsi en émotions personnelles et en espérances journalières ; dans une observation de psychologie, dans une classification de logique, il apercevait contenus sa conduite et son bonheur.

[1] *Nouveaux mélanges*, p. 111.

Il a raconté lui-même sa conversion, et comment de chrétien il devint philosophe. Ce ne fut point une découverte tranquille, mais une révolution sanglante. Dans de pareilles âmes, les dogmes déracinés arrachent et emportent avec eux les parties les plus vives et les plus sensibles du cœur. Leurs opinions sont des sentiments, leurs croyances sont des passions, leur foi est leur vie ; et quand le raisonnement intérieur leur défend de croire, c'est comme s'il leur commandait d'abjurer leur père et leur pays. Quinze ans plus tard, son âme se soulevait encore au souvenir de cet orage. Le coup avait été si fort, que le contre-coup lointain l'emporta jusque dans la poésie ; son récit fut un drame, presque lyrique ; son style sévère et contenu s'épancha tout d'un coup en images passionnées et pressées. Il y eut telle page qui rappela les lamentations sublimes de Byron et de Lamartine ; l'accent fut si sincère, la douleur si grande, l'expression si riche, qu'il faut tout citer[1] :

Le jour était venu où, du sein de ce paisible édifice de la religion qui m'avait recueilli à ma naissance, et à l'ombre duquel ma première jeunesse s'était écoulée, j'avais entendu le vent du doute, qui de toutes parts en battait les murs et l'ébranlait jusque dans ses fondements. Ma curiosité n'avait pu se dérober à ces objections puissantes,

---

1. *Nouveaux mélanges*, p. 112.

semées comme la poussière dans l'atmosphère que je respirais par le génie de deux siècles de scepticisme. En vain mon enfance et ses poétiques impressions, ma jeunesse et ses religieux souvenirs, la majesté, l'antiquité, l'autorité de cette foi qu'on m'avait enseignée, toute ma mémoire, toute mon imagination, toute mon âme s'étaient soulevées et révoltées contre cette invasion d'une incrédulité qui les blessait profondément; mon cœur n'avait pu défendre ma raison....

Je n'oublierai jamais la soirée de décembre où le voile qui me dérobait à moi-même ma propre incrédulité fut déchiré. J'entends encore mes pas dans cette chambre étroite et nue, où longtemps après l'heure du sommeil, j'avais continué de me promener; je vois encore cette lune, à demi voilée par les nuages, qui en éclairait par intervalles les froids carreaux. Les heures de la nuit s'écoulaient, et je ne m'en apercevais pas; je suivais avec anxiété ma pensée, qui de couche en couche descendait vers le fond de ma conscience, et, dissipant l'une après l'autre toutes les illusions qui m'en avaient jusque-là dérobé la vue, m'en rendait de moment en moment les détours plus visibles!

En vain je m'attachais à ces croyances dernières comme un naufragé aux débris de son navire; en vain, épouvanté du vide inconnu dans lequel j'allais flotter, je me rejetais pour la dernière fois avec elles vers mon enfance, ma famille, mon pays, tout ce qui m'était cher et sacré; l'inflexible courant de ma pensée était plus fort : parents, famille, souvenirs, croyances, il m'obligeait à tout laisser; l'examen se poursuivait, plus obstiné et plus sévère à mesure qu'il approchait du terme, et il ne s'arrêta que quand il l'eut atteint. Je sus alors qu'au fond de moi-même il n'y avait plus rien qui fût debout.

Ce moment fut affreux, et, quand vers le matin je me jetai épuisé sur mon lit, il me sembla sentir ma première vie, si riante et si pleine, s'éteindre, et derrière moi s'en ouvrir une autre sombre et dépeuplée, où désormais j'allais vivre seul, seul avec ma fatale pensée qui venait de m'y exiler et que j'étais tenté de maudire. Les jours qui suivirent cette découverte furent les plus tristes de ma vie. Dire de quels mouvements ils furent agités serait trop long. Bien que mon intelligence ne considérât pas sans quelque orgueil son ouvrage, mon âme ne pouvait s'accommoder à un état si peu fait pour la faiblesse humaine; par des retours violents elle cherchait à regagner les rivages qu'elle avait perdus; elle retrouvait dans la cendre de ses croyances passées des étincelles qui semblaient par intervalles rallumer sa foi. Mais des convictions renversées par la raison ne peuvent se relever que par elle, et ces lueurs s'éteignaient bientôt.

Elles s'éteignirent pour toujours. Il était entré dans la philosophie, et désormais il y resta. Il y plongea de tout son élan et de toute sa force. Pour les gens qui vivent en eux-mêmes, le scepticisme est insupportable; n'ayant rien d'extérieur où ils puissent se prendre, uniquement soutenus, occupés et animés par leurs croyances, ils sont contraints de croire ou de mourir. Celui-ci osa tout pour retrouver la vérité perdue; il entreprit de construire une philosophie seul, sans maître, avec toutes les précautions de la méthode et tous les scrupules du doute, sur un terrain obstrué, inconnu, périlleux, hérissé d'obstacles qu'il apercevait et qu'il comptait. M. Cousin avait examiné devant lui l'origine des idées et quelques points de psychologie : c'en fut assez; sorti de l'école, il se mit au travail, « dévoré de l'ardeur de la science, de la foi en lui-même, » jetant les livres, trouvant la psychologie à mesure qu'il l'enseignait. Il s'attacha à ce livre intérieur comme les puritains à la Bible. Il y lut avec la pénétration et l'obstination qui font les inventeurs et les fanatiques. Il s'y enfonça avec l'enthousiasme de la jeunesse et la violence de la passion. « C'étaient des journées, des nuits entières de méditations dans ma chambre ; c'était une concentration d'attention si exclusive et si prolongée sur les faits intérieurs, où je cherchais la solution des questions, que je perdais tout sentiment des choses du dehors, et que, quand j'y rentrais pour boire et manger, il me semblait que je sortais du monde des réalités et passais dans celui des illusions et des fantômes. » Personne n'est plus capable de passion que les hommes intérieurs ; on l'a bien vu chez les puritains d'Angleterre. Pour nous arracher aux distractions du dehors et aux intérêts sensibles, il faut des idées enflammées et dévorantes ; la force des résistances qu'elles surmontent mesure la force d'obsession qu'elles possèdent ; d'un homme elles font un moine ; et quand volontairement un laïque aujourd'hui se fait moine, c'est qu'il le veut de tout son cœur. Professeur, destitué, sain, malade, dans les montagnes du Dauphiné, dans sa petite chambre de la rue du Four, M. Jouffroy s'acharna à ses recherches ; peu importait le pays, le rang, la santé, à celui que poursuivait et remplissait une idée fixe et unique ; tous les accidents de la scène et de la décoration extérieure glissaient sur lui sans le pénétrer. Il était si possédé de sa passion, qu'il l'apercevait en tout le monde et l'imposait au genre humain ; le fond de l'homme, à ses yeux, est la connaissance de la vérité morale. « Il veut savoir le mot de toutes les énigmes qu'on se pose sur le tombeau de ceux qui ne sont plus, et qui reviennent si souvent dans le cours de la vie, à l'heure de la douleur, de l'injustice, de la maladie, en présence de la nature, dans l'obscurité des nuits sans sommeil, et jusque dans les rêves. Il veut le savoir parce qu'il n'y a point pour lui de repos autrement. »

Ce savoir, il le tira de lui seul. Les esprits concentrés sont aussi insensibles à l'opinion des autres qu'aux objets extérieurs ; ils vivent en dehors du monde social comme en dehors du monde physique ; ni les hommes ni les choses n'ont prise sur eux. Ils inventent tout ce qu'ils pensent, et ils créent tout ce qu'ils sont ; ils sont originaux comme le vulgaire est imitateur, par nature ; ils aiment l'indépendance comme le vulgaire aime l'autorité, par instinct. Ils marchent mieux et plus volontiers seuls qu'avec le bras d'autrui. « Je perdis le goût d'aller chercher et emprunter ailleurs ce que je pouvais trouver et acquérir par moi-même. Les livres, les cours ne me furent plus rien. Si j'ouvrais les philosophes, si je continuais d'assister le plus souvent que je pouvais aux leçons de M. Cousin, c'était plutôt pour apprendre où en étaient les questions que pour en obtenir la solution. Ce que je lisais, ce que j'entendais de philosophie, n'avait d'autre effet que de me donner matière à penser, à chercher. J'en vins même à me convaincre que je ne comprenais véritablement que ce que j'avais trouvé moi-même ; je perdis toute foi à l'instruction transmise ; et dès lors je n'ai point changé d'opinion. Je n'ai rien su que ce que j'ai trouvé, et quand il m'est entré dans la tête des opinions qui étaient aussi celles des autres, c'est que mes recherches comme les leurs y avaient abouti. » Un peu plus tard, traitant des signes, il ne voulut ouvrir aucun des ouvrages de ses prédécesseurs, et expliqua son étrange refus comme Descartes : « Notre première raison, c'est que les idées qu'ils nous suggéreraient gêneraient la liberté de notre esprit qui aime à se conduire à sa façon, et dépouilleraient pour lui cette recherche de son plus grand charme, qui est dans la recherche même plutôt que dans le résultat qu'elle peut donner à la science ; la seconde, c'est que les idées d'autrui, quand nous n'avons pas d'a-

bord exploré nous-même la matière à laquelle elles se rapportent, n'ont pour nous qu'un sens vague, et nous troublent plutôt qu'elles ne nous éclairent[1]. »
Cette habitude et ce goût sont le signe du véritable philosophe. Celui-ci, qu'on appelle disciple, fut bien plus inventeur que son maître. Comme un phare coloré et commode qui tour à tour reçoit cinq ou six lumières et en transmet au loin la splendeur, M. Cousin, portant en lui tour à tour Maine de Biran, Royer-Collard, Platon, Plotin, Schelling, Descartes et Leibnitz, a fait briller au loin sur l'horizon philosophique leurs rayons un peu déviés et un peu déteints. M. Jouffroy a lui-même allumé son flambeau solitaire. Il n'est point allé emprunter une lampe oubliée dans la nécropole philosophique où dorment les systèmes ensevelis, veillés par le poudreux cortége des historiens et des antiquaires. Il n'était jamais entré dans ces froides galeries; il n'avait jamais porté la main sur ces reliques illustres; c'est parce qu'il les a laissées intactes qu'il mérite une place à leurs côtés.

Cette disposition à vivre seul et en soi-même produit la tristesse. Presque tous nos moments de gaieté nous viennent du contact changeant de nos semblables, ou du spectacle changeant de la nature On se dissipe, on s'occupe, on oublie, on rit : bon-

---

1. *Nouveaux mélanges*, p. 365.

heur léger et passager qu'il faut prendre ou perdre, sans beaucoup le regretter ni l'attendre, et sur lequel il ne faut pas réfléchir. L'homme réfléchi le trouve misérable, et, comme il n'y en a pas d'autre, il juge que la joie n'est pas. Bien plus, apercevant les choses par des vues générales, il découvre en l'homme cent mille misères que le vulgaire n'aperçoit pas : l'immensité de notre ignorance, l'incertitude de notre science, la brièveté de notre vie, la lenteur de notre progrès, l'impuissance de notre force, le ridicule de nos passions, l'hypocrisie de notre vertu, les injustices de notre société, les douleurs sans nombre de notre histoire. Il lui semble, non sans raison, que la vie est un mal, et s'il ne tombe pas dans la misanthropie méchante de Swift, il n'a de refuge que la gaieté douloureuse de Candide, ou la quiétude mathématique de Spinoza : refuge inutile, qui laisse la blessure aussi cuisante. M. Jouffroy crut en trouver un autre ; il y languit, blessé aussi, peut-être plus blessé que personne. Les conversions complètes, quand elles se font tard, laissent l'âme à jamais malade ; à vingt ans on est déjà trop vieux pour devenir philosophe; celui qui quitte sa religion doit la quitter de bonne heure ; après ce moment, on ne peut plus la déraciner sans ébranler tout le sol. Chez M. Jouffroy, cet ébranlement dura. Comme Hamlet, il souffrit trop de ses premières et chères illusions entièrement et subitement flétries. La révolution qu'il avait soufferte subsistait en lui par des retentissements si forts qu'il y voyait l'explication de tout le présent et la prédiction de tout l'avenir[1]. A son avis, l'instabilité des gouvernements contemporains, l'impatience des peuples modernes, la fragilité de toutes nos charpentes sociales et de toutes nos machines politiques, n'ont d'autre cause que la chute du christianisme et l'attente d'une religion nouvelle. Ailleurs, comparant les différentes poésies, il n'en trouve qu'une digne de ce nom, la poésie lyrique, parce qu'elle seule exprime les grandes et intimes douleurs de l'âme. Un critique a remarqué qu'involontairement sous sa plume le mot *mélancolique* revenait sans cesse. Il achevait son cours d'esthétique par l'aveu du même sentiment : « A la vue d'un arbre sur la montagne battu par les vents, nous ne pouvons pas rester insensibles : ce spectacle nous rappelle l'homme, les douleurs de sa condition, une foule d'idées tristes[2]. » A vous, peut-être ; mais combien d'hommes n'y verront rien de semblable, et combien d'artistes n'y verront qu'un sujet de tableau ! — Poursuivi par une douleur fixe, il l'épanchait jusque dans une distribution de prix. L'endroit et la circonstance demandaient un lieu commun officiel et banal ; il parla d'un ton passionné

---

1. *Cours de droit naturel*. Du scepticisme actuel, p. 173.
2. *Esthétique*, p. 322.

et sincère. Devant des parents et des fonctionnaires, il osa dire, en style de poëte : « Le sommet de la vie vous en dérobe le déclin ; de ses deux pentes, vous n'en connaissez qu'une, celle que vous montez. Elle est riante, elle est belle, elle est parfumée comme le printemps. Il ne vous est pas donné, comme à nous, de contempler l'autre avec ses aspects mélancoliques, le pâle soleil qui l'éclaire, et le rivage glacé qui la termine. Si nous avons le front triste, c'est que nous la voyons. » Il n'acheva pas de la descendre. Bientôt on ne l'entendit plus qu'à de rares intervalles. Il faisait une leçon, puis s'arrêtait. La consomption physique vint aider l'autre. Une interpellation de tribune l'acheva. Il mourut à quarante-six ans.

II

Ce caractère et ces événements conduisirent son esprit et déterminèrent ses idées. Ayant quitté la religion parce qu'elle manque de preuves, son premier besoin en philosophie fut la certitude. Pour toute garantie, il trouvait la méthode ; avec sa passion ordinaire, il embrassa la méthode et ne la quitta plus.

Son premier soin, en abordant une recherche,

était de la diviser en plusieurs recherches. Puis il examinait comment celles-ci dépendent les unes des autres, laquelle est supposée par les autres et n'en suppose aucune autre. Ayant marqué leur ordre, il montrait leurs subdivisions, puis les questions que chacune d'elles engendre, puis les réponses qu'on y a faites, puis les conséquences de ces réponses. Cela faisait une sorte de « carte et de plan de campagne [1] » très-détaillé, très-compliqué, sur lequel il retenait bon gré mal gré les auditeurs. Il ne quittait leur main qu'après les avoir orientés dans ce labyrinthe, munis de classifications, de définitions, d'explications, éclairés sur la route à suivre, mis en état de guider leur guide, remplis de défiance pour eux-mêmes, d'espoir en la vérité et de confiance en la méthode. Alors seulement il se mettait en marche, aussi attentif dans le voyage que pendant les préparatifs. Ses raisonnements font plaisir à voir, tant le réseau en est serré, solide, soigneusement disposé pour ne laisser aucune issue à la vérité fuyante. On le juge aussi soigneux dans ses fautes que dans ses réussites ; lorsqu'il se trompe, il est exempt de reproche ; il a employé toute sa force ; ce sont les circonstances ou quelque invincible illusion philosophique qui l'ont perdu. Je ne connais guère de lecture

---

1. Préface du *Cours d'esthétique*, p. 8. — *Cours de droit naturel*, première leçon. — *De l'organisation des sciences philosophiques*.

plus attachante que le *Cours de droit naturel*. Les réfutations, principalement, sont admirables ; il est impossible de mieux posséder son sujet, de pénétrer plus complétement le fort et le faible des systèmes, de mettre plus exactement et plus visiblement le doigt sur l'origine des sophismes, de démêler et de corriger plus sûrement les déviations par lesquelles une doctrine vraie fléchit et va se perdre dans l'erreur. On prend courage, et on estime la raison humaine, quand on la voit si assidûment victorieuse, si assurée dans sa démarche, capable de surmonter tant de si grands obstacles, pourvue de tant de finesse, de rectitude, de solidité et d'attention. Ces sortes de livres font honneur à l'homme ; et si le *Cours de droit naturel* était écrit en style exact, on pourrait le lire à côté des *Provinciales* de Pascal.

L'amour du vrai avec la force de prouver donne le courage d'être sincère. Il y a des philosophes qui croiraient se discréditer en avouant que leur science a des obscurités et que leur vue a des bornes ; ils auraient honte de fléchir sous un doute, ou de rester courts devant une objection ; ils goûtent l'admiration aussi vivement que les coquettes ; pour la garder entière, ils simulent des explications, comme elles achètent de fausses dents. Autour de M. Jouffroy, on écrasait le scepticisme, sans laisser dans le monstre la moindre partie saine ; M. Jouffroy, quoique philosophe officiel, osait dire que sa tête

est invulnérable, et bien au-dessus de nos coups[1].
« Je ne comprends pas que, prenant le scepticisme
corps à corps, on prétende démontrer que l'intelligence humaine voit réellement les choses telles
qu'elles sont. Comment ne s'aperçoit-on pas que
cette prétention n'est autre chose que celle de démontrer l'intelligence humaine par l'intelligence
humaine? ce qui a été, ce qui est et ce qui sera éternellement impossible. Nous croyons le scepticisme
à jamais invincible, parce que nous regardons le
scepticisme comme le dernier mot de la raison sur
elle-même. » Ses amis m'ont raconté qu'une fois,
ayant entrepris de prouver la spiritualité de l'âme,
il passa involontairement trois mois à décrire les
nerfs, le cerveau, les effets moraux des blessures et
des contusions cérébrales, à décomposer les actions
de l'esprit, à comparer les deux ordres de faits, et
qu'enfin, obligé de conclure, il déclara que la science
n'était pas assez avancée et qu'on ne pouvait rien
dire. D'autres aussi avaient douté d'abord ; une fois
dans les hautes places ils quittaient le doute, et
croyaient de par leur habit brodé. M. Jouffroy fit
mieux. Avec une modestie très-fière peut-être[2], il
déclara qu'il n'entendait point la théorie de Spinoza
sur la liberté, et qu'après une étude attentive, il ne
pouvait expliquer la liaison de sa métaphysique et

1. *Mélanges*, p. 219. — *Cours de droit naturel*, etc.
2. *Cours de droit naturel*, p. 184, 199, 209.

de sa morale. Beaucoup de gens qui ont réfuté l'*É-thique* auraient bien fait de l'imiter. Quant aux excursions allemandes, aux importations de Schelling, à la fabrication de l'absolu, de l'ontologie et de la raison impersonnelle, il ne s'y fiait guère. Appuyé sur ses chers Écossais, surtout sur lui-même, il essayait de fonder la science, et laissait son rival installé sur le trône amasser des nuages et emprunter des rayons.

Il s'est trompé pourtant, et plus d'une fois. Quelque effort que fasse un homme, il ne peut parcourir qu'un certain espace ; si les circonstances l'ont déposé à l'entrée de la carrière, il n'atteint que la première borne ; pour qu'il touche le terme, il faut que d'elles-mêmes elles l'aient porté jusqu'au milieu. M. Jouffroy à vingt ans était encore chrétien ; il dépensa toute sa force à établir le système qu'on construit en sortant du christianisme, celui du *Vicaire savoyard*. Sur vingt hommes qui pensent, il y en a dix-neuf qui, en quittant leur religion d'enfance, tombent dans cette philosophie ; elle n'est qu'un christianisme tempéré et amoindri ; c'est pourquoi elle devait être la philosophie de M. Jouffroy. Il avait beau retenir son cœur, il y était mené de force ; s'il empruntait à sa méthode et à ses preuves des raisons de croire, sa croyance venait de ses souvenirs et de ses aspirations. Aujourd'hui, cette source est visible ; on la découvre[1] dans le choix et dans l'énoncé des questions par lesquelles il débutait et qu'il embrassait de toute son âme : à la manière dont elles sont posées, on s'aperçoit qu'elles sont résolues d'avance. Involontairement il faisait comme Descartes : il s'attachait aux pieds, comme des entraves, la méthode et les règles philosophiques ; mais il tenait ses yeux fixés sur un but unique, et n'allait que là. En vérité, nous sommes encore au moyen âge ; nous imitons saint Anselme, avec un peu moins de timidité et un peu plus d'indépendance ; nous ne cherchons comme lui qu'à prouver un dogme préconçu. Les *Méditations*, le *Vicaire savoyard*, et les *Théodicées* modernes, ne font que traduire pour un autre siècle et dans un autre style le *Monologium* et le *Proslogium* du vieil archevêque. La philosophie est toujours la fille de la religion, fille indisciplinée, qui parfois bat sa mère, mais qui finit par la servir.

Déjà arrêté par les circonstances, il était encore gêné par un défaut. Son esprit, quoique profond, perçant et sensé, n'était point complet. Il ignorait l'analyse. Comme M. de Biran, comme M. Cousin, comme tous les philosophes du siècle, il se tenait continuellement guindé dans le style abstrait et vague. Il n'aimait pas les exemples par-

---

1. *Nouveaux mélanges*, p. 144.

ticuliers, les cas précis, les petits faits distincts. S'il savait en théorie que nous en tirons nos idées générales, il l'oubliait en pratique. Il ne réduisait point les grands mots métaphysiques aux expressions simples et familières qui les éclaircissent, les rendent palpables et permettent à l'esprit d'en démêler la vérité ou l'erreur. D'ailleurs, par métier peut-être, il y répugnait. L'habitude de professer donne une attitude solennelle, et rien de plus solennel que les termes abstraits. M. Jouffroy avait trop de gravité dans le style; à force d'être digne, il devenait monotone. Cette emphase et ces abstractions l'empêchaient d'atteindre l'expression exacte. Il pensait avec précision et ne pouvait rendre avec précision sa pensée. « Je souffre, disait-il, toutes les fois que je suis obligé de traduire en paroles des phénomènes intérieurs ; les expressions de la langue suggèrent à l'esprit des images qui ressemblent si peu aux phénomènes que sent la conscience, que de telles descriptions font toujours pitié à ceux qui les donnent[1]. » Les grands romanciers donnent des descriptions aussi difficiles que celles des psychologues, et néanmoins très-claires; c'est qu'ils les composent de petits faits[2]. Mais comment voulez-vous qu'on aperçoive

1. *Cours de droit naturel*, p. 92. Lire, par exemple, la deuxième et la troisième leçon, et en regard, Beyle, *Lettres*, tome II, p. 81.
2. Tous les romans de Beyle, entre autres *Le Rouge et le Noir*.

l'être vivant et ses actions sous cette carapace de barbarismes hérissés et soudés? « Il y a ce rapport
« entre ce qui est nous et ce qui se passe en nous,
« que ce qui se passe en nous ne subsiste que par
« nous, tandis que nous pourrions subsister sans
« lui. A ces propriétés opposées, nous reconnaissons
« dans l'élément variable du monde interne le ca-
« ractère de phénoménalité, et dans l'élément in-
« variable le caractère de réalité[1]. » Gorgibus dirait
que c'est là du haut style. Et que dirait-il de ceci?
« Si la sensibilité avait le pouvoir comme elle a
« le désir, il ne lui resterait plus qu'à les satisfaire
« l'un par l'autre. Mais en nous l'accomplissement
« n'appartient pas à la sensibilité; il est entre les
« mains de la volonté[2]. » Fallait-il ce ton magistral
et cet appareil psychologique pour nous apprendre cette chose si simple, que pour agir il ne
suffit pas de désirer, il faut encore vouloir? Le
célèbre morceau *sur le pouvoir personnel* ne renferme pas *un seul fait*; c'est un tissu de considérations générales, de métaphores, d'abstractions
qui agissent et finissent par devenir des êtres et
des personnes. On y voit des capacités, des facultés, des propriétés, un pouvoir gouvernemental,
des pouvoirs exécutifs, une sensibilité, une activité locomotrice, et jamais d'événements observés,

1. *Mélanges*, p. 257.
2. *Ibid.*, p. 144.

ni observables. On y lit l'histoire d'une circonstance mal déterminée, désignée par une métaphore poétique, et nommée *empire de soi, possession de soi*, et on n'y lit rien autre chose. Est-il étonnant que l'écrivain ne reconnût pas le monde intérieur dans le tableau qu'il en faisait, lorsqu'il relisait cette phrase : « Nos facultés sont tout à
« fait sous l'impulsion des mobiles ou tendances
« de notre nature, qui réclament certains objets,
« aspirent à certaines fins, poussent nos facultés
« dans la direction qu'elles veulent, sans que nous
« intervenions, nous, pour empêcher cette direction
« ou la rectifier[1]. » Qu'entend-on par des *facultés qui veulent ?* qu'est-ce qu'une *faculté poussée par une tendance ?* Quel est ce *nous* qui intervient en nous-mêmes, et qui est distinct des tendances et des facultés? Comment peindre le monde intérieur, qui est composé de faits, en évitant de marquer les faits? Qui le découvre à travers ces expressions si générales, tirées péniblement des faits par tant d'intermédiaires? Qui peut remonter d'un coup d'œil la chaîne des opérations qui les ont formées? Qui surtout la remontera à travers tant d'anneaux brisés, de fautes de langue, de termes impropres ou obscurs? Priez un grammairien d'examiner ces mots : *Faits moraux de la nature*

1. *Cours de droit naturel*, p. 74. Tout le reste est du même style

humaine, capacité sensible, personnalité qui ne gouverne plus, pouvoir qui garde la vertu de faire; il n'y trouvera que des monstres. Prises à la lettre, ces expressions sont des monceaux de contradictions et de non-sens. Parfois même l'absurdité pénètre, par contagion, des mots jusqu'à l'idée : « Les capacités de l'arbre ne lui appartiennent pas, et ce qu'elles produisent ne saurait lui être attribué[1]. » Est-il possible qu'un homme ait écrit cette phrase? Et surtout, est-il possible que cet homme soit M. Jouffroy? — Ces fautes découvrent une dernière habitude de son esprit, et achèvent son portrait. Il n'était point de ceux qui marchent droit au but, d'un élan géométrique ou inflexible, pour s'asseoir du premier coup dans la formule unique et dans l'expression définitive. Il s'attardait en chemin, il tentait diverses voies, il jetait vingt fois les yeux autour de lui, il n'avançait que par zigzags. Il distinguait, il divisait, il expliquait, il avertissait, il se précautionnait sans cesse. Son *Cours de droit naturel* contient deux volumes et demi de réfutations et de préambules. Son *Esthétique*, avant de définir le beau, dépense un demi-volume sur des beautés qui ne sont pas la vraie beauté, et n'en omet pas une seule. Son *Mémoire sur l'organisation de la philosophie*, sa préface des

---

1. *Mélanges*, p. 316.

œuvres de Reid, son écrit sur la *distinction de la physiologie et de la psychologie*, exposent à l'infini, avec une multitude d'accessoires et de dépendances, des idées qui eussent été au large en cinquante pages. Il en dit tant qu'on n'est jamais tenté de le relire. C'est un esprit touffu, que ses ramifications trop nombreuses ont empêché de pousser assez droit et assez haut.

Il n'en reste pas moins parmi les maîtres : et lorsqu'on considère sa puissance d'investigation et de raisonnement, l'étendue et la liaison de ses idées, la prudence et la hardiesse de ses tentatives, et surtout l'originalité de ses vues, on juge que parmi les maîtres son rang n'est pas le dernier. Il a inventé, et cela suffit. Dans toutes les autres sciences, le savant continue l'œuvre de ses prédécesseurs ; en philosophie, il crée tout lui-même. Qu'il échoue ou qu'il réussisse, il a soulevé toute la science, et il a prouvé souvent plus de génie que le physicien le plus adroit et le plus heureux. Pour employer les images de M. Jouffroy, je dirai que cette différence entre les esprits d'un siècle est comme la différence des arbres dans une forêt. Les uns, plantés au sommet des collines, sont exhaussés par le sol ; tout l'hiver, ils chauffent les habitants de leurs débris ; tout l'été, ils sont peuplés d'oiseaux ; seuls, on les voit de loin ; seuls, il sont vivants et utiles. Descendez dans les profondes vallées, dans les longues fondrières obscures, où le limon déposé par les eaux nourrit des futaies antiques : les superbes chênes montent vers le ciel d'un élan inflexible, et leur colonne grise descend droit jusqu'aux entrailles du sol, comme enfoncée par la main d'un géant. Nul mouvement, nul bruit ; les agitations des sommets n'arrivent point jusqu'à la terre. On marche silencieusement sur un tapis de feuilles flétries ; le sol est nu ; à peine de loin en loin on distingue quelque euphorbe maladif, quelque broussaille rampante. Les hêtres colossaux laissent tomber leurs branches en étages ; les nappes de rayons descendent en cascades sur leurs feuilles luisantes, et l'on voit onduler sur la mousse la forme incertaine des feuillages qui se balancent lentemen dans les hauteurs. Regardez de près : ces dominateurs du sol sont tous blessés à la base ; le mal a rongé leurs pieds ; l'eau s'infiltre à travers leur écorce. Les uns vont mourir ; les autres meurent. Inutiles, condamnés, inconnus dans leur gorge, abaissés au-dessous de la joyeuse végétation des collines, ils n'en forment pas moins un monde ; et quand de vos bras étendus vous en mesurez quelqu'un, fût-ce le plus malade, vous trouvez que leurs florissants rivaux sont petits.

CHAPITRE X.

M. JOUFFROY PSYCHOLOGUE.

I

M. Jouffroy dit quelque part et prouve partout « qu'il avait à un assez haut degré le sens psychologique, et une grande inclination pour la science des faits intérieurs [1]. » Rien de plus naturel que ce goût dans un homme intérieur. Habitué à vivre en lui-même, les événements qui l'intéressent sont les événements de son âme ; les révolutions qui le frappent sont les variations de sa pensée ; les mécanismes qui l'amusent sont les contre-coups de ses passions. Si la philosophie de l'âme est antique

---

1. *Nouveaux mélanges*, p. 132.

en Angleterre, si la littérature y a choisi pour objet l'histoire du cœur, la cause en est dans le caractère réfléchi et concentré de la nation.

Une autre force le poussait dans cette voie. Logicien sévère, par nécessité et pour sortir du doute, il trouvait, en cherchant les dépendances mutuelles des questions philosophiques, qu'elles dépendent toutes de la psychologie, et que pour définir le beau, le bien, le vrai, pour conjecturer la cause, l'avenir, le passé, les devoirs et les espérances de l'homme, il faut d'abord observer l'homme. Il ramena ainsi toute la philosophie à la psychologie Une fois enfermé dans cette enceinte, il ne voulut plus en sortir. Il laissa M. Cousin naviguer dans la métaphysique, refusa de spéculer sur la nature de l'univers, sur la création, sur l'essence de Dieu, n'admit point que la philosophie fût une science universelle, chargée de découvrir le système du monde. M. Cousin, à ce moment, entendait la philosophie à la façon des Allemands et la présentait comme une sorte d'architecte, ayant pour maçons les autres sciences, et occupée à construire un édifice unique avec les pierres qu'elles lui taillent. M. Jouffroy entendit toujours la philosophie à la manière anglaise, et la présenta comme une science particulière, opposée aux sciences physiques, ayant pour objet non le tout, mais un fragment du tout, et restreinte aux phénomènes moraux et spirituels, comme les sciences physiques sont restreintes aux phénomènes sensibles et matériels.

Son caractère, qui l'avait poussé et enfermé dans la psychologie, l'y guida. Le mal, le bien, le vrai, le faux, les découvertes, les erreurs, tout vient chez lui de la même source, et dans l'homme que nous avons décrit, on pouvait prévoir le philosophe que nous décrivons.

Il s'appliqua en premier lieu « à organiser » la psychologie. Passionné pour la méthode, parce qu'il était passionné pour la vérité, il employa la meilleure partie de ses meilleurs écrits à marquer les préliminaires de la science, à définir son objet, à marquer ses divisions, à indiquer ses conséquences, à reconnaître son instrument, à mesurer sa certitude. Il restait toujours à la porte, et semblait ne pas vouloir entrer. Il souffrait les reproches des gens pressés qui le blâmaient « de ne point sortir des questions de méthode, et de ne jamais arriver à la science elle-même [1]. » Il s'en embarrassait peu, croyant qu'après deux mille ans de disputes, cette lenteur est le seul moyen d'établir quelque vérité fixe. « Quand bien même quelques vies de philosophes se consumeraient à ce travail, ce ne serait pas trop, et il ne faudrait pas les regretter, si ce but était atteint. » C'est qu'à son avis, toute espé-

---

1. Préface de la trad. de Reid, p. 217.

rance reposait désormais sur les progrès de la psychologie. Selon lui, Reid et Stewart, pour la première fois, avaient fait d'elle une science indépendante, importante en elle-même, digne d'étude non seulement pour les découvertes qu'elle prépare, mais encore pour les vérités qu'elle contient. Avant eux, on l'avait étudiée en accessoire, la consultant par occasion, par intérêt, en vue d'un objet étranger, pour y chercher les preuves d'une opinion logique ou métaphysique, légèrement, irrégulièrement, sans préparation, sans découvertes, sans attention et sans fruit. Elle avait été maltraitée comme toutes les servantes. Dorénavant les psychologues, n'ayant pas l'esprit prévenu par des questions préconçues, cesseraient de mutiler ou défigurer les faits, et en donneraient des descriptions complètes et exactes. On pouvait donc reprendre avec confiance les recherches et les expériences. Les Écossais avaient trouvé la cause du mal et le moyen de guérison.

'Ayant montré que la psychologie est utile, il voulut prouver qu'elle est possible [1], et mit dans cette preuve une abondance d'explications, une rigueur de raisonnement, un entraînement de passion et une force de conviction, qui renversèrent toute résistance et parurent lever toute difficulté. Il fit

---

1. Préface de sa traduction de Dugald Stewart.

voir à tout le monde que nous avons connaissance de nos sensations, de nos idées, de nos plaisirs, de nos peines, de nos désirs, de nos résolutions; que cette connaissance est perpétuelle; qu'elle est commune à tous les hommes; que ni les yeux, ni les oreilles, ni les mains, ni aucun sens n'y a part; que néanmoins elle est indubitable, et que, lorsque nous mangeons une pêche, nous ne sommes pas plus assurés de la présence de la pêche que de la présence de notre plaisir. Il y a donc des faits intérieurs et non sensibles aussi réels que des faits extérieurs et sensibles. Il y a donc une observation intérieure de conscience aussi véridique que l'observation extérieure des sens. Il y a donc dans la science de l'âme un objet et un instrument comme dans la science des corps.

Cet instrument, manié maladroitement par le vulgaire, peut être manié adroitement par des hommes spéciaux. L'observation intérieure, comme l'observation extérieure, n'embrasse d'abord que des masses, et n'atteint que tardivement et péniblement les détails. L'homme ordinaire, apercevant un lis, ne voit qu'une grande fleur blanche dont le calice évasé contient des fils jaunâtres; le botaniste distingue la corolle, les six pétales, l'ovaire, le style, le stigmate, les étamines, les anthères, le pollen, les divers changements et les divers rapports de toutes ces parties depuis leur naissance jusqu'à leur mort. L'homme ordinaire, apercevant un objet beau, remarquera en lui-même une sensation de plaisir, et rien de plus ; le psychologue démêlera que ce plaisir est désintéressé, qu'il est produit par la sympathie, qu'il a pour cause la notion d'une force invisible [1], qu'en cette force nous nous reconnaissons nous-mêmes ; que la matière n'est qu'un symbole ou moyen d'expression ; que notre plaisir est augmenté par la nouveauté de l'objet, ou par son ancienneté, ou par les idées associées. L'observation de conscience, comme l'observation sensible, peut donc, en se perfectionnant, distinguer plusieurs objets là où elle n'en remarquait qu'un seul, changer les notions vagues en notions précises, les notions incomplètes en notions complètes, les notions fausses en notions exactes. La science de l'âme, comme la science des corps, est donc capable de progrès.

Comme la science des corps, elle est capable de lois Car, de même que dans l'enfance des sciences physiques les hommes savaient quelques règles des phénomènes physiques, de même, dans cette enfance des sciences morales, nous savons quelques règles des phénomènes moraux. Ils savaient que la chaleur fond le plomb, et qu'une pierre abandonnée à elle-même tombe vers la terre ; nous

---

[1]. *Esthétique.* Théorie de M. Jouffroy.

savons que toute résolution est précédée par la vue d'un motif, que tout souvenir est précédé et suscité par une idée associée, que l'attention rend le souvenir plus sûr et plus prompt. Les événements intérieurs ont donc leurs lois, comme les événements extérieurs, et, puisque le progrès de l'observation a découvert de nouvelles lois dans le monde physique, le progrès de l'observation doit découvrir de nouvelles lois dans le monde moral.

En dernier lieu, il est certain que ces observations et ces lois pourront être comprises, vérifiées et acceptées; car déjà, tous les jours, les hommes se comprennent lorsqu'ils se parlent entre eux de leurs espérances, de leurs craintes, de leurs émotions, de leurs idées, toutes choses intérieures et invisibles. De plus, nous entendons et nous vérifions les descriptions minutieuses que les grands écrivains nous font des sentiments les plus compliqués et les plus particuliers. Donc, dans la psychologie comme dans la chimie, en décrivant les caractères des faits et leurs circonstances, les observateurs pourront s'entendre, s'instruire et se contrôler.

Ainsi la psychologie est utile. Elle a un objet réel. Elle a un instrument véridique. Elle est capable de progrès. Elle peut découvrir des lois. Elle peut transmettre et contrôler des découvertes. Toutes ces vérités ont été mises par M. Jouffroy dans une lumière éclatante. Elles attestent que la psychologie peut être une science. Après les Écossais, après Condillac, c'est leur démonstrateur qui l'a fondée.

Ce n'est pas assez d'ouvrir une porte; il faut franchir le seuil et marcher. M. Jouffroy a marché; ses auditeurs parlent encore avec admiration de ses analyses. De cette belle anatomie, il ne reste que des pages éparses, une leçon sur la sympathie, les préliminaires du *Cours de droit naturel*, surtout le *Cours d'esthétique*. Ce dernier cours, noté au vol et rédigé par un esprit précis [1], surpasse de beaucoup tous les autres. Les longueurs et les abstractions de M. Jouffroy ont disparu. Le style, vraiment digne de la science, est celui d'un mémoire de physiologie. Nulle solennité, nulle emphase. D'ailleurs le lieu et l'auditoire y aidaient; M. Jouffroy causait dans une chambre, devant vingt personnes, presque tous gens d'esprit. Les gens d'esprit méprisent les ornements; il faut parler devant eux non comme un livre, mais comme un homme, c'est-à-dire être exact, trouver des idées, noter des faits, ne pas se croire à la Sorbonne, devant un public de jeunes enthousiastes et de vieux badauds. Ici, les descriptions sont faites avec une justesse et un scrupule admirables. M. Jouffroy classe tous les

---

[1]. M. Delorme.

genres de plaisir désintéressé, les distinguant selon qu'ils sont produits par « l'association des idées, la nouveauté, l'habitude, l'expression, l'idéal, l'invisible[1], » par la présence de l'unité et de la variété, par la vue d'un rapport d'ordre et de convenance, par la sympathie; il montre les règles, les dépendances, les variations, les ressemblances, les différences de ces plaisirs, avec une abondance, un détail, une netteté, un soin que je n'ai vus dans aucun livre. Comparés à celui-ci, les écrits écossais et français sur le beau paraissent misérables. Pour tout dire en un mot, il est le seul qu'on puisse lire après l'*Esthétique* de Hégel. Nulle part M. Jouffroy n'a mieux montré son genre de talent, l'invention circonspecte et féconde, la floraison innombrable d'idées ramifiées et entre-croisées qui s'épanouissent en tremblant, prêtes à se replier et à se fermer au moindre orage. Nulle part il n'a touché de plus près la vérité. Pour l'y faire entrer, il suffirait presque de supprimer sa mauvaise métaphysique, de traduire ses formules, de les réduire par l'analyse. Il n'y aurait qu'une notation à changer. Cela fait, on fondrait aisément les idées de Hégel et les siennes, et on verrait qu'aux deux extrémités de la science la description anatomique de nos sentiments et la construction métaphysique

---

1. *Cours d'esthétique*, p. 244.

du monde s'accordent pour conclure que la beauté est un *développement apparent ou réel,* lequel, étant conçu par nous, passe en nous.

II

Comment donc se fait-il qu'après lui la psychologie soit morte, et que de son vivant même elle ait paru radoter et languir ? Il avait le défaut de son école. Manquant de précision, il ne savait point noter les faits. Ses cours sténographiés sont plus nets que ses livres écrits. Ses cours rédigés par d'autres sont plus nets que ses cours rédigés par lui-même. Supposez qu'un physiologiste chargé de décrire l'estomac s'amuse à raconter les différents états de la puissance digestive et des capacités motrices, sécrétives, innervatrices, au lieu de remarquer que l'organe est une poche en forme de cornemuse, formée par quatre tuniques, munie de trois sortes de glandes, aboutissant d'un côté au cardia et de l'autre au pylore, animée par des rameaux du nerf pneumogastrique et du plexus solaire; non-seulement il aura fait des barbarismes, mais il n'aura rien dit. On va voir que très-souvent M. Jouffroy ne dit rien d'utile; il embrassait le vague avec une grande force; et le nuage en vain pressé laissait à peine une goutte de mauvaise eau dans sa main.

Je prends une analyse célèbre par sa finesse, celle des sensations agréables et désagréables. C'est un fagot tout germanique de métaphores et d'abstractions.

La sensibilité étant agréablement affectée commence par s'épanouir, pour ainsi dire, sous la sensation ; elle se dilate et se met au large, comme pour absorber plus aisément, plus complétement l'action bienfaisante qu'elle éprouve. C'est le premier degré de son développement. Bientôt ce premier mouvement se détermine davantage, et prend une direction. La sensibilité se porte hors d'elle, et se répand vers la cause qui l'affecte agréablement : c'est le second degré. Enfin, à ce mouvement expansif, finit tôt ou tard par en succéder un troisième qui en est comme la suite et le complément ; non-seulement la sensibilité se porte vers l'objet, mais elle tend à le ramener à elle, à se l'assimiler, s'il est possible. Le mouvement précédent était purement expansif, celui-ci est attractif ; par le premier, la sensibilité allait à l'objet agréable ; par le second, elle y va encore, mais pour l'attirer et le rapporter à elle : c'est le troisième et dernier degré de son développement.

La sensibilité désagréablement affectée manifeste des mouvements d'une nature tout à fait contraire. Au lieu de s'épanouir, elle se resserre ; nous la sentons se contracter sous la douleur, comme nous la sentons se dilater sous le plaisir. La contraction est le premier mouvement qui suive la sensation pénible. Mais ce premier mouvement ne tarde pas à prendre un caractère plus décidé ; la sensibilité se resserre comme pour fermer passage à la douleur; elle fait plus, elle se détourne de la cause, elle la fuit, on la sent qui se replie en elle-même ; c'est la concentration opposée à l'expansion. Puis bientôt après et presque en même temps, à ce mouvement par lequel elle semble se dérober à l'objet désagréable, se mêle un troisième et dernier mouvement qui éloigne et qui repousse cet objet, et qui correspond en s'y opposant au mouvement attractif[1].

Les deux triades sont jolies, parallèles comme les deux branches d'une pincette, aussi ingénieuses que celles des philosophes alexandrins. Mais lisons-les en naturalistes, amateurs de faits; voici ce que nous répondrons :

« La sensibilité s'épanouit. » Nous n'entendons pas cela. Qu'est-ce que cette abstraction que M. Jouffroy traite comme une fleur? Cela ne me représente rien ; j'ai besoin de traduire. Sensibilité signifie, je crois, la capacité de sentir, le moi sensible. Remplaçons et voyons.

« Le moi sensible s'épanouit, se dilate, se met au large, puis se porte hors de soi et se répand vers l'objet qui l'affecte agréablement, puis enfin tend à ramener cet objet vers lui, à se l'assimiler, pour ainsi dire. » Je n'entends plus du tout. Il n'y a là qu'une image poétique. Cela est littéraire, non scientifique. Est-ce que le moi peut « se dilater, se

---

1. *Mélanges*, p. 263.

mettre au large, se répandre vers l'objet? » Autant vaudrait dire, avec les écrivains lyriques, que l'âme monte aux cieux, chevauche les nuages, pénètre au sein des rochers, se fond dans la nature. Plus tard vous avez « la sensibilité, qui se contracte, se concentre et repousse. » Toutes ces phrases ne me donnent que l'idée d'un muscle, d'un ressort élastique ou d'un morceau de caoutchouc.

Parfois les naturalistes lisent la description d'une plante dans un poëte scolastique; impossible de l'entendre. Ils prennent alors la plante, et, refaisant le travail, finissent par arriver au sens. Prenons les faits; en les décrivant de nouveau, nous déchiffrerons peut-être la description de M. Jouffroy.

Vous donnez un bon coup de dent dans une belle pêche rouge, sucrée, fondante; toutes les papilles de votre langue dressent leurs houppes nerveuses pour s'imprégner du suc exquis de la chair rose et juteuse, et vous avez une sensation de saveur. Voilà le point de départ. Vous considérez attentivement cette sensation délicieuse; momentanément les autres sensations s'effacent sous sa prépondérance; vous avez du plaisir à ne considérer qu'elle et à oublier le reste. En même temps, par contagion, surviennent diverses idées agréables : « Je n'ai jamais mangé une meilleure pêche; quel bon fruit que la pêche! certainement j'en mangerai encore une demain, etc. » — Ce branle donné, vous êtes disposé à voir les choses en beau : « Il y a de bons moments dans la vie, etc., etc. » — Le morceau avalé, vous repensez à la pêche et vous y repensez avec plaisir. Puis, par réflexion, vous songez à la prendre dans votre main, et, si vous l'avez dans votre main, à la porter une seconde fois dans votre bouche. Comptons : 1° sensation agréable ; 2° idées agréables à propos de la pêche, et disposition générale à n'avoir que des idées agréables ; 3° image agréable de la pêche conservée et image désagréable de la pêche détruite ; 4° idée qu'il faut posséder la pêche, et tendance à la prendre. Voilà les faits énumérés et désignés ; à présent nous pouvons essayer de comprendre et de juger.

J'imagine que, par épanouissement, M. Jouffroy entend cet agrément de la sensation proprement dite et de toutes les idées suggérées par elle. L'expression n'est pas nette. Premier défaut.

Dans les deux cas, sa métaphore supprime l'essence même de l'épanouissement et de la joie. Cette joie et cet épanouissement n'étant que la sensation et les idées en tant qu'agréables, il est aussi impossible d'omettre quand on les décrit, la sensation et les idées qu'il est impossible, quand on décrit les mouvements de l'estomac, de faire abstraction de l'estomac. Deuxième inexactitude.

Dire que la sensibilité se répand et se porte vers la pêche, c'est faire une métaphore fausse. C'est la connaissance qui, appliquée d'abord à la sensation, se porte ensuite vers la pêche, et la connaissance est une action de l'intelligence. L'expansion dont vous parlez n'est point une opération de la sensibilité, mais de l'entendement. Et dans l'entendement, ce n'est point une opération distincte et nouvelle, mais simplement le passage d'une idée à une autre ; ayant aperçu la sensation, nous apercevons la pêche qui est sa cause. Troisième erreur.

Point d'analyse plus fausse que celle du mouvement attractif. Dire que la sensibilité attire l'objet, c'est supprimer les trois quarts du phénomène. Ayant aperçu la pêche, nous concevons sa proximité, son éloignement, son rapprochement ; l'idée du rapprochement est agréable ; toute idée agréable tendant à se compléter et à devenir affirmative, nous tendons à effectuer ce rapprochement. La phrase vague de M. Jouffroy ne donne aucune idée de ce mécanisme. Elle exprime seulement que l'esprit s'étant porté vers la pêche revient avec elle vers lui-même. Pure métaphore, qui signifie qu'ayant conçu la pêche comme éloignée, nous la concevons ensuite comme rapprochée. Encore l'auteur fausse le fait, en l'attribuant à la sensibilité, quand il appartient à l'entendement. Il y a ici erreur, métaphore vague, description nulle. C'est un groupe de 'autes, et vous pouvez le considérer comme un résumé du morceau.

Triste résumé. Nous en aurons un plus triste en jugeant l'histoire de la volonté ou pouvoir personnel.

L'homme a non-seulement des capacités spéciales comme chaque chose en a, et par exemple, celle de penser, de se souvenir, de se mouvoir; mais, de plus, il gouverne ses capacités, c'est-à-dire qu'il les tient dans sa main et s'en sert comme il veut [1].

Ceci nous révèle que l'homme ressemble soit à un État où il y a un gouvernement et des sujets, soit à une machine en exercice où l'on distingue l'instrument qui est remué et la main qui remue. Nous sommes amusés par une comparaison littéraire ; mais de faits scientifiques, nous n'en apprenons pas un.

Le pouvoir qu'a l'homme de s'emparer de ses capacités naturelles et de les diriger, fait de lui une *personne*, et c'est parce que les choses n'exercent pas ce pouvoir en elles-mêmes qu'elles ne sont que des *choses*.... Certaines natures ont reçu, par-dessus les autres, le privilége de se saisir d'elles-mêmes et de se gouverner : celles-là sont des personnes. Les autres en ont été privées, en sorte qu'elles n'ont point de part à ce qui se fait en elles :

1. *Mélanges*, p. 315.

celles-là sont des choses, car c'est Dieu qui gouverne en elles. Il est la personne des choses, comme l'ouvrier est la personne de la montre.... Quoique la plante manifeste une foule d'effets qui dérivent des capacités de son organisation, ces capacités ne sont dans toute langue que des *propriétés* (et non des *facultés*), parce qu'il n'y a point en elle de pouvoir personnel qui s'approprie ces capacités et les gouverne. La nature règne dans la plante, et non point la plante elle-même. Elle est le théâtre, et non le principe des phénomènes qu'elle manifeste.

S'emparer de ses capacités, se saisir de soi-même, avoir part en ce qui se fait en soi, s'approprier ses capacités, autant de métaphores. Jamais de faits, partout des comparaisons. Bien plus et bien pis, voilà que la volonté en nous devient la personne, le moi lui-même, être et principe distinct, lequel est à nos facultés ce que Dieu est à l'univers, et ce que l'ouvrier est à la montre. Ceci peut s'appeler la métaphysique des métaphores ; des fautes de style font ici des fautes de science ; le langage faux produit la pensée fausse ; en comparant des qualités et des pouvoirs à des êtres, on les change en êtres ; l'expression pervertie pervertit la vérité.

Traduisons. Qu'est-ce qu'un homme maître de lui-même ? C'est un homme qui, mourant de soif, s'abstient d'avaler une carafe d'eau glacée et y trempe seulement ses lèvres ; qui, publiquement insulté, reste calme en calculant la plus utile vengeance ; qui, dans une bataille, les nerfs exaltés par une charge, conçoit une manœuvre compliquée, la sonde, l'écrit au crayon sous les balles et l'envoie à ses colonels. En d'autres termes, c'est un homme chez qui l'idée froide et abstraite du plus grand bien est plus forte que les autres idées et que les sensations elles-mêmes. Le plus grand bien étant conçu, toutes les répugnances, toutes les paresses, toutes les craintes, toutes les séductions, toutes les agitations se trouvent faibles. La tendance excitée par l'idée du plus grand bien l'emporte continuellement sur les autres, et détermine toutes les actions. Voilà des faits ; car les tendances et les idées sont des faits ou événements observables. Le lecteur voit que le pouvoir personnel n'est que la force prédominante d'une idée ; que bien loin d'être une chose distincte et une personne réelle, il n'est que la qualité périssable d'une idée périssable ; que si M. Jouffroy met en lui l'âme, le moi, la substance, c'est par abus du style littéraire ; que toutes les métaphores par lesquelles on l'exprime désignent simplement la prépondérance habituelle de la tendance qui le constitue. Quand les notations sont si inexactes, tout est à refaire. La science est comme si elle n'était pas [1].

1. L'histoire de la volonté est l'histoire de l'idée abstraite du plus grand bien. Pour la faire d'une manière utile, il faudrait chercher les causes qui fortifient cette idée, par exemple l'or-

III

Les suites du mal sont plus graves que le mal même; manquant de précision comme M. de Biran, M. Jouffroy est tombé dans la métaphysique de M. de Biran. L'ornière était inévitable ; accoutumé à considérer des généralités vagues comme des faits précis, il prenait les pouvoirs et les facultés pour des faits observables [1]. Naturellement il les transformait en êtres et dévouait la psychologie à l'étude de ces êtres imaginaires, au lieu de l'appliquer à l'analyse des faits. Exposons et discutons le raisonnement qui l'a perdu :

« Je cherche, dit-il, l'essentiel, la cause.

— Et nous aussi.

— L'essentiel, ce n'est pas telle idée, telle sensation, telle résolution, qui passera tout à l'heure, qui aurait pu ne pas être, qui ne s'est pas produite d'elle-même.

— Nous l'accordons.

— L'essentiel, c'est la cause ou vertu produc-

---

gueil (Anglais), le manque d'imagination (Hollandais), l'habitude du péril (Sauvages), la réflexion habituelle et intense, la vie solitaire, etc ; la volonté n'est qu'un effet.

1. *Mélanges*, p. 319. « *Ce fait* est la liberté, ou, si l'on aime mieux, le pouvoir personnel. »

trice et durable dont les faits particuliers et passagers sont les effets.

— Rien de plus vrai.

— Cette cause, c'est le moi et ses facultés. « Il y
« a dans le monde interne, il y a dans l'objet com-
« plexe saisi à chaque instant par la conscience,
« deux éléments distincts : l'un qui est nous, l'au-
« tre qui n'est pas nous ; l'élément qui est nous est
« simple dans chaque moment, identique à lui-
« même dans tous les moments, tandis que l'élé-
« ment qui n'est pas nous est multiple dans chaque
« cas et variable d'un moment à l'autre. » Ce second élément se compose de nos actions et de nos opérations. « Le moi ne se reconnaît pas dans les
« modifications inétendues et sans forme qu'il
« éprouve. » — « Le monde interne renferme
« donc une réalité simple et identique à elle-
« même, qui est nous, et qui subsiste et persiste
« par elle-même ; et, de plus, une phénoménalité
« multiple et changeante, qui dépend de la réalité
« d'où elle émane et qu'elle modifie [1]. »

— J'entends : vous croyez au bâton d'ambre de M. de Biran [2]. Il y a en nous un être solide, une substance, une chose distincte et durable : c'est le bâton d'ambre ; puis des idées, des sensations, des peines, des plaisirs : ce sont les petites plumes cadu-

1. *Mélanges*, p. 257, 260, 256.
2. Chapitre III.

ques et légères qui viennent s'attacher au bout du bâton. Mais continuez; cela deviendra plus clair.

— Nous apercevons directement et distinctement en nous la cause productive, chose distincte qui est nous. Mais nous savons qu'il en est partout de même, et que l'univers est composé de forces ou causes individuelles dont les phénomènes visibles sont les effets. « Les causes ne sont pas
« matérielles. Leurs actes sont nécessairement
« immatériels. » — La matière et ses qualités ne
« sont que des truchements qui leur servent à
« faire mutuellement connaissance. Les forces
« prennent la matière, la conforment et s'annon-
« cent en se peignant à la surface par leurs effets,
« se signifient et s'interprètent par les qualités
« qu'elles imposent à la matière. » Par exemple, la circulation du sang est produite par une cause.
« Mais est-elle l'acte même de cette cause? Évi-
« demment non. Elle n'est que le résultat matériel
« de cet acte, lequel nous échappe, parce qu'il
« s'accomplit dans le sein de la cause qui le pro-
« duit. » — « La véritable cause qui meut le cœur,
« l'estomac, les organes, est extérieure et supé-
« rieure à ces organes [1]. » Il y a donc un monde spirituel distinct du monde matériel, et dont nous apercevons un individu dans la cause qui est nous-

1. *Esthétique*, p. 132, 145. — *Nouveaux mélanges*, p. 233, 234, 239, 240, 255 256, 257, 260, 262, 266, 269, 273.

mêmes; tout l'effort de la psychologie est d'étudier cette cause, plus importante que ses effets.

— Nous pensons exactement le contraire, et nous ne croyons pas que l'âme soit distincte des idées, sensations et résolutions que nous remarquons en nous. Notre avis est que les idées, sensations et résolutions, sont des tranches ou portions interceptées et distinguées dans ce tout continu que nous appelons nous-mêmes, comme le seraient des portions de planche marquées et séparées à la craie dans une longue planche. Nous ne disons point pour cela que le moi soit la collection et l'amas des idées, pas plus que nous ne disons que la planche est la collection et l'addition des morceaux de planche. Dans la planche comme dans le moi, le tout précède les parties; le tout est sujet ou substance, les parties sont attributs ou qualités. Mais si tous les morceaux étaient enlevés, il n'y aurait plus de planche; et si toutes les idées, sensations, résolutions disparaissaient, il n'y aurait plus de moi. Si vous en voulez une preuve, considérez le sens du verbe, vous verrez que *toujours et partout* où il se rencontre, l'attribut est une qualité, un abstrait, une portion du sujet. Cette pierre est pesante, la matière est étendue, cette plante végète, le soleil est brillant : dans toutes ces phrases, l'attribut est un membre séparé du sujet. L'étendue est une portion du tout qu'on appelle

matière ; la pesanteur est une portion du tout qu'on appelle pierre ; la végétation est une portion du tout qu'on appelle plante ; l'éclat est une portion du tout qu'on appelle soleil. Donc quand vous dites : Je souffre, je jouis, je pense, je veux, je sens, la sensation, la résolution, la pensée, la jouissance, la souffrance exprimées dans le verbe, sont des portions du sujet *je* ou *moi*. Donc nos opérations et modifications sont des portions de nous-mêmes. Donc le moi n'est point une chose distincte, autre que les opérations et modifications, cachée sous elles, durable en leur absence. Vous avez été trompé par les mots. On vous a présenté une planche, et vous avez dit successivement, en parcourant successivement les divisions tracées à la craie : « Voici un carré de la planche, voici un
« rectangle de la planche, voici un losange de la
« planche. J'ai beau avancer, je trouve toujours la
« planche invariable, identique, unique, pendant
« que ses divisions varient. Donc elle en diffère ;
« elle est un être distinct. On pourrait ôter le
« carré, le losange, le rectangle et toutes les divi-
« sions sans la toucher. » Par ce raisonnement vous avez ramené la science à l'étude du sujet nu, et vous lui avez donné pour objet un être qui n'existe pas.

De là, plusieurs méprises, et entre autres l'étude des facultés. Par un raisonnement semblable, vous avez distingué ces facultés des faits, et vous les avez changées en choses réelles, forces actives attachées autour de la substance, invisibles créatrices des faits visibles. A l'instant elles ont pris une importance énorme. Les faits n'ont plus été considérés que comme un moyen de les découvrir. Quelles sont-elles? Y en a-t-il trois? Y en a-t-il quatre? Comment agissent-elles les unes sur les autres? Comment sont-elles liées à la substance? Comment un fait les détermine-t-il à agir? Un homme d'esprit, votre unique successeur, a passé sa vie à en distinguer vingt-cinq ou trente, à compter les trente ou quarante inclinations primitives, à démêler en nous l'instinct de monter sur les lieux élevés. La science s'est encombrée de questions scolastiques. Vous l'aviez conduite hors du chemin dans une broussaille; elle y est encore; les physiologistes à qui l'on parle de psychologie se mettent à rire, citent Molière, l'opium qui fait dormir parce qu'il a une vertu dormitive; l'homme qui perçoit les objets extérieurs parce qu'il a la faculté appelée perception extérieure; l'âme qui ressent l'émulation parce qu'elle apporte en naissant un penchant à l'émulation; l'esprit qui connaît les objets infinis parce qu'il possède la raison, faculté de l'infini. Plusieurs fois nous avons eu honte, et si vous causiez souvent avec des médecins, vous seriez aussi embarrassé que nous.

— Donc, selon vous, il n'y a que des faits et des apparences, point d'essences ni de causes.

— Au contraire. Seulement, nous ne les mettons pas au même endroit que vous. Certains faits sont la cause des autres ; certains faits sont l'essence des autres. Il y a des essences et des causes ; mais ces essences et ces causes ne sont que des faits. Tout le mouvement de la science consiste à passer des faits apparents aux faits cachés, des faits produits aux faits producteurs.

Daignez considérer sans prévention une de vos théories ordinaires, celle de M. Royer-Collard et des Écossais sur la perception extérieure. Que disent-ils ? Que l'objet excite une sensation dans notre main froissée, et qu'à la suite de la sensation nous concevons et affirmons l'objet. J'en savais autant avant de les lire. Le maître de philosophie de M. Jourdain lui apprenait à peu près la même chose, quand il lui révélait que la conversation est de la prose, et que pour dire U, il faut faire la moue. Pénétrez au delà de ce fait apparent. Supposez, par exemple, que[1] la perception extérieure soit une hallucination vraie. Voilà un fait nouveau, caché sous le premier, et dont le premier n'est que l'apparence. On découvre une vérité importante, singulière même, en apprenant que les arbres, les

1. Voy. chapitre II, § 3.

maisons, tous les objets sensibles, sont des fantômes de notre cerveau, lesquels correspondent ordinairement à des objets réels. Le maître de philosophie de M. Jourdain ne disait rien de semblable, et, si la psychologie avait sur toutes les questions une réponse pareille et prouvée, elle ne serait pas méprisée. Allez plus loin : percez une seconde enveloppe; remarquez que ce que nous appelons une hallucination, une vision, une représentation, est une apparence et une apparence fausse ; que lorsque nous nous figurons une maison, il n'y a rien dans notre esprit ni dans notre cervelle qui ressemble à la maison ; que cependant cette image remplace si bien la maison, que dans la rêverie ou dans le sommeil nous la prenons pour la maison elle-même ; vous conclurez qu'il y a en vous quelque modification ou opération inconnue, ayant la propriété de vous faire illusion, de vous paraître extérieure, quoiqu'elle soit intérieure, d'être confondue avec la maison physique et matérielle, quoiqu'elle n'ait rien peut-être de physique et de matériel. Voilà un fait nouveau, non connu, mais prouvé, non défini, mais constaté. Vous avez traversé une seconde apparence ; vous venez de franchir la seconde porte, laissant le vulgaire à l'entrée ; définissez ce fait découvert, et le vulgaire n'aura plus le droit de vous appeler impuissant. C'est que vous avez imité le naturaliste dans sa marche et dans ses découvertes. Au premier instant il disait comme le vulgaire, que l'homme ayant mangé et ayant la faculté de digérer, digère; au premier instant vous disiez, comme le vulgaire, que l'homme ayant senti et ayant la faculté d'apercevoir, aperçoit. Au second instant, ayant ouvert l'estomac, il remarquait que la digestion est une dissolution des aliments ; au second instant, décomposant la perception, vous avez remarqué que la perception est une hallucination vraie. Au dernier instant, ayant pratiqué des digestions artificielles, il a observé qu'elles sont une fermentation chimique des aliments imprégnés par le suc gastrique ; au dernier instant, ayant observé des hallucinations et des représentations choisies, vous avez conclu qu'elles sont les apparences fausses d'un fait inconnu que vous constatez et que vous cherchez à définir. Le physiologiste n'a point achevé sa tâche ; vous n'avez point achevé la vôtre. Il n'a pas encore trouvé le fait primitif qui constitue la digestion ; vous n'avez pas encore trouvé le fait primitif qui constitue la perception. Mais tous deux vous avez obtenu de vraies découvertes, et tous deux vous avez suivi la vraie méthode. Tous deux vous avez cherché un fait caché sous un fait apparent, un fait indécomposable sous un fait décomposable. Tous deux vous avez pratiqué l'analyse. Tous deux vous avez négligé la recherche scolastique de facultés inutiles. En psychologie, comme en physiologie, comme en chimie, comme partout, trouver l'essence, c'est ramener un fait aux faits qui le composent et auxquels il se réduit.

Restent les causes. Lorsque Reid, ayant décrit l'émulation et l'envie, les explique par un penchant naturel qui rend pénible à l'homme la supériorité d'autrui, nous nous jugeons aussi avancés qu'avant d'ouvrir son livre. C'est dire que l'homme éprouve ces émotions parce qu'il les éprouve; et nous trouvons qu'on eût pu se dispenser de cette explication. Au lieu de recourir à un penchant, cherchons un fait. Remarquons avec Spinoza [1] qu'imaginer un bien c'est le désirer, que voir ce bien possédé par un autre c'est souffrir, que, par une illusion d'imagination, le possesseur nous semble l'accapareur de ce bien et l'auteur de notre souffrance. La cause est trouvée ; le sentiment d'envie, qui est un fait, se trouve dérivé d'un autre fait, qui est l'illusion d'optique. Ramenez ainsi tous les plaisirs, toutes les peines et tous les désirs à quelque fait observable et unique ; vous aurez expliqué le cœur de l'homme, et vous aurez fait une œuvre de science. Cela est si vrai, que le célèbre physiologiste Müeller a transcrit le troisième

---

1. *Éthique*, livre III, Prop. 32.

livre de l'*Éthique,* disant que l'explication y est entière, et qu'il n'y a plus rien à chercher sur ces questions-là. C'est que votre but et votre marche auront été les mêmes que ceux des sciences positives. Étant donnés l'ascension des ballons, l'élévation de la colonne barométrique, le glissement de l'eau sur les plans inclinés, le physicien ne les explique point par une force d'ascension, par une horreur du vide, par une force d'inclinaison, mais par un fait observable, la chute des corps pesants. Étant donnés la sympathie, l'égoïsme, la vertu, l'amour, l'ambition, la crainte et toutes les passions, Spinoza les explique non par une liste d'inclinaisons primitives, mais par ce fait que la joie est un accroissement d'action et de perfection. Nous voulons donc que la psychologie imite les sciences naturelles dans la recherche de l'essence comme dans la recherche des causes, qu'elle travaille à découvrir non la substance imaginaire et invisible, mais les faits primitifs auxquels se réduisent les autres ; non les facultés imaginaires et inutiles, mais les faits généraux d'où se déduisent les autres. Ce n'est pas assez d'imposer avec vous à la psychologie l'observation et l'induction, à l'exemple des sciences physiques ; il faut encore, malgré vous, la renfermer dans l'étude des faits, seules choses réelles, à l'exemple des sciences physiques. Ce n'est pas assez de lui donner sa méthode; il faut encore lui fixer sa matière. Ce n'est pas assez de lui fournir sa lumière ; il faut encore l'appliquer sur son objet. Avec un grand talent de psychologue, un zèle admirable, des précautions passionnées, de belles découvertes partielles, vous étiez homme. Faute de précision, vos descriptions sont restées inexactes. Votre psychologie s'est égarée dans une métaphysique oiseuse, parmi des recherches imaginaires. Vous n'avez laissé dans la science que des constructions chancelantes, incomplètes et provisoires, et dans le monde qu'un long souvenir de sympathie et d'admiration. »

CHAPITRE XI.

M. JOUFFROY MORALISTE.

I

Si l'habitude de la réflexion conduit l'homme intérieur dans la psychologie, elle l'en ôte bientôt pour l'enfermer dans la morale. Qui suis-je? question curieuse. Que dois-je faire, et que deviendrai-je? question terrible. Le cœur se trouble en l'écoutant, plus que tout autre le cœur imbu de la pensée du salut et des souvenirs du christianisme. Il faut un aliment à ces âmes ardentes, et leur passion ne se rassasie que dans la contemplation anxieuse du devoir et de l'éternité.

La grande affaire de M. Jouffroy fut la connaissance de la destinée humaine; il la donna pour but à la philosophie[1] ; pour lui les autres recherches ne furent que l'entrée de celle-là. Avec quelle émotion douloureuse il la tentait, ses paroles seules peuvent le dire[2]. Il parcourut l'univers, la science et la vie, montrant que tout spectacle, tout événement et toute pensée y ramènent l'homme, qu'elle est l'œuvre, non d'une curiosité tranquille, mais d'un besoin impérieux et âpre, qu'elle n'est point un divertissement de l'esprit, mais la vraie et la première nourriture du cœur. Dès l'abord, le premier essai du bonheur nous y précipite. « Car à peine obtenu, ce bonheur, si ardemment, si uniquement désiré, effraye l'âme de son insuffisance ; en vain elle s'épuise à y chercher ce qu'elle avait rêvé ; cette recherche même le flétrit et le décolore ; ce qu'il paraissait, il ne l'est point ; ce qu'il promettait, il ne le tient pas : tout le bonheur que la vie pouvait donner est venu, et le désir du bonheur n'est point éteint. Le bonheur est donc une ombre, la vie une déception, nos désirs un piége trompeur. Ici la nature même des choses est convaincue de méchanceté ; le cœur de l'homme et toutes les félicités de la vie mis en présence, le cœur de l'homme n'est point satisfait. » De là un découragement profond, un désen-

---

1. *Mélanges*, p. 402, 416, etc.
2. Leçons de 1830, p. 383

chantement incurable, et cette question mélancolique : « Pourquoi suis-je ici ? »

Sortez de vous-même, contemplez la nature la même question retentit plus forte, et l'homme tressaille en entendant la voix de l'immensité. « Quand cet être si fort, si fier, si plein de lui-même, si exclusivement préoccupé de ses intérêts dans l'enceinte des cités et parmi la foule de ses semblables, se trouve par hasard jeté au milieu d'une immense nature, qu'il se trouve seul en face de ce ciel sans fin, en face de cet horizon qui s'étend au loin et au delà duquel il y a d'autres horizons encore, au milieu de ces grandes productions de la nature qui l'écrasent, sinon par leur intelligence, du moins par leur masse ; lorsque, voyant à ses pieds, du haut d'une montagne et sous la lumière des astres, de petits villages se perdre dans de petites forêts, qui se perdent elles-mêmes dans l'étendue de la perspective, il songe que ces villages sont peuplés d'êtres infirmes comme lui, qu'il compare ces êtres et leurs misérables habitations avec la nature qui les environne, cette nature elle-même avec notre monde sur la surface duquel elle n'est qu'un point, et ce monde à son tour avec les mille autres mondes qui flottent dans les airs et auprès desquels il n'est rien : à la vue de ce spectacle, l'homme prend en pitié ses misérables passions toujours contrariées, ses misérables bonheurs qui aboutissent invariablement au dégoût. » Il se demande si la vie est bonne à quelque chose, et ce qu'il est venu faire dans le petit coin où il est perdu.

Il ouvre l'histoire, et la nouvelle immensité qu'il découvre l'accable encore sous le poids de la même question. Cette humanité dont il est un fragment ignore sa racine. Jetée sur ce globe, quand, où, comment, elle n'en sait rien. Les races ont remplacé les races; les empires ont détruit les empires; les civilisations se sont levées et sont tombées comme les moissons d'une plaine. Nous voici à notre tour; et notre jour fatal viendra bientôt peut-être. Quelle est cette destinée, et quelle mystérieuse puissance promène ainsi les nations et les hommes dans le cercle infranchissable de la vie et de la mort? La géologie vient agrandir l'histoire, et la même question renaît agrandie. La terre fouillée a révélé des créations englouties; sa surface est l'ossuaire de cinq ou six mondes, et les étages de ses couches ne sont que des lits entassés de cercueils. « On s'est convaincu qu'il fut un temps où la nature n'avait su produire à sa surface que des végétaux, végétaux immenses auprès desquels les nôtres ne sont que des pygmées, et qui ne couvraient de leur ombre aucun être animé. Vous savez qu'on a constaté qu'une grande révolution vint détruire cette création, comme si elle n'eût pas été digne de la main qui l'avait formée. Vous savez qu'à la seconde création, parmi les grandes herbes et sous le dôme de ces forêts gigantesques, on vit se dérouler de monstrueux reptiles, premiers essais d'organisation animale, premiers propriétaires de cette terre, dont ils étaient les seuls habitants. La nature brisa cette création, et dans la suivante elle jeta sur la terre des quadrupèdes dont les espèces n'existent plus, animaux informes, grossièrement organisés, qui ne pouvaient vivre et se reproduire qu'avec peine, et ne semblaient que la première ébauche d'un ouvrier malhabile[1]. La nature brisa encore cette création, comme elle avait fait des autres, et d'essai en essai, allant du plus imparfait au plus parfait, elle arriva à cette dernière création qui mit pour la première fois l'homme sur la terre.... Pourquoi le jour ne viendrait-il pas aussi où notre race sera effacée et où nos ossements déterrés ne sembleront aux espèces vivantes que des ébauches grossières d'une nature qui s'efface? Et si nous ne sommes ainsi qu'un anneau dans cette chaîne de créations de moins en moins imparfaites, qu'une méchante épreuve d'un type inconnu, tirée à son tour pour être déchirée à son tour, que sommes-nous donc et où sont nos titres pour nous livrer à l'espérance et à l'orgueil? »

[1] Il y a des erreurs de fait dans ce morceau

Ainsi d'écho en écho retentit la question éternelle, unique matière de la religion, de la poésie et de la science, poursuivie par toutes les puissances de l'homme « qui, alarmées, demandent, invoquent la lumière, comme les lèvres du voyageur altéré appellent la source dans le désert. » Mais jamais elle ne reparaît plus impérieuse que dans des temps comme les nôtres, où les anciennes réponses, niées ou combattues, laissent l'âme en proie au tourment du doute, battue par le vent des opinions contraires, ébranlée et arrachée à tous ses appuis. « Ce jour-là, l'humanité, assise sur les débris qu'elle a accumulés, ressemble au maître d'une maison le lendemain de l'incendie. La veille, il avait un foyer domestique, un abri, un avenir, un plan de vie. Aujourd'hui, il a tout perdu, et il faut qu'il relève ce que la fatalité de la fortune a détruit. »

II

Cette reconstruction est la découverte de la destinée humaine. Quelle est ma fin? Quel but m'est assigné? Que veut de moi la nature? On va voir que la demande ici fait la réponse. Elle la contient et la présente ; en posant la difficulté, elle la résout; en sorte que le caractère de M. Jouffroy, après l'avoir porté dans la morale, lui impose par contre-coup sa morale. Les habitudes de l'homme intérieur, ayant formé le philosophe, formèrent sa philosophie ; son système du monde fut produit par l'état de son âme ; sans le savoir ni le vouloir, il construisit les choses d'après un besoin personnel. Ce genre d'illusion est presque inévitable; nous ressemblons à ces insectes qui, selon la diversité de la nourriture, filent des cocons de diverses couleurs.

Il avait un besoin passionné de connaître la destinée de l'homme ; il établit comme axiome que tout être a une destinée, et de là il dérive le reste.

« Tout être a une fin ; pareil au principe de causalité, ce principe en a toute l'évidence, toute la nécessité, toute l'universalité. » Il est certain par lui-même, irréductible, et n'a pas besoin d'être déduit d'une vérité plus haute. Il n'est pas l'œuvre de l'expérience et de la généralisation ; il est une découverte de la raison intuitive. Il n'est pas la dépendance et le produit de l'observation ; il est le guide et le gouverneur de l'observation.

« Dès que nous avons conçu que tout être a une fin, nous recueillons de l'expérience cette seconde vérité, que cette fin varie de l'un à l'autre, et que chacun a la sienne qui lui est spéciale[1]. » Ces deux

1. *Cours de droit naturel*, 29e leçon, p. 118.

vérités nous en découvrent une troisième, à savoir que « si chaque être a une fin qui lui est propre, chaque être a dû recevoir une organisation adaptée à cette fin, et qui le rendît propre à l'atteindre : il y aurait contradiction à ce qu'une fin fût imposée à un être, si sa nature ne contenait le moyen de la réaliser. »

Puisque la nature des êtres est appropriée à leur fin, on pourra, en étudiant la nature d'un être, connaître sa fin, de même qu'en étudiant la structure d'un édifice on peut conclure sa destination.

Puisque chaque être a sa fin, la création, qui n'est que l'ensemble des êtres, a sa fin ; « et les fins particulières de tous les êtres qui peuplent et composent l'univers ne sont que des moyens divers qui concourent à l'accomplissement de cette fin totale et suprême. » — « Ce concours des fins éparses aspire à un but unique, celui-là même que Dieu s'est proposé en laissant échapper l'univers de ses mains. »

Jusqu'ici les conceptions et les déductions qu'on vient de lire ne sont que spéculatives ; la remarque suivante les rend pratiques ; elles n'étaient que des œuvres de science, elles deviennent des ressorts d'action.

La fin d'un être est son bien ; et le bien d'un être est sa fin. Cette vérité est évidente par elle-même. « Il y a aux yeux de la raison une équation parfaite, absolue, nécessaire, entre l'idée de fin et l'idée de bien, équation qu'elle ne peut pas ne pas concevoir dès que le principe de finalité lui est apparu [1]. »

Puisque la fin est le bien, la fin absolue de la création est le bien absolu; or, ce bien nous apparaît comme sacré ou obligatoire. Et comme la fin de chaque être particulier est un élément de la fin absolue, le bien de chaque être particulier est un élément du bien absolu ; il est donc sacré et obligatoire. En d'autres termes, il est de notre devoir de respecter la fin ou le bien des autres et le nôtre, et d'y aider.

Puisque la nature d'un être est appropriée à sa destinée et l'indique, la nature de l'homme est appropriée à sa destinée et l'indique. Or, en étudiant la nature, c'est-à-dire les tendances fondamentales de l'homme, on s'aperçoit qu'elle ne peut être satisfaite en ce monde, et, par exemple, atteindre la plénitude de la science, de l'activité, du bonheur. Donc elle n'a pas pour fin en ce monde cette satisfaction et cette plénitude ; car il serait absurde qu'une fin lui fût proposée et qu'elle ne pût l'atteindre. Donc elle a pour fin ce qui est uniquement en son pouvoir, et ce que, par elle

---

1. 29ᵉ leçon, p. 126

seule, elle peut toujours atteindre. Cette chose unique, absolument dépendante de nous-mêmes, est la vertu. Donc notre fin en ce monde est la pratique de la vertu.

Mais d'autre part, en vertu de l'axiome que la fin absolue d'un être est appropriée à sa nature, et en vertu de cette observation que notre fin présente n'est pas appropriée à notre nature, il est nécessaire qu'à notre vie soient ajoutées une ou plusieurs vies, telles que nos penchants primitifs puissent y recevoir un contentement parfait.

III

Voilà le bien défini, le devoir institué, la vie présente réglée, la vie future prouvée. L'enchaînement semble rigoureux, et la réponse complète. Cependant qui n'éprouve en la lisant une secrète inquiétude ? Ce mot *fin, destinée,* si souvent répété, n'a jamais été éclairci. Selon les habitudes de son école, M. Jouffroy l'a employé sans le résoudre en exemples, et sans revenir aux faits particuliers d'où il est tiré. Qui est-il? Que veut-il dire? Peut-être a-t-il deux sens différents. Peut-être est-ce un masque employé tour à tour par deux personnages. Si cela est, je suis trompé, je les ai confondus en un seul; j'ai attribué à l'un ce qui n'est vrai que de l'autre ; mon raisonnement est faux. Comment arracher le déguisement, s'il y en a un ? Je vais faire ce que M. Jouffroy n'a pas fait, analyser le mot douteux au moyen d'exemples ; il n'y a point de terme ambigu qui, sous cette torture, ne découvre sa double face et ne ruine la fiction qu'il soutient.

Je prends un quadrupède, un chien, un bœuf ou tout autre ; je classe les faits que j'y observe, et je trouve qu'ils se réduisent aux groupes suivants : son type persiste, il se nourrit, il se reproduit, il sent, il associe des images, il se meut. Je dis que sa destinée est de persévérer dans son type, de se nourrir, de se reproduire, de sentir, d'associer des images et de se mouvoir. *Destinée* désigne ici les groupes distincts de faits principaux qui composent un être. Voilà un sens très-naturel et très-net. Peut-être il y en a d'autres ; il n'importe. Suivons toujours celui-ci, et voyons s'il convient aux raisonnements de M. Jouffroy.

« Tout être a une fin ou destinée. » Rien de plus vrai ; il y a toujours dans un être un ou plusieurs faits qui lui sont propres. La pure matière elle-même a les siens ; elle est inerte, et l'on peut dire que sa destinée est l'inertie. Au fond, la proposition est identique. Ce que nous appelons un être, c'est un groupe distinct de faits associés, et il est clair que ce groupe renferme des faits qui lui sont propres. Cet axiome ressemble à ceux de la géométrie et ne dépend pas de l'observation.

« Si chaque être a une fin qui lui est propre, il a dû recevoir une nature et une organisation adaptées à cette fin. » Fort bien encore. Étant donné un fait il y a toujours une cause, force ou nécessité, qui le produit ; sans cela, il ne se produirait pas. Si le bœuf n'était pas construit de manière à sentir, il ne sentirait point. Si le chien n'avait ni os, ni muscles, ni nerfs, il ne pourrait courir. Ceci est encore un axiome, appelé principe de la raison suffisante, et pareil au précédent.

« La fin d'un être est son bien. » Nous admettons cette maxime, et de plus nous la prouvons. Le bien, pour le chien, est de persévérer dans son type, de manger, de se reproduire, de sentir, d'associer des images, de se mouvoir ; l'empêchement de ces opérations est son mal. Le bien pour la plante est de végéter et fleurir ; son mal est d'être arrêtée dans sa floraison ou dans sa croissance. En effet, par la proposition précédente, les groupes de faits principaux qui composent la vie d'un être sont l'effet de ses forces ou tendances principales. Ils sont donc le terme vers lequel l'être tend ou aspire, et l'objet d'une tendance ou aspiration est ce que nous appelons un bien. La plante tend à végéter : donc la végétation est un bien pour elle Cet animal aspire à se mouvoir : donc pour lui le mouvement est un bien. Jusqu'ici vos déductions sont rigoureuses. Vous avez reconnu dans les êtres des groupes distincts de faits principaux, et vous les avez appelés *destinée*. Vous avez conclu que les tendances qui les produisent peuvent les produire. Vous avez remarqué que le terme vers lequel se porte une tendance s'appelle un bien ; et vous avez conclu que la destinée d'un être est son bien. Cela est géométrique, et voilà un morceau de morale presque parfait.

« La destinée d'un être est appropriée à sa nature. Or, la nature de l'homme est composée d'aspirations infinies que notre condition présente ne peut satisfaire : donc notre destinée présente n'est pas de les satisfaire, mais d'atteindre la seule chose qui soit en notre pouvoir, la vertu. » —
« La nature d'un être indique sa destinée. Or, la nature de l'homme est composée d'aspirations infinies que notre condition présente ne peut satisfaire : donc il y a pour nous une destinée future, et une série de vies où nous pourrons les contenter. » Confusion sur confusion ; tout est brouillé et tout est perdu. On va le voir par des exemples

« La nature d'un être indique sa destinée. » Cette proposition est générale pour M. Jouffroy ; elle s'applique dans son raisonnement au bœuf aussi bien qu'à l'homme. Or, la nature du bœuf est de vivre quinze ans et de se reproduire : donc la destinée du bœuf est de vivre quinze ans et de se reproduire. Mais sa condition présente l'en empêche ; l'homme le coupe à six mois et le mange à trois ans. Donc le bœuf dont j'ai mangé hier, renaîtra dans un autre monde, y vivra douze ans encore, et s'y reproduira.

« La destinée d'un être est appropriée à sa nature. » Cette seconde proposition est également générale pour M. Jouffroy ; elle s'applique dans son raisonnement au bœuf aussi bien qu'à l'homme. Or, dans la condition présente on coupe le bœuf à six mois et on le mange à trois ans : donc sa destinée présente n'est pas de satisfaire l'inclination qu'il a pour vivre quinze ans et pour se reproduire, sa destinée présente est d'accomplir la seule chose qui soit absolument en son pouvoir. Pour un animal libre comme nous, cette chose est la vertu ; pour un animal privé de liberté comme lui, cette chose n'est pas : donc dans la vie présente il n'a point de destinée du tout.

Le raisonnement pour l'homme et pour le bœuf est exactement le même. Voilà une pauvre bête privée de destinée, et néanmoins certaine de sa résurrection finale. Rappelons-nous le sens des mots, et nous verrons périr le raisonnement de M. Jouffroy avec l'immortalité du bœuf et la fécondité dans la vie future. La destinée d'un être, ce sont les groupes distincts de faits principaux qui composent sa vie. Or, un fait est toujours périssable. S'il y a une force qui le produit, d'autres forces peuvent le détruire. S'il vient du dedans, il dépend du dehors. — Par exemple, il y a une force qui développe le poulet et l'organise. Trempez le bout de l'œuf dans l'huile, la force est vaincue, le développement s'arrête, l'organisation se renverse et vous voyez naître un monstre : l'être n'est point allé à sa fin, sa destinée n'a point correspondu à sa nature. — Il y avait dans le bœuf une force vitale et une force reproductive ; le couteau du vétérinaire et la massue du boucher en ont empêché l'effet ; les tendances existaient, la destinée ne s'est point accomplie. — Il y a en nous un besoin infini de science, de sympathie et de puissance ; la supériorité des forces voisines, l'infinité de l'univers, l'imperfection de notre société nous condamnent à des misères sans nombre, et à des contentements médiocres ; nous avons la tendance, nous n'avons pas la puissance. Quoi de plus simple ? Quoi de plus naturel même ? Et quelle bizarre preuve de l'immortalité que les révoltes de notre cœur ! Combien plus bizarre encore, si l'on remarque qu'elles ne persistent guère que chez les poëtes et chez M. Jouffroy, que quatre-vingt-dix-neuf hommes sur cent se résignent, et qu'au fond, si belles qu'on fasse les vies futures, notre cœur serait insatiable, puisque c'est la perfection qu'il réclame, et qu'à moins d'être Dieu il ne serait pas satisfait! Ne dites donc pas que la nature d'un être prédit sa destinée; tout au plus elle l'indique, par conjectures probables, réserve faite des causes extérieures qui peuvent se jeter à la traverse et des conditions extérieures qui peuvent manquer. Ne dites pas non plus que la destinée présente est appropriée à la nature actuelle, et que, puisque nos tendances naturelles ne peuvent présentement être satisfaites, notre destinée présente n'est pas de les contenter. Que l'herbe soit mauvaise, peu importe; la destinée du bœuf est toujours d'en manger. Que notre science soit imparfaite, peu importe; notre destinée est toujours de connaître. La preuve en est que le bœuf désire manger et que nous aspirons à connaître. Conservons précieusement le sens exact que les exemples particuliers ont attribué au mot *destinée*; par ce moyen, tout s'éclaire. Les faits dominants qui composent la vie d'un être sont sa destinée; donc il y a en lui des forces capables de les produire : donc il y tend et ils composent son bien. — Nous ne sommes pas sûrs qu'il les produise; car, à titre de faits, ils sont précaires et dépendent des circonstances extérieures ; donc, étant donné un être, il n'est pas certain qu'il atteigne sa destinée. — Il aspire à l'atteindre, quoique souvent il ne parvienne pas à l'atteindre ; donc ils sont un bien, et dès cette vie il a raison d'y aspirer. Le sens du mot, comme un juge sévère, a démêlé l'erreur de la vérité.

D'où vient donc que M. Jouffroy, après un raisonnement si rigoureux, est tombé dans un raisonnement si faible ? Nous arrivons à la seconde interprétation du mot *destinée*. Pendant tout le morceau, les deux sens se confondent, et ils sont pris l'un pour l'autre à chaque instant.

Quelle est la fin d'une locomotive ? Traîner des fardeaux ; ici le mot fin indique un but préconçu, en vue duquel l'objet a été construit et organisé. Non-seulement nous remarquons ici, comme dans le cas précédent, que le transport des fardeaux est l'effet principal et ordinaire de la machine ; mais nous jugeons qu'il est sa cause ; un savant mécanicien s'est proposé ce but ; et le but a déterminé la quantité du fer, la disposition des roues, l'établissement des pistons, l'épaisseur de la chaudière, le choix du combustible, et le reste. Le sens est tout autre : l'effet est devenu cause, et il y a ici un architecte de plus. Regardez chez M. Jouffroy, voici l'architecte.

De même que, dans une grande machine composée de mille rouages, nous savons que chaque rouage accomplit un certain mouvement, et nous croyons que ce mouvement contribue pour sa part au mouvement de la ma-

chine entière; de même dans ce vaste univers, peuplé
de tant d'êtres différents, non-seulement nous croyons
que chacun de ces êtres agit selon sa nature, mais encore que son action importe à celle de l'ensemble.
Pas plus que moi, ce caillou qui roule sous mes pieds
n'a été créé en vain ; sa nature lui assigne, comme à moi,
un rôle dans la création. Et si ce rôle est obscur, s'il est
moins beau, moins considérable que le mien, il n'en est
pas moins rempli, et n'en concourt pas moins au but que
le *créateur* s'est proposé en laissant échapper le monde de
ses mains [1].

A l'instant, les propositions que nous avons réfutées prennent un sens nouveau. Une destinée
n'est plus un fait périssable, subordonné aux causes extérieures. C'est un décret de Dieu; or, un
décret de Dieu ne peut manquer de s'accomplir;
s'il ne s'accomplit pas ici-bas, il s'accomplira ailleurs ; puisque mes aspirations infinies seront contentées, et ne peuvent l'être dans la vie présente,
elles le seront dans la vie future ; il y a donc une
vie future. — D'autre part, Dieu est juste. Or, il
ne serait pas juste, si la destinée qu'il nous impose ici-bas dépendait d'autre chose que de nous-mêmes. Mais il n'y a qu'une chose qui soit entièrement en notre pouvoir, et ne dépende que de
nous-mêmes; c'est la vertu. Donc notre destinée
présente n'est autre que l'exercice de la vertu.

1. *Mélanges*, p. 387.

Grâce à ce changement de sens, tout est retourné, réparé et démontré.

Mais, par un triste hasard, ce changement de sens qui rend vraies les dernières propositions de M. Jouffroy rend les premières fausses ; or, les dernières dépendent des premières ; de sorte que tout croule, et qu'il n'y a plus rien debout.

En effet, reprenez ces premières propositions : « Tout être a une fin. » Cela signifie maintenant : « En créant un être, Dieu a eu quelque but en vue. » — Je n'en sais rien[1], ni vous non plus. Nous ne sommes point ses confidents. Il faut une témérité de théologien pour lui prêter des habitudes d'architecte, et surtout pour tirer de ces habitudes une morale. Vous n'avez point cette témérité ; vous déclarez expressément[2] que la morale ne dépend pas de la théodicée ; qu'on conçoit le bien sans concevoir Dieu ; que le « principe de finalité » est un axiome primitif, et non une conclusion théologique. Ainsi traduit, non-seulement il est douteux, mais encore vous le rejetez. Or, il faut le traduire ainsi pour qu'il puisse fonder votre morale. Qu'est-ce donc que votre morale va devenir ?

« La fin d'un être est son bien. » Cela signifie maintenant : « En créant un être, Dieu se propose

1. Opinion de Descartes
2. *Cours de doit naturel*, 2º leçon, p. 50.

un but qui est le bien de cet être. » Je n'en sais rien, ni vous non plus ; il y a pis, beaucoup de gens croient le contraire. De grands théologiens ont prétendu que le chien est fait pour nous servir, le bœuf pour nous nourrir, les fleuves pour nous abreuver, le soleil pour nous éclairer. Vous trouverez ce détail tout au long dans Fénelon. Malebranche est allé plus loin ; il a prouvé, et fort rigoureusement, que Dieu n'a point en vue le bien des créatures, mais sa gloire, qu'il fait tout pour lui et rien pour elles, et qu'il ne serait pas Dieu, s'il était humain.

« La fin d'un être est indiquée par sa nature. » En aucune façon. Tous les théologiens ont parlé des voies mystérieuses de la Providence. J'ai beau disséquer des moutons, je ne découvre pas ce que Dieu avait en vue en créant des moutons. Si, comme dit Bossuet, Dieu a fait la révolution d'Angleterre pour sauver l'âme de Madame, le plus subtil historien n'aperçoit pas dans les événements la moindre trace de ce projet ; et si le soleil est fabriqué pour éclairer les hommes, les habitants du soleil, qui sont en bon lieu pour observer sa nature, n'ont pas encore découvert sa fin.

Sortons de cette morale théologique : j'ai honte de l'imputer à M. Jouffroy. Il l'estimait comme elle le mérite, et la laissait dormir dans les in-folio du moyen âge, où nous espérons qu'elle restera. Et cependant, sans le savoir, il l'acceptait à demi. Il flottait entre les analyses d'Aristote et les souvenirs du catéchisme. Il commençait en philosophe et finissait en théologien. Il errait entre deux sens qui s'excluent, et donnait à des prémisses païennes une conclusion chrétienne. Il ne les distinguait pas, et les employait indifféremment comme s'ils n'en faisaient qu'un. Il considérait d'abord la destinée, en naturaliste, comme un fait, simple produit de l'organisation et des tendances ; il la considérait ensuite, en fidèle, comme un but et un décret de Dieu. Il y voyait d'abord une œuvre des forces naturelles; il y voyait ensuite l'accomplissement d'une volonté surnaturelle. Il oubliait que les axiomes du naturaliste ne peuvent aboutir aux suppositions du théologien, ni les suppositions du théologien se fonder sur les axiomes du naturaliste. Il ne remarquait pas que les suppositions du théologien se fondent sur un dogme théologique, reculé au plus profond du ciel, hors des prises de toute science, incapable de produire une morale naturelle, capable de produire une religion positive, et qu'il eût repoussé s'il l'eût entrevu. Il ne remarquait pas que les axiomes du naturaliste aboutissent à des vérités redoutables qu'on n'ose aborder tant qu'on garde les restes de ses premières croyances, et qui l'auraient déchiré si elles l'avaient atteint. Ici, comme ailleurs, il garde l'empreinte de ses deux natures : chrétien converti, philosophe tardif, conduit par une méthode sévère, appesanti par des souvenirs d'enfance, il s'est agité et il s'est meurtri ; la moitié de sa peine est demeurée stérile; de ses mains inquiètes il a ouvert la science, et s'est assis blessé sur le seuil.

Et cependant le but n'était pas loin. Rien de plus simple que la déduction des vérités morales. Il suffit, pour les découvrir et les enchaîner, d'appliquer la méthode qui ramène les idées à leur origine, et les formules générales aux cas particuliers. Dans ces grands mots obscurs, fin, bien, destinée, devoir, obligation, morale, il n'y a ni sublimité ni mystère. « Conscience, conscience, s'écrie Rousseau, auguste instinct, voix immortelle ! » L'analyse ne trouve dans cet auguste instinct et dans cette voix immortelle qu'un mécanisme très simple qu'elle démonte comme un ressort.

Considérez le plaisir, la puissance, la science. Vous désirez ces choses pour elles-mêmes, non comme des moyens, mais comme une fin. A ce titre, vous les nommez des biens, et vous appelez bien la chose qui par elle-même est l'objet d'une *tendance*.

La nutrition est dans une plante un fait principal dont beaucoup d'autres ne sont que la préparation. On peut donc dire que la plante *tend* à se nourrir, et que la nutrition n'est point pour elle un moyen, mais une fin. On peut donc dire que pour la plante la nutrition est un *bien*.

Prenez tout le groupe des faits principaux, l'intégrité du type, la nutrition, la reproduction. On dira que ces trois faits sont le bien de la plante.

Généralisez : le groupe des faits principaux qui constitue un être est le bien de cet être. Voilà la définition du bien.

Vous voyez qu'il a suffi de prendre un fait très-fréquent et très-visible, un de nos désirs ou tendances. Par une série de combinaisons et de transformations, il a fourni la formule universelle du bien. Une série analogue d'opérations semblables va produire l'ordre mathématique des sentiments moraux.

L'attitude de l'esprit les fait naître ; ils ont pour cause un point de vue ; la conscience n'est qu'une manière de regarder. Regardez un bien en général, et par exemple, prononcez ce jugement universel que la mort est un mal. Si cette maxime vous jette à l'eau pour sauver un homme, vous êtes vertueux.

Les sentiments étant produits par les jugements ont les propriétés des jugements producteurs. Or, le jugement universel surpasse en grandeur le jugement particulier ; donc le sentiment et le motif poduits par le jugement universel surpasseront en grandeur le sentiment et le motif produits par le jugement particulier. Donc le sentiment et le motif vertueux surpasseront en grandeur le sentiment et le motif intéressés ou affectueux.

C'est ce que l'expérience confirme, puisque nous jugeons le motif vertueux supérieur en dignité et en beauté, impératif, sacré. A ce titre, nous appelons ses impulsions des prescriptions ou devoirs.

Le bien d'un être est le groupe de faits essentiels qui le constituent. L'action qui a pour motif cette maxime universelle ou une de ses suites universelles est vertueuse. Ces deux phrases sont toute la morale. M. Jouffroy s'est approché de la première avec les stoïciens, sans la toucher; il a constaté la seconde avec Kant, sans la prouver; s'il n'eût point été égaré par une équivoque théologique, il eût touché l'une et prouvé l'autre. Au bout de nos réfutations comme au début de nos critiques, nous trouvons le même homme, entravé et puissant, exclu de la vérité et voisin de la vérité. Homme intérieur, dévoué aux théories élevées et prouvées, arraché au christianisme par la logique, il a été égaré par des restes d'inclinations religieuses et par l'habitude de l'abstraction vague. Attaché à la psychologie, troisième fondateur de la science, auteur de descriptions abondantes, scrupuleuses et fines, il a été jeté par l'abstraction dans le chaos des notations trompeuses et des fantômes métaphysiques. Orateur ardent et grave, peintre passionné des angoisses philosophiques, après avoir construit plusieurs morceaux de la science, il a souffert qu'une équivoque involontaire, fruit d'un penchant secret, vînt rompre le tissu serré et savant de sa morale. Il n'a laissé que des modèles de discussions, des fragments d'analyse, des conseils de méthode, des exemples d'invention originale. Son génie promit plus que ne tint sa vie, et il eut moins qu'il ne mérita. Comme M. Cousin, les circonstances le gênèrent; comme M. Cousin, nous allons le transporter dans un autre siècle; nous gardons l'homme, nous refaisons les circonstances; et l'homme, aidé par les circonstances, devient plus heureux et plus grand.

IV

Il naquit en 1680, dans le comté de Kent, en Angleterre. Notre premier bonheur est de vivre parmi nos semblables, et pour le fond de l'âme, M. Jouffroy était Anglais. Le génie de cette race est passionné et réfléchi; les hommes concentrés y abondent; mélancoliques, ardents, sérieux, religieux, solitaires, ils pensent naturellement à Dieu, au devoir, au bonheur, à la vie future, et leurs orages sont intérieurs. Parmi ces esprits, M. Jouffroy ne parut pas étrange. Sa sévérité ne sembla point rude; sa gravité ne sembla point roide; sa tristesse ne sembla point monotone. On ne le jugea ni hautain, ni insociable, ni malade; et, lorsqu'on parlait de lui en son absence, la sympathie ne manquait jamais au respect.

Il fit des études régulières et solides, et passa sa jeunesse à l'Université de Cambridge. Comme beaucoup d'Anglais, comme toutes les âmes passionnées et concentrées, il avait un sentiment profond des beautés de la nature. Il eût été malheureux, enfermé dans notre vieille École normale, entre les murs nus d'une mansarde délabrée, en face des sales ruelles du quartier latin. A Cambridge, il contemplait de longues salles vénérables, de hautes boiseries antiques, des allées de chênes séculaires, où des gazons toujours verts nourrissaient des troupes de daims et de paons familiers. Ces beaux objets communiquaient leur calme à son âme, et ses premières pensées s'éveillèrent, non dans un malaise secret, mais dans un heureux recueillement.

Il y prit ses grades, et étudia la théologie avec ardeur, mais sans angoisses. La religion protestante est libérale; inconséquente en théorie et prudente en pratique, elle fait une part à la raison et à l'orgueil; elle accepte et limite la discussion et l'indépendance; si elle trace un cercle autour de l'homme, elle lui permet de s'y agiter. M. Jouffroy ne la jugea pas oppressive. D'ailleurs, au moment où il la reçut, elle était dans tout son éclat. Mandeville paraissait à peine. Voltaire n'avait point encore acéré et multiplié les doutes de Bolingbroke. Les sceptiques étaient une secte isolée, non un parti populaire. Si quelques savants attaquaient la révélation, des savants plus nombreux défendaient la révélation. Le savant Boyle avait pu, sans ridicule, léguer une somme d'argent pour faire prêcher huit sermons par an « contre les athées, les déistes, les païens, les mahométans et les juifs. » Newton commentait l'Apocalypse, et le célèbre mathématicien Barrow ne lui avait cédé sa chaire que pour entrer dans la prédication. Enfin, le protestantisme, qui venait de chasser les Stuarts et d'abolir la monarchie absolue, paraissait le gardien de la Constitution et le libérateur du peuple. M. Jouffroy demeura dans cette religion, qui fournissait un aliment à sa foi sans fermer la carrière à sa logique, qui s'appuyait sur la science nouvelle, au lieu d'être ébranlée par la science nouvelle, qui défendait la liberté au lieu de soutenir la tyrannie, et qui, tolérante, accréditée, nationale, convenait à son patriotisme, à son orgueil et à sa raison.

Tranquille de ce côté, il se tourna vers la philosophie, emploi naturel d'un esprit concentré et d'un homme intérieur. Il n'y chercha point la règle, mais l'occupation de sa vie. Il la laissa philosophique, et ne la voulut point religieuse. Il ne lui demanda point la voie du salut, mais le chemin de la vérité. Plus désintéressé, il fut plus libre. Il se proposa en curieux de constater et de classer les idées, les sentiments et leurs lois, et ne se proposa pas autre chose. Il donna pour but à la psychologie la psychologie, et ne permit pas aux questions métaphysiques de diriger sourdement ses recherches, et de pervertir par degrés ses observations.

Il avait dix-sept ans quand parurent les *Principes* de Newton; plus tard, en 1704, il lut l'*Optique*. Les sciences naturelles tout d'un coup devenaient adultes, et la Société Royale semblait la capitale du monde pensant. L'enthousiasme public porta les esprits vers l'étude de la nature extérieure, et M. Jouffroy, comme tout le monde, devint physicien. Ce fut un bonheur pour lui; délivré de la concentration violente qui l'emprisonnait en lui-même, et habitué à considérer les forces comme des lois et des qualités des choses, il ne prétendit point que les forces fussent des êtres, ni que l'âme fût une force. Il laissa les monades fleurir en Allemagne, et ne voulut observer que les faits.

Il suivit Locke, dont les *Essais* avaient paru. Plus systématique, plus attentif, plus pénétrant, plus abondant, il détermina l'origine des idées qui restait vague, ajouta au quatrième livre plusieurs recherches sur les signes, étudia longuement les sentiments sympathiques, et devança Adam Smith et Condillac. Élevé, comme tous ses contemporains, dans le style exact et simple, il put noter ses idées avec vérité et avec précision. L'air n'était encore épaissi ni par l'emphase nuageuse du dix-neuvième siècle, ni par la poussière des abstractions germaniques. M. Jouffroy vécut à l'abri du style obscur et sublime ; ses phrases restèrent libres de généralités et de métaphores, et il ne fut point tenté d'étudier, au lieu des idées et des sensations, « les capacités et les facultés. »

Il vécut retiré, presque toujours à la campagne, dans une petite maison, au pied d'une colline, près d'une jolie rivière murmurante, dans son comté de Kent. On lui offrit une place de professeur à Cambridge ; il refusa, aimant mieux penser par lui-même, et jugeant qu'un enseignement officiel n'est jamais assez libre. Sa gravité, son honnêteté, sa gloire parurent considérables au parti whig, et les chefs lui proposèrent une place au parlement. Après un peu d'hésitation, il refusa encore ; non qu'il dédaignât les honneurs : au contraire, il y était secrètement très-sensible ; mais il s'était jugé. Les rudes apostrophes, les dénonciations, la vie militante de la Chambre auraient brisé sa nature passionnée et délicate; il aurait trop senti et trop souffert Il évita la politique, et ne vint aux élections que par conscience. Il était marié et jouissait, en homme solitaire, des affections de la famille Addison, Pope, Swift, le visitaient; plus tard, Hume lui présenta son *Traité de la nature humaine.* Pour rétablir sa poitrine attaquée, il passa deux ans en Italie, puis en France. Il y vit M. Cousin, chargé d'années et de gloire, dernier père de l'Église, successeur admiré de Bossuet. Tous deux eurent une conférence, et M. Cousin, habitué à l'empire, s'étonna de rencontrer un esprit si original et si libre; quoique un peu choqué, il l'estima et ne tenta point de le convertir. De retour en Angleterre, M. Jouffroy étudia les œuvres de l'illustre prédicateur français; il le jugea moins observateur que logicien, moins logicien qu'orateur, moins orateur que politique. Néanmoins, le prédicateur et le philosophe entretinrent longtemps un commerce d'éloges réservés et de discussions polies. Leurs amis considéraient avec curiosité l'opposition parfaite de leurs natures, et un soir, dans la petite maison, on s'amusa fort en écoutant Pope, cervelle bizarre, qui, par un jeu d'imagination, transformait M. Cousin en philosophe, le plaçait au dix-neuvième siècle, et lui donnait pour disciple M. Jouffroy.

CHAPITRE XII.

POURQUOI L'ÉCLECTISME A-T-IL RÉUSSI?

Dans cette exposition et dans cette critique de la philosophie régnante, je ne pense point avoir oublié une seule doctrine originale ou importante. Les disciples récents n'y ont rien ajouté; s'ils ont travaillé à l'œuvre commune, c'est par des retranchements et des omissions. Entre leurs mains l'éclectisme ou spiritualisme est devenu de moins en moins philosophique et de plus en plus correct. Il est parfait à présent, mais pour des classes de lycée, des morceaux d'éloquence et des exhibitions de chaire. Dans cet état final, qui est celui d'un beau corps bien habillé et bien embaumé, on peut se demander pourquoi il a réussi.

Si l'on fait cette question à des philosophes officiels, ils répondront qu'il a réussi parce qu'il est vrai.

Quand cela serait, sa vérité ne lui aurait point donné l'empire. La moindre étude de l'histoire prouve que l'empire ne s'acquiert point ainsi. Si la proposition du carré de l'hypoténuse choquait nos habitudes d'esprit, nous l'aurions réfutée bien vite. Si nous avions besoin de croire que les crocodiles sont des dieux, demain, sur la place du Carrousel, on leur élèverait un temple. Tant de religions diverses et tant de philosophies contraires, tant de vérités renversées et tant d'erreurs soutenues, ont montré que l'établissement et la chute des opinions dépendent non de leur absurdité ou de leur évidence, mais de la conformité ou de l'opposition qui se rencontre entre elles et l'état des esprits. C'est pour cela que les dogmes varient selon les siècles et selon les races. Ce n'est point faire injure à un siècle ni à une race que d'expliquer ses croyances par ses inclinations primitives et par ses habitudes générales; ce n'est point faire injure à l'éclectisme que d'expliquer sa réussite par le génie et par les inclinations de son pays et de son temps.

Si le lecteur daigne relire l'exposé des causes qui ont guidé ses fondateurs, il en trouvera deux : le besoin de subordonner la science à la morale, et le goût des mots abstraits.

Cette préférence pour la morale a décrié aux yeux de M. Royer-Collard la découverte ancienne des idées représentatives. Par crainte du scepticisme, il a détruit la théorie de la perception extérieure, et n'y a substitué qu'un acte de foi écrit en style de dictateur.

Cette préférence pour la morale a fortifié M. de Biran dans son étrange doctrine des forces, et l'a plongé[1] dans sa théorie mystique de la révélation intérieure et de la raison illuminée.

Cette préférence pour la morale a fini par réformer toute la philosophie de M. Cousin. Ainsi métamorphosé, il a réfuté par une équivoque le scepticisme, doctrine immorale; réduit la psychologie à l'étude de la raison et de la liberté, seules facultés qui aient rapport à la morale; défini la raison et la liberté de manière à servir la morale; prescrit à l'art l'expression de la beauté morale; institué Dieu comme gardien de la morale, et fondé l'immortalité de l'âme comme sanction de la morale. Ainsi accaparé, il a supprimé la philosophie philosophique, laissant entières les objections anciennes, répétant les démonstrations anciennes, effaçant les questions de science, réduisant la science à une machine oratoire d'éducation et de gouvernement.

---

1. *Rapport du physique et du moral*, p. 157.

Cette préférence pour la morale a rassemblé toutes les recherches de M. Jouffroy autour du « problème de la destinée humaine. » Elle a pervertie sa réponse par une équivoque[1] involontaire, et l'a arrêté sur le seuil, dans un préjugé théologique d'où il n'est point sorti.

Ce goût pour l'abstraction a persuadé à M. de Biran de transformer en substances les forces, simples qualités ou rapports abstraits, de considérer la volonté comme l'âme, de changer l'étendue en une apparence, et de ressusciter les monades d Leibnitz

Ce goût pour l'abstraction, après avoir promené M. Cousin dans le panthéisme, a réduit sa philosophie à un monceau de phrases inexactes, de raisonnements boiteux et d'équivoques visibles; en sorte que, lorsque l'amour du dix-septième siècle lui eut plus tard enseigné le style simple, ses doctrines n'ont plus eu d'appui que le préjugé public, sa gloire de philosophe et son génie d'orateur.

Ce goût pour l'abstraction, après avoir égaré M. Jouffroy parmi les monades de M. de Biran, l'a conduit à considérer les facultés comme des choses réelles, véritables objets de la psychologie; à emprisonner la psychologie dans une question de

---

1. Le double sens du mot *destinée*.

mots scolastique et oiseuse; à exprimer les faits par des notations vagues, inexactes en elles-mêmes et grosses d'erreurs.

De là l'isolement et l'impuissance de cette philosophie. Elle est restée dans un coin, amie de la littérature, divorcée des sciences, au lieu d'être, comme les philosophies précédentes, la science gouvernante et rénovatrice. Sa doctrine métaphysique des forces est restée sur l'arrière-plan, à peine esquissée par M. de Biran et M. Jouffroy, à peine acceptée par M. Cousin, oubliée, inutile, impopulaire. A vrai dire, le système n'a point eu de métaphysique; les sciences positives se sont développées sans lui, ne recevant de lui aucune idée générale et directrice, contredisant même celle que M. Jouffroy et M. de Biran avaient entrevue[1]. D'autre part, il n'a point eu de logique; les méthodes des sciences positives se sont développées sans lui, toujours réglées par Bacon et Newton, privées par lui de l'analyse et de la clarté qu'y avaient portées les maîtres du dix-huitième siècle, contredites par lui, condamnées par lui à ignorer

---

[1]. Rien de plus contraire à la théorie des forces, individus spirituels, que la doctrine de Geoffroy Saint-Hilaire et les découvertes récentes sur les animaux inférieurs. (Lire, par exemple, Quatrefages, *Revue des Deux-Mondes*, les *Métamorphoses et la génagenèse*, 1ᵉʳ et 15 avril 1855; 1ᵉʳ et 15 juin, 1ᵉʳ juillet 1856.)

l'essence des choses[1], et ne découvrir que des apparences et leurs lois. On n'avait jamais vu un pareil spectacle. Pour la première fois, la science des méthodes et des vues d'ensemble demeurait nulle, laissant les sciences particulières marcher à leur gré et toutes seules, rattachée tout entière à la morale, commentaire du *Vicaire savoyard*, demandant à la religion place à côté d'elle, et réduite à lui offrir respectueusement un secours suspect[2].

Si telle est sa nature, il est aisé de trouver ses causes. Puisque le ressort des fondateurs a été le besoin d'abstraction et de morale, il faut que l'inclination du public approbateur ait été le besoin d'abstraction et de morale. Les mêmes forces mènent partout l'inventeur et la foule; et la seule différence entre l'un et l'autre, c'est que l'un proclame tout haut ce que l'autre murmure tout bas.

Chacun sait que l'esprit du dix-huitième siècle eut pour fond la défiance et pour œuvre la critique. Le grand effort y était de n'être point dupe. On avait contrôlé toutes les opinions humaines, sacrées ou profanes, utiles ou dangereuses, et rejeté tout ce qui n'était point prouvé. On ne croyait plus son cœur, mais l'analyse; au lieu de senti-

---

[1]. Voy. le chapitre sur M. de Biran. — Jouffroy, *Distinction de la psychologie et de la physiologie*.

[2]. M. Cousin, préface *Du vrai, du beau et du bien*. — Préface de la dernière édition du *Cours* de 1815-1820.

ments, on avait des raisonnements. De là l'idéologie. Les philosophes, occupés à satisfaire le besoin du siècle, vérifiaient les idées en les ramenant à leur origine, exilant toutes les notions obscures ou douteuses, reliant les connaissances claires et certaines par une filiation si simple et des notations si exactes, que la philosophie parut une extension de l'algèbre, et que Condillac crut avoir chiffré les opérations de l'esprit.

Les grandes inclinations publiques sont passagères; parce qu'elles sont grandes, elles se contentent; et parce qu'elles se contentent, elles finissent. Comme une vague qui grossit, s'enfle, soulève toute la mer, puis s'abaisse et décroît insensiblement jusqu'à s'aplanir sans laisser de traces, on vit l'esprit analytique, positif et critique, s'élever sous Voltaire, monter au comble sous les encyclopédistes, puis s'atténuer et s'effacer. Vers 1810, la dernière ondulation s'arrêtait. On était allé jusqu'au bout de l'analyse, de la défiance et de la critique. Il n'y avait plus rien à faire dans cette voie, et l'on n'y faisait plus rien. Les vers sortaient du cerveau de Delille aussi parfaits et aussi vides que s'ils eussent été frappés par le balancier d'une machine. L'Institut venait de couronner sur la tête de La Harpe la critique régulière et plate, et les esprits les plus fins ne faisaient que retourner ou expliquer le *Traité des sensations* et la *Langue des calculs*. M. Laromiguière fut visiblement le dernier de ces maîtres. A la délicatesse infinie, aux grâces soutenues, aux nuances choisies de son style, on reconnaît le rayon pâle et charmant d'un jour affaibli qui s'éteint. Déjà quelques grandes pensées de Condillac ne semblaient plus comprises; on ne parlait plus de ses découvertes sur la nature de l'âme, ou sur la perception extérieure, et l'ingénieux professeur, qui essayait de le corriger et de le ranimer, réduisait toute la philosophie à la distinction puérile de l'idée claire et de l'idée vague, de la connaissance attentive et de la connaissance involontaire, de la formule et de l'impression.

Les contentements trop grands se tournent en dégoûts, et la victoire engendre la révolte. Les hommes du dix-huitième siècle avaient joui de la défiance comme d'un progrès, et de la critique comme d'une découverte; après eux, la critique cessa d'être une découverte, et la défiance d'être un progrès. Ils avaient pris plaisir à ruiner un mauvais bâtiment; le bâtiment ruiné, on s'affligea de ne plus voir que des ruines. Élevés dans la foi, les pères avaient douté; élevés dans le doute, les fils voulurent croire. Rousseau se leva, autorisant le sentiment, consacrant l'idéal, proclamant l'invisible, et la moitié du public le suivit. On vit paraître Bernardin de Saint-Pierre, Mme de Staël, M. de Chateaubriand. Le parti du sentiment devint celui

de tout le monde. Personne ne s'étonna en voyant
Mme de Staël prêcher l'exaltation et l'enthousiasme.
Personne ne se scandalisa en voyant M. de Chateaubriand recommander le christianisme à titre
d'agréable, changer Dieu en tapissier décorateur,
et répondre à la géologie nouvelle que le monde
fut créé vieux. Ils séduisaient en faisant contraste.
La force maîtrisait la France et brisait l'Europe;
excepté dans les sciences de faits sensibles et de
quantités chiffrées, toute pensée était méprisée ou
proscrite. Dans cette servitude des esprits et des
corps, c'était un honneur, une vertu, un refuge et
une révolte que de rêver[1].

On rêva donc, « et beaucoup plus qu'assez. »
Mais, pour la première fois au monde, la rêverie
fut métaphysique. On n'est point impunément fils
de son père; en le contredisant, on le continue;
les gens de 1820 maudissaient les philosophes de
1760, et les imitaient. S'ils avaient perdu les habitudes d'analyse, ils avaient gardé la passion de la
métaphysique; ils étaient à la fois sentimentaux et
systématiques, et demandaient des théories à leur
cœur. Cela produisit un style singulier, inconnu
jusqu'alors en France, le style abstrait. Composé
d'expressions vagues, il convient au « besoin

---

1. Voy. *l'Allemagne* de Mme de Staël, principalement les préfaces. — M. de Lamartine, *Discours de réception à l'Académie*

d'idéal » et au rêve. Composé d'expressions élevées et grandioses, il contente le besoin d'élévation et de grandeur. Composé d'expressions philosophiques, il semble introduire partout la philosophie. On l'employa, parce qu'on était rêveur, sublime et philosophe. Bientôt ce fut un débordement. Les horribles substantifs allemands, les mots longs d'une toise, noyèrent la prose nette de d'Alembert et de Voltaire, et il sembla que Berlin émigré fût tombé de tout son poids sur Paris.

Le rêve et l'abstraction, telles furent les deux passions de notre renaissance : d'un côté l'exaltation sentimentale, « les aspirations de l'âme, » le désir vague de bonheur, de beauté, de sublimité, qui imposait aux théories l'obligation d'être consolantes et poétiques, qui fabriquait les systèmes, qui inventait les espérances, qui subordonnait la vérité, qui asservissait la science, qui commandait des doctrines exactement comme on commande un habit; de l'autre, l'amour des nuages philosophiques, la coutume de planer au haut du ciel, le goût des termes généraux, la perte du style précis, l'oubli de l'analyse, le discrédit de la simplicité, la haine pour l'exactitude; d'un côté la passion de croire sans preuves; de l'autre la faculté de croire sans preuves : ces deux penchants composent l'esprit du temps. René, Manfred, Werther, Jocelyn, Olympio, Lélia, Rolla, voilà ses noms; j'en citerais bien d'autres. Pendant trente ans, tout jeune homme fut un Hamlet au petit pied, six mois durant, parfois davantage, dégoûté de tout, ne sachant que désirer, croire ou faire, découragé, douteur, amer, ayant besoin de bonheur, regardant au bout de ses bottes pour voir si, par hasard, il n'y trouverait pas le système du monde, entre-choquant les mots Dieu, nature, humanité, idéal, synthèse, et finissant par se laisser choir dans quelque métier ou dans quelque plaisir machinal, dans les coulisses de la Bourse ou de l'Opéra. Partout on vit se mêler la métaphore et l'abstraction, la poésie et la philosophie, le rêve et la formule. Les odes furent des méditations, des traités de morale, des cours de théologie : on s'affligea en vers de savoir et de ne pas savoir ce qu'est l'homme ; on prouva et l'on réfuta en belles strophes l'existence de Dieu et l'immortalité de l'âme; on fut sceptique, idéaliste, mystique, indien, païen, chrétien, humanitaire, manichéen, en stances, en versets, en alexandrins, en petits vers, en couplets croisés, en rimes continues. Les drames et les romans devinrent des manuels de science; on représenta, par des personnages, des moments de l'humanité, des époques de l'histoire, des réformes de politique, des thèses de législation pénale, «des questions d'organisation politique et sociale. » Nul poëte ne daigna être simplement poëte. Chacun prétendit expliquer l'homme et le monde, et par surcroît sauver l'humanité. Par contre-coup, les théories furent des romans, des odes, des prières, ou des extases. Après s'être attendris sur le christianisme, les uns voulurent le restaurer, d'autres le réformer, d'autres le refondre, d'autres l'interpréter, d'autres l'épurer, d'autres le compléter, et ces opérations durent encore. Après s'être échauffés pour l'humanité, les uns voulurent l'affranchir, d'autres l'organiser, d'autres la rendre heureuse, d'autres la rendre honnête, et ces entreprises se faisaient encore hier. Pour comble, l'un exalta les planètes, êtres intelligents doués de la vie aromale, celui-ci l'escadron des anges swédenborgiens, celui-là la circumnavigation des âmes à travers les astres, un autre le passage des pères dans le corps des fils, un autre le culte officiel de l'humanité abstraite, et « l'évocation cérébrale des morts chéris. » Sauf les deux premiers siècles de notre ère, jamais le bourdonnement des songes métaphysiques ne fut si fort et si continu ; jamais on n'eut plus d'inclination pour croire non sa raison, mais son cœur ; jamais on n'eut tant de goût pour le style abstrait et sublime qui fait de la raison la dupe du cœur.

Or, ce style et cette inclination sont les ressorts mêmes de l'éclectisme. Les motifs qui persuadaient les maîtres persuadaient les disciples ; le même besoin régnait dans la chaire et dans l'assemblée ;

l'auditoire était converti d'avance; on lui prouvait ce qu'il avait envie de croire; dans les sentiments du professeur, il applaudissait ses propres sentiments. M. Royer-Collard attaquait le scepticisme, et le public était las des sceptiques. M. Maine de Biran mettait partout des forces spirituelles, et le public souhaitait de voir la matière détruite au profit de l'âme. M. Jouffroy proposait à l'homme pour destinée l'immortalité et la vertu, et le public se réjouissait d'appuyer sur des raisonnements les nobles idées qu'il avait lues dans ses poëtes. M. Cousin entre-choquait « le moi substantiel, la raison impersonnelle, la spontanéité, la réflexivité, » et beaucoup d'autres choses aussi sonores; et le public, emporté sur un nuage, était ravi de planer avec lui au-dessus de l'univers. Défendu par des hommes médiocres, le système eût réussi, tant il était populaire; défendu par des hommes de talent, dont quelques-uns eurent quelquefois du génie, il devait tout abattre et tout subjuguer.

Son succès fut d'autant plus grand qu'à ses forces naturelles il ajouta des forces artificielles; il profita des circonstances accidentelles comme des circonstances permanentes; avec ses armes propres il eut des armes étrangères, et, en premier lieu, l'amour de la patrie et de la liberté. Écoutez ce passage, sentez ce style, et dites si un Français de 1815 pouvait y résister.

Mon âme m'échappe malgré moi, et je ne puis consentir à garder les bienséances que m'inspire ma faiblesse, au point d'oublier que je suis Français. C'est à ceux de vous dont l'âge se rapproche du mien que j'ose m'adresser en ce moment; à vous qui formerez la génération qui s'avance; à vous l'unique soutien, la dernière espérance de notre cher et malheureux pays. Messieurs, vous aimez ardemment la patrie. *Si vous voulez la sauver, embrassez nos belles doctrines.* Assez longtemps nous avons poursuivi la liberté à travers les voies de la servitude. Nous voulions être libres avec la morale des esclaves. Non, la statue de la liberté n'a point l'intérêt pour base, et ce n'est pas à la philosophie de la sensation et à ses petites maximes qu'il appartient de faire les grands peuples. Soutenez la liberté française encore mal assurée et chancelante au milieu des tombeaux et des débris qui nous environnent, par une morale qui l'affermisse à jamais ; et cette forte morale, demandons-la à jamais à cette philosophie généreuse, si honorable pour l'humanité, qui, professant les plus nobles maximes, les trouve dans notre nature, et qui nous appelle à l'honneur par la voix du simple bon sens [1] — Sorti du sein des tempêtes, nourri dans le berceau d'une révolution, élevé sous la mâle discipline du génie de la guerre, le dix-neuvième siècle ne peut en vérité contempler son image et retrouver ses instincts dans une philosophie née à l'ombre des délices de Versailles, admirablement faite pour la décrépitude d'une monarchie arbitraire, mais non pour la vie laborieuse d'une jeune liberté environnée de périls [2].

On voit que M. Cousin portait l'éclectisme sur

1. Cousin, *Cours de l'hist. de la phil.*, t. I, p. 21; année 1815.
2. Cousin, *Cours de l'hist. de la phil.*, t. II, p. 223; année 1817

les bancs de la gauche. Ailleurs il déduisait de ses théories morales le gouvernement constitutionnel et la charte : tactique excellente, qui faisait du système un parti, reportait sur lui la faveur et l'intérêt mérités par les opinions libérales, et devait au jour du triomphe le changer en philosophie de l'État.

Déjà aidé par la popularité du libéralisme, M. Cousin s'aidait aussi de la popularité de l'histoire. Chacun sait que cette science est le plus grand effort et la plus grande œuvre du siècle. Elle est notre contemporaine; au temps de Voltaire, on l'entrevoyait à peine; au temps de Bossuet, elle n'était pas. Je ne parle point des innombrables recherches et des publications infinies qu'elle a produites, mais du nouvel esprit qui l'a transformée. La critique, inconnue à Montesquieu, a paru, et l'exégèse allemande a fouillé les labyrinthes de l'antiquité connue et de deux ou trois antiquités inconnues. La sympathie, ignorée de Hume, a révélé les changements de l'âme, et Michelet, Thierry, Sainte-Beuve et tant d'autres ont écrit la psychologie des races, des individus, des siècles et des nations. L'analyse systématique et universelle, inconnue à Voltaire, a changé la foule éparse des événements en un corps de lois fixes, et M. Guizot a décomposé le mécanisme de la civilisation. M. Cousin profita de ce vaste mouvement en y prenant part. Il réunit à sa philosophie l'histoire de la philosophie. Il exposa un grand nombre de maîtres, il en édita plusieurs, il attira l'attention sur tous. Ces philosophies et leurs révolutions formèrent désormais une nouvelle série d'événements qu'il fallut ajouter aux autres. De cette révolution, M. Cousin eut justement la gloire, et injustement le profit. L'histoire des philosophies parut prêter de la certitude à sa philosophie; il autorisa son recueil de théories vagues, en lui joignant un recueil de faits précis; et le philosophe usurpa l'estime que méritait l'historien.

Secouru par la faveur et par les services de l'histoire et du libéralisme, il s'aidait encore lui-même. Nulle manœuvre ne fut plus heureuse et plus habile que la variation perpétuelle de sa doctrine et l'allure ondoyante de son esprit. Toujours quelque grand philosophe surgissait à point pour réveiller la curiosité lassée, ou pour appuyer le système chancelant. Les Écossais et M. Royer-Collard avaient plu, par transition, au sortir des analyses prudentes de M. Laromiguière; bientôt ils parurent secs et bornés, et l'on s'engagea avec une curiosité inquiète dans la mine ténébreuse d'où Kant ébranlait toute la terre habitable. — Kant sembla profond, mais rebutant et scolastique. Les grâces ravissantes, le style divin, la nonchalance, la vivacité, l'enthousiasme de Platon couvrirent bientôt l'éclectisme d'une moisson de fleurs ; ce fut un jardin après un souterrain. — Mais le jardin était étroit; Platon n'avait fait qu'indiquer le monde idéal; ses dialogues semblaient un préambule plutôt qu'un voyage ; d'ailleurs son principal ouvrage, le *Parménide*, paraissait inintelligible. On se lança dans le prodigieux univers de Proclus, mosaïque de triades, où la subtilité athénienne décompose et classe les illuminations du mysticisme oriental. — Cependant tout cela était étranger, et laissait un mécontentement secret. On avait renversé nos derniers philosophes français, et l'on avait besoin d'une gloire nationale. On releva Descartes, et le public apprit avec joie que toutes les grandes vérités philosophiques avaient été prouvées pour la première fois par un compatriote. — Mais Descartes était mort depuis deux siècles, et deux siècles sont beaucoup; on aurait voulu quelque chose de plus moderne, de plus approprié aux sciences nouvelles, de plus frappant, de plus grandiose, de plus attrayant. On eut recours à Schelling et à Hégel; on emprunta à l'un le fini, l'infini et leur rapport; à l'autre, une philosophie de l'histoire et une histoire de la philosophie, et l'on eut les leçons inspirées de 1828. Qui nommerai-je encore? Le nom de M. Cousin est légion; ainsi possédé, l'on comprend qu'il ait possédé le public. Je n'ai point rangé ses variations selon les dates;

ont-elles des dates? Tout se fond et s'harmonise en lui, sous l'étoffe souple et brillante de l'éloquence continue et du raisonnement fragile. Qui eût pu le découvrir et le saisir sous cette multitude de formes dont il ne désavouait aucune, dont les oppositions le servaient, qui toutes lui fournissaient un refuge? Qui eût pu résister au charme? Qui n'eût été ravi de respirer tant de bouquets philosophiques, si bien choisis, si bien formés, si éclatants, si habilement présentés par une main si légère, si variés, et pourtant variés par des transitions si fines, que tout le monde croyait n'en sentir qu'un seul?

La révolution de 1830 survint, et le parti de M. Cousin monta au pouvoir. Bientôt M. Cousin fut ministre ; l'éclectisme devint la philosophie officielle et prescrite, et s'appela désormais le spiritualisme. Rien de plus aisé qu'un nom à faire ou à défaire ; le dictionnaire est riche, et le dictionnaire manquant, on peut inventer. Refaire des doctrines est plus difficile, et il fallait en refaire. On s'était trouvé panthéiste en 1828, très-mauvais chrétien[1], jusqu'à considérer le christianisme comme un symbole dont la philosophie démêle le sens, bon pour le peuple, simple préparation à une doctrine plus claire et plus haute. Tout cela était

---

1. *Cours* de 1828. *Introduction à l'histoire de la philosophie*, 2ᵉ leçon, p. 59, 60 ; 5ᵉ leçon, p. 138, 139, 140, etc.

à propos, dans l'opposition, de la part d'un homme isolé, écrivain indépendant, et qui portait seul le faix de ses opinions. Rien de tout cela n'était plus à propos, maintenant que l'enseignement descendu d'en haut, officiel et public, devait convenir aux pères de famille et au clergé. Sous cette pression, et grâce à la lecture assidue du dix-septième siècle, on prit le panthéisme en horreur et le christianisme en vénération. On retrancha, dans les écrits publiés, quelques phrases mal sonnantes et trop nettes. On essaya de donner un sens tolérable à celles qui n'étaient que douteuses. On devint à peu près cartésien, plus volontiers encore partisan de Leibnitz, par cette raison excellente que Leibnitz est le plus loin possible de Spinoza. On oublia d'autres paroles très-expressives, trop expressives, qu'on avait autrefois jetées contre le christianisme, que les critiques n'osent citer, et dont tous les contemporains se souviennent. On finit par faire des avances au clergé, présenter la philosophie comme l'alliée affectueuse et indispensable de la religion, offrir le dieu de l'éclectisme comme une base « qui peut porter la trinité chrétienne, » et l'éclectisme tout entier comme une foi préparatoire « qui laisse au christianisme la place de ses dogmes, et toutes ses prises sur l'humanité[1]. » Il eût été bien difficile de

---

[1]. *Cours de l'hist. de la phil. moderne*, 1815 à 1820; 3ᵉ édition, préface.

ne pas réussir avec tant d'adresse, avec tant de soin pour séduire, amuser, entraîner et ménager les esprits, avec tant de précautions pour suivre ou devancer leur marche. Et lorsqu'à tant de variations utiles on ajoute l'alliance d'un parti politique, le crédit prêté par la rénovation de l'histoire, le talent des maîtres, le silence des adversaires, et par-dessus tout l'irrésistible sympathie de l'esprit poétique et nuageux du siècle, on comprend la nécessité de cette longue fortune et de cette solide domination.

Aujourd'hui encore le système paraît durable. Il n'a guère pour adversaires déclarés que des hommes pleins de bonhomie qui rédigent le calendrier et le bréviaire d'une religion future, ou des hommes pleins d'imagination qui fabriquent des épopées philosophiques en prose. L'Écosse flotte entre le scepticisme érudit d'Hamilton et les successeurs innocents de Reid. Hégel n'entrera jamais chez nous sous sa cuirasse de formules; elle est si lourde, que si ses héritiers essayent de passer le Rhin, ils sont sûrs de s'y noyer. Le système reste maître de l'enseignement, professeur et possesseur des générations qui naissent, défendu par une escorte d'hommes instruits, d'hommes de talent et d'hommes de cœur. Entre ceux-là on ne voit guère que de petites dissidences : l'un est plus orateur, l'autre plus critique; celui-ci psychologue de fondation, et autrefois trempé dans la phrénologie ; celui-là homme du monde et littérateur ; un autre grand ami de Kant, un autre moins dédaigneux pour Hégel ; il n'y a là que des différences de lectures et de caractères. — D'autres causes de durée sont plus fortes. D'abord la doctrine, telle qu'elle est aujourd'hui, est fort voisine du christianisme, et recueille naturellement tous ceux qui en tombent. Nul oreiller n'est plus doux, plus semblable au paisible lit qu'on vient de quitter, meilleur pour retenir ceux qui n'aiment pas à courir les aventures de l'esprit. De plus, elle s'appuie sur les plus beaux écrits de la langue, et sur une suite de grands penseurs. Quand on a pour évangile les *Méditations*, et pour apôtres Descartes, Bossuet, Fénelon, Leibnitz et Malebranche, on a beaucoup de crédit. D'ailleurs, ces écrivains sont clairs, et M. Cousin imite aujourd'hui leur style ; or, chacun sait qu'en France la clarté est le plus puissant argument. Enfin, en matière d'idées, le Français est naturellement discipliné, fort différent des Allemands qui réfléchissent chacun à sa façon et chacun dans son coin, très-docile aux opinions courantes, très-paresseux contre les opinions nouvelles, très-grognon quand on dérange ses habitudes, et qu'au lieu de réciter il est contraint de penser. Toutes ces raisons semblent annoncer qu'on énumérera longtemps encore les trois facultés, la première, la seconde et la troisième, et que, jusqu'à la fin du siècle, pour expliquer l'idée de l'infini, on dira qu'elle vient de la raison, faculté de l'infini.

La chose, cependant, n'est point certaine, et, lorsqu'on regarde autour de soi, un signe fâcheux donne à penser. Si l'on excepte les élèves qui croient sur parole, les professeurs qui croient par état, et les inventeurs qui croient à titre d'inventeurs, on trouve que sur la foule, savants, jeunes gens et gens du monde, cette philosophie n'a plus de prise. Ceux-ci admettent comme l'école Dieu, l'âme, le devoir ; mais l'obligation en est au catéchisme et à l'opinion plus qu'à l'école. Ces idées populaires sont une foi et non une conviction, un legs de la tradition, et non une conquête de la science. A titre de science, le spiritualisme n'est pas. Ses preuves n'intéressent point ou n'intéressent plus. Il n'a plus l'air d'une philosophie, mais d'un dépôt. Il reçoit les opinions saines qui coulent jusqu'à lui de toutes les parties de l'histoire, les recueille, les clarifie, et puis c'est tout. De vues nouvelles, ne lui en demandez point, il n'en a pas ; bien plus, il n'en cherche point ; il aurait peur de quitter les opinions saines et de s'engloutir dans l'invention, qui est l'hérésie. Le public l'approuve, mais jamais on ne vit d'approbation plus froide. Si on lit un de ses maîtres, c'est pour son grand cœur, son beau style, son éloquence vraie, son enthousiasme, sa noble conduite, et les protestations politiques que sa philosophie couvre et ne cache pas[1]. La doctrine est impuissante et respectée, souveraine et oubliée, dominante et stagnante. Personne ne voudrait la comparer, comme les anciennes, à un fleuve qui arrose et renverse; point de bruit, point de mouvement, point d'effet; c'est une baignoire bien propre, bien reposée et bien tiède, où les pères, par précaution de santé, mettent leurs enfants.

Ceux-ci en sortiront-ils? Pour cela il faudrait que l'envie de philosopher revînt. Je lui vois deux portes; il se peut qu'un savant comme Ampère et Geoffroy Saint-Hilaire réunisse les découvertes des sciences positives, forme avec elles un système du monde, et que ces vues d'ensemble s'imposent au public comme la loi d'attraction, ou l'hypothèse du plan animal unique. La chose n'est guère probable; car la science s'agrandissant chaque jour, chaque jour il devient plus difficile d'être universel, et Humboldt lui-même n'a fait qu'un catalogue des faits acquis.—Il se peut aussi que le goût de l'analyse reparaisse. Si nous redevenons critiques, douteurs, amateurs d'exactitude, exigeants en matière de démonstration, nous examinerons de nouveau

---

1. M. Jules Simon.

les raisonnements qui depuis trente ans passent pour bons, et nous les traiterons comme au dix-huitième siècle on traita ceux de Malebranche, de Leibnitz, de Descartes, avec cette différence qu'aujourd'hui le scepticisme est usé, que la pleine destruction ennuie, que les progrès de l'expérience ont amassé depuis cinquante ans des moitiés de science et des sciences entières, prouvées et solides, utiles pour bâtir la route, et des lumières grandioses, quoique fumeuses, érigées en Allemagne pour nous indiquer le but. De ce côté, toute espérance n'est pas perdue; on est déjà bien revenu du rêve, des aspirations vagues et des grands mots; la chute de vingt systèmes réformateurs nous a mis en défiance; nous ne pensons plus que la poésie soit un instrument de précision, et nous commençons à soupçonner que le cœur est fait pour sentir et non pour voir. Victor Hugo et Lamartine sont des classiques, étudiés plutôt par curiosité que par sympathie, aussi éloignés de nous que Shakspeare et Racine, restes admirables et vénérables d'un âge qui fut grand et qui n'est plus. Nous admirons déjà moins les abstractions, les obscurités, le style solennel, les phrases à queue, les barbarismes. M. Cousin, un des premiers, s'est réformé, et emploie la langue de Descartes, qui ramènera peut-être la langue de Voltaire. Voici qu'on vient de déterrer le plus grand psychologue du siècle, Henri Beyle, qui avait manqué la popularité, parce qu'il avait fui le ton sublime ; et plusieurs personnes déjà préfèrent ses petites phrases précises, dignes d'un code et d'une algèbre, aux métaphores de Victor Hugo et au galimatias de Balzac. On relit le dix-huitième siècle ; sous les moqueries légères, on trouve des idées profondes ; sous l'ironie perpétuelle, on trouve la générosité habituelle; sous les ruines visibles, on trouve des bâtisses inaperçues. Quelques personnes commencent à redouter le sentiment, à discuter l'enthousiasme, à rechercher les faits, à aimer les preuves. S'il s'en rencontre beaucoup, une nouvelle philosophie se formera.

Quelles idées apportera-t-elle? Je n'ai point la hardiesse de les prédire. J'exposerai simplement comment on doit les chercher ; il s'agit du moyen de découvrir, non de la découverte ; j'ose parler de la voie, et non du but. Quoi qu'il en soit, et quoi qu'il arrive, aujourd'hui tout homme un peu versé dans l'histoire prévoit l'effet de son travail. L'exemple de ses devanciers lui donne la mesure de ce qu'il fera, et ce qu'il fera est peu de chose. Il voit l'image de ce qu'il est et de ce qu'est la science dans les palais récemment déterrés des grandes cités orientales. Des pilastres, des étages de portiques, des labyrinthes de galeries, des salles immenses amoncelées en tours, des temples accumulés comme des cellules d'abeilles, des allées sans fin, peuplées de dieux et de monstres, une ville de pierre, exhaussée d'assises en assises comme pour escalader le ciel immobile, et plongée dans les entrailles du sol par ses souterrains béants : déjà effrayés par ce labeur gigantesque, les voyageurs s'approchèrent. Les murs, les colonnes, les voûtes, les dalles étaient couverts d'hiéroglyphes et d'inscriptions : chaque pouce de pierre enfermait une pensée, et la cité révélée était un livre de granit où s'était consumée toute la vie de tout un peuple. L'un d'eux, du pied, en sortant, dérangea par hasard un morceau de roche ; ils poussèrent un cri : les cinq autres pans de la pierre étaient labourés de signes plus pressés, entre-croisés, enroulés, en sorte que la surface disparaissait sous leur réseau. Ces signes voyaient pour la première fois la lumière ; à peine gravés on les avait enfouis sous le ciment ; ils n'avaient point servi, ils n'avaient point parlé, ils étaient restés obscurs, collés contre leurs voisins obscurs ; et toute la cité était ainsi. Nos sciences ressemblent à ces villes : des générations meurent occupées à graver sur nos livres l'innombrable catalogue des faits ; et ce terrible labeur n'est rien. Avant de saisir une vérité, il faut traverser dix erreurs ; avant d'écrire un caractère utile sur la face éclairée de la pierre, il faut multiplier, raturer, enchevêtrer les caractères inutiles sur les faces obscures. La plupart des ouvriers meurent avant d'avoir touché le côté visible; et celui-là est présomptueux qui, sur cent caractères, ne désespère pas d'y en inscrire un.

CHAPITRE XIII.

DE LA MÉTHODE.

Il y a encore à Paris des philosophes qui vivent dans une chambre. On en rencontre jusqu'à cinq ou six, et, après quelques années de soins, si l'on aime véritablement la discussion abstraite, on acquiert le droit d'aller se chauffer le soir au coin de leur feu. J'en sais de diverses espèces, plusieurs tout à fait excentriques, sceptiques, polythéistes, bouddhistes, matérialistes purs, panthéistes parfaits. Presque tous sont des gens austères, et quelques-uns, sceptiques déterminés, sont des modèles de vertu; la méditation amortit les sens, et les vues générales impriment dans l'âme la préoccupation du bien public. J'en connais deux assez âgés, et je les appellerai M. Pierre et M. Paul.

Ils n'ont ni femme, ni enfants, ni neveux; ils

ne vont point dans le monde ; ils ne jouent point au whist ; ils ne prennent point de tabac ; ils ne font point de collections. Ils aiment à raisonner.

Je les ai longtemps trouvés bizarres, et j'ai fini par les juger conséquents. Ils inventent en causant : ce mot explique leur vie. J'ai vu un mathématicien qui donnait ses leçons, tête baissée, sans rien dire, occupé à jeter de petits morceaux de craie par la fenêtre. Par instants, il sursautait, apercevait une idée, écartait l'élève, effaçait d'un revers de main les écritures du tableau, et griffonnait violemment sa formule nouvelle. Mes deux philosophes lui ressemblent. Les idées jaillissent en eux inattendues, subites ; ils en jouissent comme d'une découverte ; ils sont devant elles comme un provincial à l'Opéra. On s'en aperçoit aux éclairs de l'œil, à l'accent, aux gestes brusques, aux interruptions, aux vives reprises. Vers onze heures du soir, ordinairement tous deux sont en verve, et le spectacle est curieux. Ils pensent trois ou quatre fois plus vite que d'habitude, avec des abréviations étranges. Ils s'entendent à demi-mot, chacun achevant la phrase de l'autre ou lui coupant la parole pour lui dire : « Bien, assez, j'ai compris. » Ils se contredisent rarement, et plus volontiers s'attellent tour à tour à la même idée pour la dévider jusqu'au bout. Véritablement, au mouvement de leurs yeux et de leurs lèvres, on voit travailler leurs cervelles. Parfois les bougies s'éteignent au beau milieu d'un raisonnement; ils le continuent en brandissant des allumettes. Souvent l'un reconduit son ami ; arrivé, celui-ci reconduit l'autre, et ainsi de suite, eux toujours causant, avec une franche amitié et de la meilleure foi du monde, sans jamais disputer, tellement que chacun prend à l'occasion l'opinion de son adversaire et lui fournit des arguments. Je vais chez eux chaque semaine; ils me permettent de les écouter ; quelquefois même ils veulent bien me donner des conseils, dont je sais mal profiter.

M. Pierre a soixante ans, une petite tête spirituelle et sereine, des traits nets vivement coupés, des yeux souriants et perçants, un beau front uni, un peu fuyant, régulièrement encadré par des lignes géométriques de cheveux gris, rien de maladif, d'inquiet, d'âpre ou de vague, comme dans nos figures modernes. Il a la démarche agile, et pourtant égale, sans hâte ni saccade, en homme dont l'âme saine et gaie se tient d'elle-même en action et en équilibre sans enivrement, ni abattements, ni efforts. Fort attentif aux bienséances, il est soigné, quoique simple, sur sa personne. On le voit quelquefois au Jardin des Plantes, chez M. Brongniart, à l'École de médecine, chez M. Denonvilliers : ce sont les deux cours qu'il préfère.

Sa cravate blanche irréprochable, et son habit bleu, à boutons d'or, fermé jusqu'au col, font contraste avec les paletots qui l'entourent, et l'on regarde volontiers cette tête enjouée, un peu antique, au milieu de ces jeunes visages salis et flétris par l'École pratique et par l'estaminet. De temps en temps, il prend des notes sur un cahier relié fort propre, avec un porte-crayon d'argent, toujours rempli de mine de plomb choisie, d'une petite écriture régulière et nette, qu'un copiste admirerait. Rentré chez lui, il détache la page, y met la date, la range à sa place dans un carton de faits semblables. Trois ans après, dans la discussion la plus vive, il la cite aussi exactement que s'il venait de l'écrire, ouvre le carton à l'endroit précis, et la présente à son adversaire pour ne rien dire que pièces en main.

Quoique fort bon, il n'est point philosophe humanitaire. Il trouve ennuyeux d'écrire, et ne publiera jamais rien ; il n'a pas envie de sauver le genre humain ; d'ailleurs pour cela il ne compte pas sur les livres. Il est gourmet en matière de science, et ne raisonne que pour lui seul. Il prend son plaisir où il le trouve, et prétend que les autres font comme lui. Il ne croit guère au dévouement et n'aime que médiocrement les gens à principes. Sa bienveillance, qui est extrême, vient de son tempérament, non de son raisonnement. Il n'est point du tout poëte : très-froid et très-lucide, ses nerfs s'animent sans que son sang s'échauffe ; la verve multiplie ses idées sans les colorer. Son grand besoin est de voir clair ; il veut toujours se rendre compte, et dans la discussion dit quinze fois par heure : « Je n'entends pas. » Un peu sceptique, parfois moqueur, destructeur par occasion, surtout en matière d'illusions poétiques et métaphysiques, il a des habitudes d'algébriste, et a copié de sa main la *Langue des calculs*. Mais il a gardé la politesse du dernier siècle, et, si vivement qu'il vous réfute, il est impossible que vous lui vouliez du mal.

Il habite rue Bretonvilliers, à la pointe extrême de l'île Saint-Louis ; c'est la plus belle vue de Paris. De ses fenêtres on domine le Jardin des Plantes, et les yeux embrassent la magnifique courbure de la Seine qui descend de l'est, étalée largement entre ses deux quais déserts. Quand le soleil se lève, et qu'un grand pan de clarté vient argenter les petits flots innombrables, l'appartement s'emplit tout entier d'une lumière blanche, et les rayons irisés dansent avec une gaieté inexprimable dans les vieux carreaux. Les chambres sont hautes, lambrissées, avec des panneaux et des peintures dans le goût du dix-huitième siècle. Beaucoup d'espace, beaucoup de jour, peu de meubles ; en fait de livres, une bibliothèque toujours ouverte où sont les quatre-vingt-quatre volumes de Voltaire, et les trente-deux volumes de Condillac; une autre, énorme, comblée d'ouvrages de fonds, mémoires des académies, journal des savants, recueils des mémoires et des historiens originaux, catalogues de faits de toute espèce et de toute forme ; dans un cabinet, quelques herbiers, deux ou trois squelettes, des cartons de portraits ou d'estampes, bref un choix de spécimens. Pour le maître, on le trouve ordinairement à sa table devant la fenêtre, regardant parfois les deux lignes grandes et simples qui dessinent le cours de la Seine, occupé plus volontiers à dresser des listes et à composer des groupes de faits.

Ces jours derniers, il rencontra les articles que vous venez de parcourir, cher et redoutable lecteur. Il me demanda en souriant ce que je faisais dans cette galère : révéler au public que M. Cousin est un orateur, M. Royer-Collard un dictateur, M. Jouffroy un homme intérieur, et M. de Biran un abstracteur de quintessence, c'est annoncer que Napoléon fut ambitieux; il est inutile de faire ces découvertes. Je m'excusai comme je pus, alléguant que j'avais voulu exposer la méthode, et confessant que j'y avais mal réussi. J'ajoutai qu'en ce moment j'avais recours à lui, ne pouvant achever seul; si je ne faisais clairement cette exposition, mon travail restait inutile ; il serait sot de montrer les fautes sans indiquer les moyens de les éviter ; ayant affirmé que la méthode de l'école est mauvaise, je devais expliquer la bonne ; pour dégager les gens d'une voie, il fallait les engager dans une autre, et pour cela j'avais compté sur lui.

« Vous pensez donc, mon cher enfant, me dit-il, qu'on décrit une méthode par occasion au bout d'un livre, en un chapitre, ou bien un soir entre un verre d'eau sucrée et une tasse de thé ? Vous êtes prompt en besogne ; au besoin, vous pourriez répondre à ces bonnes gens qui arrêtent un homme sur le trottoir, le priant de leur expliquer, au pied levé, ce qu'il pense de Dieu, du monde, de l'âme et du reste. N'importe, venez ce soir. Paul y sera. Nous causerons, et, s'il se dit quelque chose d'utile, vous en ferez ce qu'il vous plaira. »

Le soir venu, il me prit la main avec sa grâce ordinaire, m'installa dans un fauteuil, me versa du thé, m'avertit d'en boire beaucoup, disant qu'il voulait me tenir éveillé, qu'il en avait besoin, qu'il allait faire le professeur, que c'était la première fois de sa vie, et que d'avance il m'en demandait pardon. « Je ne vous parlerai que d'analyse. C'est mon état. Paul fera le reste. »

« Analyser, à mon avis, c'est traduire. Traduire, c'est apercevoir sous les signes des faits distincts. Si je lis le nombre 27, je puis indiquer aussitôt que 27 c'est 26 + 1, que 26 c'est 25 + 1, et ainsi de suite ; je fais ainsi l'analyse de 27. Pareillement, quand je prononce le mot *force*, *digestion*, *volonté*, ou tout autre, je dois pouvoir indiquer en quels mots il se résout, et à quels faits ces mots correspondent ; alors seulement je l'ai analysé.

Dans cette traduction je vois deux pas. Le premier est la traduction exacte : c'est celle que la doctrine de Condillac explique ; le second est la traduction complète ; c'est celle que donnent les progrès de l'observation. Excusez ces formules ; j'arrive aux exemples précis, et je vais essayer devant vous des analyses du premier genre.

Vous savez que les physiologistes, après avoir décrit, compté, classé les fonctions et les organes, concluent ordinairement en admettant une *force vitale*. Selon eux, il y a une force qui réside dans le germe, le développe, l'organise, maintient l'ordre des parties, rend l'estomac capable de digérer, le cœur de se contracter, le foie de sécréter la bile, le poumon d'amener le sang au contact de l'air, les nerfs de remuer les muscles, les muscles de se bander en tirant les tendons et les os. Ils l'appellent *vitale*, parce qu'elle entretient les opérations qui composent la vie.

Les uns se la figurent comme un fluide invisible et impalpable répandu dans tout le corps ; les autres, comme un être immatériel et inétendu, appliqué sur les parties matérielles et étendues ; les autres, comme une chose inexplicable et hors de la portée de l'esprit humain. C'est tantôt un liquide subtil, tantôt une monade, tantôt un mystère. Quant à moi, je ne puis rien dire encore. Je n'entends pas le mot, je suis obligé de l'analyser.

Pour cela, je vais le faire naître, et je le ferai naître en observant les cas particuliers où il se produit.

Regardez les dents, la langue, les glandes salivaires, toutes les parties de la bouche et leur emploi. Si quelqu'une manque, l'animal ne peut plus mâcher. Ainsi, pour que l'animal mâche, *il faut* qu'elles soient comme elles sont.

Même remarque, si vous considérez l'action d'avaler et de digérer. Pour qu'elle se fasse, *il faut* que les organes soient comme ils sont. Mais si la mastication, la digestion ou la déglutition manquent, l'animal ne peut plus se nourrir. Ainsi, pour que la nutrition se fasse, *il faut* que l'animal puisse mâcher, avaler et digérer.

Même remarque sur toutes les fonctions du corps. En les réunissant, vous trouvez que si la respiration, la nutrition ou la circulation manquent, le mouvement de destruction et de rénovation qui est la vie cesse. Donc, pour que la vie subsiste, *il faut* que toutes les opérations subordonnées puissent s'effectuer.

Il faut! il faut! n'avez-vous pas remarqué ce mot qui revient sans cesse? *Il faut* que ces opérations se fassent. Il y a *nécessité* pour que ces opérations se fassent. *Force* est que ces opérations se fassent : toutes traductions de la même chose. Nous touchons au sens cherché.

La vie est la fin, les opérations sont les moyens. La vie nécessite les opérations, comme une définition ses conséquences. Cette nécessité ou force amène, entraîne et produit des opérations, comme elle amène, entraîne et produit des conséquences. Qu'est-elle? Un rapport. Un rapport entre la vie et les opérations, entre la définition et les conséquences. Si vous voulez, transformez-la en qualité, pour la commodité du langage : vous direz alors qu'elle est une propriété du corps vivant. Si vous voulez, transformez-la en substance, pour la commodité du langage : vous direz alors qu'il y a une force dans le corps organisé. Mais dans tous les cas, souvenez-vous de l'analyse. La force vitale n'est ni une qualité, ni une substance, mais un simple rapport.

Je ne vois plus de fluide, de monade, de mystère, mais seulement deux ordres de faits : un fait principal, le mouvement de destruction et de rénovation qu'on nomme vie; des faits subordonnés, les fonctions et la structure qui rend ces fonctions possibles; un rapport, la nécessité qui attache ces faits subordonnés au fait principal. Des faits, des rapports, il n'y a rien d'autre. Nous avons purgé notre esprit d'un être métaphysique. C'est une bonne œuvre, et ce n'est pas une petite œuvre. On a passé des siècles à raisonner sur la force vitale; et des gens fort savants, à Montpellier, dépensent encore en son honneur la moitié de leur temps et tout leur esprit.

Continuons l'analyse, ou plutôt continuez-le seul; vous réduirez de même à des faits ou à des rapports toutes les expressions des sciences physiques. L'air pesant est une force; cela veut dire qu'en l'appliquant sur la cuvette du baromètre, il forcera le mercure à monter, en d'autres termes, que l'air s'appliquant sur le baromètre, le mercure montera nécessairement. — La chaleur a une force de dilatation : cela veut dire que la chaleur forcera cette barre à se dilater, en d'autres termes, que cette barre, étant chauffée, se dilatera nécessairement. — Le fer et l'oxygène ont une force d'affinité réciproque : cela veut dire que le fer exposé à l'air humide se combinera nécessairement avec l'oxygène. *Nécessité, nécessairement*, le même mot chaque fois se répète; chaque fois il y a deux faits, et chaque fois il s'agit d'un rapport qui les lie. La présence de l'air et l'élévation du mercure; la présence de la chaleur et la dilatation de la barre; la présence du fer entouré d'air humide et la naissance de la rouille : dans tous ces cas, le premier fait étant donné, le second devient nécessaire, ce qu'on exprime en disant que le premier a la force de produire le second. La force n'est que la liaison ou dépendance du second vis-à-vis du premier, ou, si vous l'aimez mieux, la propriété qu'a le premier d'être nécessairement suivi du second. Il n'y a là non plus ni fluide, ni monade, ni mystère, mais un rapport.

Traduisez de même les autres expressions un peu compliquées ou vagues, en reproduisant les circonstances où elles peuvent naître. Vous trouverez qu'une *fonction* est un groupe de faits concourant à un effet unique, que la *nature* d'un être est le groupe des faits principaux et distinctifs qui le composent, qu'une *loi* est un couple formé de deux faits généraux, qu'un *individu* est un système distinct de faits dépendants les uns des autres, que la *perfection* ou *l'imperfection* d'un être consiste dans la complexité ou la simplicité des faits qui le constituent. Et partout, pour arriver à ces définitions, vous pratiquerez la même sorte d'analyse. Pour savoir ce qu'est une *fonction*, vous prendrez la digestion, qui en est une, puis la circulation, la respiration, la locomotion, qui en sont d'autres, et vous regarderez quelle circonstance commune fait jaillir dans tous ces cas distincts le mot fonction Pour savoir ce qu'est une *nature*, vous prendrez un animal, une plante, un minéral dont vous noterez les propriétés, et vous verrez que le mot *nature* apparaît au moment précis où vous avez fait la somme des faits importants et distinctifs. Partout enfin la conclusion sera la même, et le mot produit par l'analyse désignera une portion, une combinaison, ou un rapport de faits.

Portez-la dans le monde moral ; essayez de vous entendre quand vous parlez de la destinée d'un peuple, du génie d'une nation, des forces vives de la société, de l'influence d'un climat ou d'un siècle, de l'expansion d'une race, de la puissance des anciennes institutions. Tous ces mots savants désignent des choses vagues qui ont l'air de lutter, de s'accoupler, et d'agir bien au-dessous des événements dans un bas-fond obscur. Tirez-les au jour, et voyez ce qu'il en reste après la traduction.

« La destinée de Rome était de conquérir l'univers. » Je ne vous entends pas. Peut-être vous êtes prophète ; vous me révélez (après coup) ce que les puissances d'en haut avaient décrété. Fort bien pour Virgile qui est poëte, et poëte du gouvernement à Rome ; quant à moi, je demande une idée claire. Votre phrase signifie pour moi que le peuple romain conquit le bassin de la Méditerranée avec quelques contrées du nord-ouest, et que cela était nécessaire. Cela était nécessaire, parce qu'il eut, sept siècles durant, de très-bonnes armées et de très bons politiques, et que ses adversaires furent moins braves, ou moins disciplinés, ou moins habiles que lui. Ma traduction m'apprend que la destinée d'un peuple n'est rien que l'effet combiné des circonstances, de ses facultés et de ses penchants.

« Le génie de la France est monarchique. » Comme il vous plaira, et grand bien nous fasse. En tout cas, traduisons. Cela signifie que depuis cinq cents ans, les Français ont eu presque toujours des gouvernements presque absolus ; qu'étant vaniteux et sociables, ils ne savent pas inventer leurs opinions et leurs actions ; qu'étant théoriciens et moqueurs, ils font mal et respectent mal leurs lois ; qu'étant vifs et imprudents, ils se prennent d'enthousiasme et d'alarme trop vite, trop fort, et mal à propos, dans leurs résolutions et dans leurs révolutions. L'axiome fataliste se réduit à un fait d'histoire politique et à un groupe d'habitudes morales ; on l'entend, et dès lors on peut le discuter, le vérifier, le prouver, le réfuter et le limiter.

« Le ciel de l'Italie inspire et produit les artistes. » Cela est douteux ; il n'est pas sûr qu'un Groënlandais transporté à Rome à l'âge de six mois, et occupé douze heures par jour à regarder le ciel, devînt un grand peintre. En traduisant, je trouve qu'il s'agit ici d'une question non résolue.

Étant donnés le climat, les aliments, le type héréditaire, l'espèce de gouvernement et de religion, l'aspect du sol et du ciel, on sait que cet amas de causes produit des gens d'imagination, ayant le don d'inventer et de contempler avec émotion de beaux systèmes de formes, de sons ou de couleurs. Quelle part l'aspect du ciel y a, petite ou grande, personne ne le sait. Ma traduction met sous la phrase un fait douteux et vague. C'est quelque chose ; j'apprends à me défier de cette phrase, et je sais désormais qu'il faut s'en servir peu ou point.

Vous trouveriez de même que les forces vives d'une société ne sont que le degré de vigueur musculaire de chaque citoyen, son aptitude à trouver des idées utiles, et sa capacité d'obéir à des idées abstraites ; que les penchants fondamentaux d'un homme ou d'une race se réduisent aux classes d'idées les plus agréables à cet homme ou à cette race ; et cent autres choses semblables. Avant la traduction, vous raisonniez à l'aveugle ; après la traduction, vous avancez, avec une certitude presque mathématique, d'équation en équation.

Comment trouvé-je ces traductions ? Ayant considéré la vie d'un homme, d'un peuple, d'un animal, j'ai trouvé que le mot *destinée* me venait aux lèvres, lorsque je saisissais les faits principaux qui composent la vie de chacun d'eux, et que je les jugeais nécessaires. Ayant considéré le *génie* d'un poëte, d'un politique, d'un savant, j'ai trouvé que ce nom m'apparaissait lorsque j'apercevais l'action principale de leur vie, avec les facultés et les inclinations qui les y portaient. J'ai fait de même pour les autres. Dans tous les cas, j'ai recréé mon idée, en reproduisant la circonstance particulière qui l'a fait naître; j'ai démêlé cette circonstance en la rendant sensible; je l'ai rendue sensible en la grossissant; et je l'ai grossie en la répétant plusieurs fois.

Voilà le premier pas de l'analyse. Nous avons traduit chaque mot par un fait douteux ou non, complet ou non. Nous n'opérons plus sur des mots vides, mais sur les choses; si nous n'avons pas accru les faits que nous savions, nous avons contrôlé les termes dont nous usions; si nous n'avons pas beaucoup diminué notre ignorance, nous avons beaucoup diminué nos erreurs; nous avons refait toutes nos idées, et nous avons refondu notre esprit. Et, pour cela, nous avons pris un moyen simple : nous avons ramené les noms compliqués et généraux aux cas particuliers et singuliers qui les suscitent; en réunissant plusieurs exemples, nous avons démêlé et détaché la circonstance commune qu'ils désignent; nous les avons réduits à exprimer cette circonstance. Aussitôt les êtres métaphysiques sont tombés, et il n'est plus resté que des portions, des combinaisons ou des rapports de faits.

Ce premier pas en amène un autre ; l'analyse des mots conduit à l'analyse des choses; la traduction exacte pousse à la traduction complète Nous imitons les algébristes : après avoir transformé le problème en équation précise, nous traduisons par des quantités connues les inconnues de l'équation.

« L'animal digère. » Rien de plus clair que cette phrase; nous la traduisons à l'instant par un fait : j'ai vu le pain et la viande qu'il avalait ; une heure après, ouvrant son estomac, j'ai trouvé une bouillie acide : ce changement est la digestion. Mais remarquez qu'il est entouré et précédé d'une longue suite d'inconnues. Par quels états intermédiaires l'aliment a-t-il passé? Quelles positions dans l'estomac a-t-il tour à tour occupées? Quels mouvements ont causé et varié ces positions? Quelle substance l'a transformé ? Par quels éléments divers? Quelle est la proportion de ces éléments? D'où venait-elle ? Comment s'est-elle formée ? Comment s'est-elle appliquée sur lui ? Quelle espèce de transformation y a-t-elle produite ? Vous voyez que ma traduction n'était pas complète ; mon expression indiquait un fait, mais non les parties de ce fait ; elle désignait un passage ou changement d'état, mais en gros, sans détailler tout ce qui le compose. J'étais comme un voyageur placé sur le haut d'une montagne ; de loin il voit une tache grise et dit : « C'est Paris ; » le nom correspond à un fait ; mais le fait traduit le nom incomplétement. Ici intervient la seconde analyse ; il s'agit de remplacer la tache grise par un plan ordonné de toutes les maisons. Cette substitution est le vrai progrès des sciences positives ; tout leur travail et tout leur succès depuis trois siècles consistent à transformer les grosses masses d'objets qu'aperçoit l'expérience vulgaire en un catalogue circonstancié et détaillé de faits chaque jour plus décomposés et plus nombreux.

Comparez les deux traductions, la complète et l'incomplète, la moderne et l'ancienne, et vous apercevrez l'analyse, sa nature, ses instruments et ses effets :

« L'estomac change les aliments en bouillie. » Voilà la science ancienne ; elle tient en une ligne. Regardez ; le fait resserré va se déployer comme un éventail.

Avec des couteaux et des scalpels, on met à nu l'estomac, et on remarque que, lorsqu'il reçoit les aliments, il change de forme et de direction. Sa grande courbure se porte en avant et en haut. Il s'arrondit vers la partie épigastrique. La contraction et le relâchement alternatifs du bas de l'œsophage, joints à l'effet d'un sphincter, empêchent l'aliment de remonter. La tunique musculeuse se distend. Les plis de la tunique muqueuse s'effacent. La capacité de l'estomac s'est augmentée.

Avec un scalpel, on fait un trou dans l'estomac, ou bien l'on regarde par une fistule pratiquée. On voit que la contraction des fibres musculaires pousse l'aliment vers le pylore, lui fait suivre la petite courbure, le jette dans la grande, et le ramène au pylore, où le cercle recommence.

En regardant par la fistule, on voit un liquide pleuvoir sur l'aliment qui circule. Avec le scalpel et le microscope, on constate qu'il vient de diverses glandes tubuleuses, les unes à cellules arrondies, les autres à cellules cylindriques.

On recueille le suc des premières avec des éponges ou par des fistules, ou en tuant l'animal. On l'étudie par des procédés chimiques. On le trouve acide, on constate sa composition, on l'appelle gastrique, et on remarque qu'il ne jaillit qu'en présence des aliments.

On verse ce suc sur des aliments, à une température convenable, et l'on voit l'aliment se désagréger peu à peu et devenir liquide. C'est donc le suc gastrique qui opère la digestion.

On décompose ce suc par des moyens chimiques; on y démêle un ferment, la pepsine, et un acide. On s'assure que, privé de ce ferment ou de cet acide, il n'opère point; que ce ferment et cet acide, réduits à eux-mêmes, opèrent. On conclut que ce sont eux qui opèrent la digestion.

On constate par la chimie le changement subi par l'aliment liquéfié. On remarque qu'il est non seulement dissous, mais encore métamorphosé, sans avoir reçu, du reste, aucune substance nouvelle, et l'on dit qu'il a fermenté.

On étudie par la chimie la nature nouvelle de ce liquide; on trouve que tout aliment composé de matières neutres azotées s'est transformé en une substance définie, nommée albuminose, laquelle peut être assimilée, c'est-à-dire réparer les pertes du corps.

Voilà une seconde traduction. Le mot digestion n'exprime pas à présent un fait plus distinct que tout à l'heure; il exprime un fait plus complexe. Il n'a pas gagné en clarté, mais en fécondité. Il ne désigne pas des circonstances plus nettes, mais plus de circonstances : et désormais tout l'effort des physiologistes est d'accroître cette quantité.

Mais vous voyez en même temps par quel procédé ils l'accroissent. L'observation directe, telle que la fait le vulgaire, leur fournit très-peu de faits. S'ils s'y enfermaient, ils auraient beau être attentifs, ils n'en découvriraient guère. Ils sont obligés à chaque pas de modifier l'objet, ou de remplacer leurs propres sens; ils modifient l'objet par des coupures, des macérations, des injections, des opérations chimiques; ils remplacent leurs propres sens par le microscope, ou par les indications des réactifs. Vous voyez que l'analyse consiste dans la multiplication des faits, et que la multiplication des faits a pour moyens indispensables le pouvoir et l'art de remplacer les instruments observateurs ou de modifier les objets observés.

C'est pourquoi toute multiplication des faits engendre un fragment de science, et tout moyen nouveau de remplacer l'instrument observateur ou de modifier l'objet observé multiplie les faits. Ainsi le microscope a créé l'embryogénie, l'anatomie microscopique, l'anatomie et la physiologie des animaux inférieurs. Ainsi les nouvelles compositions et décompositions chimiques ont créé la chimie organique et une partie de la physiologie récente. Ainsi les vivisections ont créé presque toute la physiologie du système nerveux. Le télescope est l'auteur de l'astronomie ; la pile, de la physique électrique ; le thermomètre, le baromètre, l'hygromètre, de la météorologie. De tous ces instruments, les mesureurs sont les plus utiles ; car, discernant et notant les quantités différentes, lesquelles sont en nombre infini, ils multiplient à l'infini le fait auquel on les applique. Ainsi croissent les sciences physiques, ouvrage de l'analyse servie par les transformations des objets observés et par l'invention des instruments observateurs.

La même analyse crée les sciences morales, et par le même moyen.

« Rabelais a écrit le *Pantagruel*. » Chacun traduit cette phrase à l'instant par le fait le plus net. On voit le vieux petit volume, la reliure de parchemin, les événements racontés, tout le détail des cinq ou six cents pages. Mais remarquez que ce fait extérieur et apparent traîne autour de lui un long cortége d'inconnues. Quelle est la philosophie de Rabelais ? Comment raisonne-t-il ? Quelle est l'espèce et la mesure de son imagination ? Dans quel ordre, avec quelle intensité, selon quelle proportion les images et les idées s'enchaînent-elles dans son cerveau ? En quoi consiste sa bouffonnerie ? Quelle part y ont la philosophie, la prudence et le tempérament ? Quelle est la conformité de son livre et des mœurs du temps ? Pourquoi les ordures et les folies y ont-elles une si grande place ? Quel est son style ? D'où vient ce mélange de termes populaires et de termes savants, de vieilleries et de néologismes ? D'où vient ce débordement effréné de bavardages, d'énumérations, de citations, d'inventions, d'extravagances, de philosophie, de gaudrioles ? Quelles facultés personnelles et quelles mœurs environnantes ont produit ce géant en goguette, ce métaphysicien ivre, cette cervelle dévergondée et sublime, cette prodigieuse lanterne magique où se heurte le pêle-mêle vertigineux des formes tournoyantes, où s'enchevêtre le chaos de toutes les idées et de toutes les sciences, où la sensualité secoue sa torche rouge et fumeuse, où le génie fait flamboyer tous ses éclairs? Vous voyez qu'il y a une analyse à faire dans un écrit comme dans une digestion. De loin c'est un fait unique; de près c'est un fait multiple. Au premier aspect on n'aperçoit que l'effet apparent : dans l'estomac, la métamorphose des aliments ; dans le livre, l'assemblage des vingt mille phrases. Mais l'assemblage des vingt mille phrases, comme la métamorphose des aliments, est accompagné par un nombre infini de circonstances inconnues. Dans l'examen de Rabelais comme dans l'histoire de la digestion, nos faits multipliés ont complété notre traduction et composé notre analyse. Dans les sciences morales comme dans les sciences physiques, le progrès consiste dans l'emploi de l'analyse, et tout l'effort de l'analyse est de multiplier les faits que désigne un nom.

Voici une *Passion* par Albert Dürer : chaque mouvement, chaque forme y est l'effet visible d'une suite de sentiments invisibles. Le vulgaire aperçoit cet effet ; l'analyse tire cette suite à la lumière. La férocité des visages, l'abus de la laideur méchante et vulgaire, la violente et universelle horreur pour le bonheur et la beauté, l'intensité de l'émotion, la lugubre rêverie, l'invention fantastique d'apparitions et de monstres, le déchaînement des fantômes de l'Apocalypse et du moyen âge à travers un cerveau malade ; par-dessus tout une précision de traits, une vigueur de dessin, une surabondance de détails, un fini qui accable ; le génie consciencieux, spiritualiste, visionnaire et mélancolique d'un Allemand de la Renaissance : voilà une partie du groupe moral qui entoure le fait physique et le produit. Chaque fait en histoire traîne après soi une semblable compagnie. Un beau meurtre, dans Grégoire de Tours, laisse apercevoir les passions aveugles et soudaines des barbares ; une cérémonie sous Louis XIV indique la politesse, la hauteur, la servilité et les jalousies de grands seigneurs oisifs et bien élevés ; une institution marque le caractère national et l'état d'esprit qui la fonde. Art, littérature, philosophie, religion, famille, société, gouvernement, tout établissement ou événement extérieur nécessite et dévoile un ensemble d'habitudes et d'événements intérieurs. Le dehors exprime le dedans, l'histoire manifeste la psychologie, le visage révèle l'âme. L'analyse ajoute le monde moral au monde physique, et complète les événements par les sentiments.

Mais vous voyez qu'ici, comme dans les sciences

physiques, pour multiplier les faits observables, il a fallu transformer l'instrument observateur. L'historien s'est créé un thermomètre, son âme. En s'observant, en étudiant les hommes, en écrivant, en agissant, il a fini par découvrir les divers genres de sentiments qui produisent les divers genres de phrases, de formes, d'attitudes et d'actions. Dorénavant, quand il en rencontre une, il éprouve et aperçoit l'émotion qu'elle signifie, comme le chimiste connaît, par les différentes teintes de son papier de tournesol, qu'une dissolution est neutre, alcaline ou acide. En vain vous auriez les meilleurs yeux et la plus grande science du monde, vous n'apercevriez dans un tableau que des lignes et dans une charte qu'une écriture, si votre imagination n'est pas devenue sensible et si vous n'avez pas au dedans de vous un réactif indicateur.

C'est pour cela qu'aujourd'hui la psychologie est méprisée et paraît stérile. Les savants disent que la science de M. Jouffroy a pour objet de couper les cheveux en quatre ou d'enseigner le français aux enfants; non sans raison. Réduite à l'observation directe, la psychologie ne peut pas découvrir de vérités importantes et nouvelles. L'attention la plus assidue n'y fait que préciser les notions vulgaires. M. Jouffroy lui-même avouait qu'il n'enseignait rien de neuf à ses auditeurs, que tout son travail était d'éclaircir leurs idées obscures, qu'il les acceptait pour juges, et que leur assentiment ou leur incertitude vérifiait ou réfutait ses descriptions. Demandez à un physicien s'il se contente de préciser les idées vagues de son auditoire, et si, dans l'histoire de la chaleur, il ne fait que développer la notion vulgaire de la chaleur. Si la psychologie est une science, son objet est de découvrir des faits inconnus, inaccessibles à l'observation directe; et si on la dédaigne, c'est qu'elle n'en découvre pas. Il y en a et elle peut en trouver. Elle en possédera un, par exemple, le jour où elle aura prouvé que la perception extérieure est une hallucination vraie. Et pour faire ces découvertes, elle a besoin, comme les autres sciences, de remplacer l'instrument observateur ou modifier l'objet observé. Elle remplace cet intrument, lorsqu'à l'observation directe employée par Reid, elle substitue l'étude des signes qui précèdent la perception ou qui la suivent, et qui tiennent lieu de réactifs indicateurs. Elle modifie cet objet, quoique d'une manière indirecte, lorsqu'à la Salpêtrière elle observe les idées et les sentiments altérés par l'aliénation.

L'analyse s'arrête ici; vous savez en quoi elle consiste : traduire les mots par des faits; voilà sa définition; traduction exacte, traduction complète; voilà ses deux parties. Dans la traduction exacte, on ramène les mots obscurs, vagues, abstraits, de sens compliqué et douteux, aux faits, aux portions de faits, aux rapports ou aux combinaisons de faits qu'ils signifient. Pour cela on met le mot dans les cas particuliers, singuliers et déterminés où il peut naître; on le fait ainsi renaître; et en répétant l'opération plusieurs fois, sur des exemples distincts et semblables, on finit par démêler la circonstance à laquelle il correspond. C'est le premier pas. Dans la traduction complète qui est le second, on ajoute à la connaissance de chaque fait noté la connaissance des inconnues qui l'entourent. Pour cela, on modifie l'objet observé ou l'on remplace l'instrument observateur. — Ces deux opérations accomplies, je ne vois plus rien à faire. Vous avez d'abord ramené la science à son objet; maintenant vous agrandissez son domaine. Vous avez d'abord traduit chaque mot par un fait suivi d'un groupe d'inconnues; maintenant vous traduisez chaque mot par un groupe de faits connus. Vous avez d'abord supprimé les êtres métaphysiques; maintenant vous multipliez les êtres réels. Vous étiez dans une grande bibliothèque, sachant le nom de Virgile. Au premier moment, ce nom ne désignait pour vous aucun livre. Au second moment, vous l'avez aperçu sur la couverture d'un volume, et vous avez représenté par ce nom le volume. A présent, vous avez ouvert le livre, et vous représentez par ce nom les cinquante pages que vous avez lues. Vos successeurs liront vingt pages de plus et rendront votre traduction plus complète. Leurs fils avanceront plus loin encore, et ainsi de suite. Le livre ne finit pas. »

Son ami se leva et dit : « Peut-être. »

CHAPITRE XIV.

DE LA MÉTHODE.

(Suite.)

M. Paul a cinquante ans environ ; il est un peu courbé, maladif et maigre ; ses traits sont amincis, et tirés par l'habitude de la réflexion, et ses beaux yeux noirs, pleins de pénétration et d'ardeur, semblent ordinairement voir autre chose que ce qu'il regarde. Il marche la tête baissée, avec une certaine hésitation ; ses jambes ont reçu l'ordre d'aller, et sont un peu embarrassées d'aller seules. Sa redingote n'est pas très-bien boutonnée, son pantalon flageole beaucoup autour de ses jambes, et il n'est pas probable qu'il sache jamais faire un nœud de cravate. Son esprit est ailleurs. On s'en aperçoit à l'expression du visage, éclairé parfois

d'illuminations subites, mais plus souvent inquiet
et souffrant, comme d'un homme fatigué par la
contention d'une pensée opiniâtre, et qui attend.

Il se tait volontiers et laisse parler les gens qui
sont avec lui; il est extrêmement tolérant, patient
même, ne cherchant point à prendre le premier
rôle ni à imposer ses idées. Il y a, pour ainsi dire,
en lui, deux personnages : l'homme de tous les
jours, qui est le plus conciliant du monde et presque timide ; et le philosophe rigide dans ses dogmes comme une chaîne de théorèmes ou comme
une barre d'acier. Lorsqu'il parle, il bégaye d'abord
et répète plusieurs fois les mêmes mots ; ses phrases sont embarrassées ; il ne regarde pas son interlocuteur en face; il ressemble à ces oiseaux aux
grandes ailes qui ont peine à prendre leur vol. Il
n'a pas d'esprit ; il ne trouve jamais de mots piquants ; sa conversation n'a aucune souplesse ; il
ne sait pas tourner autour d'une idée, l'effleurer,
s'en jouer. Quelle qu'elle soit, il s'y abat de toute
sa force, pénètre jusqu'au fond, y travaille à coups
de définitions et de divisions, comme s'il s'agissait
de percer un roc métaphysique. Il n'a qu'une allure et qu'une faculté ; ni les choses ni les idées ne
semblent le toucher, à moins qu'il n'y trouve une
vue d'ensemble ; alors elles le touchent jusqu'au
cœur. Il a besoin d'apercevoir beaucoup d'objets
d'un seul coup ; il en ressent comme un agran-

dissement subit; et il a goûté tant de fois ce plaisir intense, qu'il n'y en a plus d'autres pour lui.

Il avait une grande place et l'a quittée pour garder ses opinions. Beaucoup moins riche que son ami, il fut obligé longtemps de donner des leçons pour vivre. C'était une chose triste et touchante que de voir ce puissant esprit, déchu de hautes fonctions qu'il honorait, se rabaisser à l'enseignement de la grammaire, et relire Burnouf pour sa répétition du matin. Il a rempli plusieurs années ce devoir en conscience. Personne n'a plus d'empire sur soi-même; ses élèves n'ont jamais cru l'ennuyer : il lisait leurs thèmes avec le même soin qu'un volume d'Hegel. Il est très-fier, très-silencieux, très-dévoué, et, selon le vulgaire, très-chimérique. Je ne crois pas qu'il songe une fois par semaine aux intérêts d'argent et de place. Cette noblesse d'âme va jusqu'à la naïveté ; il traite les autres sur le même pied que lui-même, et leur conseille ce qu'il pratique: suivre sa vocation, chercher dans le grand champ du travail l'endroit où l'on peut être le plus utile, creuser son sillon ou sa fosse, voilà, selon lui, la grande affaire; le reste est indifférent.

Il a publié l'histoire d'une célèbre école philosophique ; c'est son seul ouvrage: le reste dort en lui, enseveli par les exigences du métier et par la volonté de trop bien faire. Ce livre, composé d'après une méthode inflexible, écrit avec une éloquence entraînante, rempli de vues supérieures, paré d'images magnifiques et naturelles, n'est connu que des philosophes : l'auteur ne va pas chez les personnes influentes ; voyant qu'il ne se loue point, on ne le loue point ; il a oublié que la gloire se fabrique. Il y a cinq ou six ans, un monsieur, trompé par sa place, vint lui offrir un livre nouveau, et lui demander son crédit sur la presse Je n'oublierai jamais le sourire avec lequel M. Paul répondit qu'il ne connaissait personne dans les journaux.

Il vit aujourd'hui dans un quartier perdu, rue Copeau, dans deux chambres au quatrième étage, ayant vue sur les arbres de l'ancien couvent de George Sand. Il a acheté deux fauteuils et un tapis pour recevoir son ami ; quant à lui, il ne voit pas les choses extérieures, et se trouverait bien dans un mobilier d'étudiant. Le principal ornement de sa chambre est un bureau immense, je ne sais pas de quelle couleur, l'ayant toujours vu encombré de livres. Les philosophes abondent dans les armoires, sur les chaises, sur la cheminée, sur le parquet. Vous trouverez dans un coin des in-folio redoutables, Plotin, Proclus, Bruno, Scot Érigène. Les deux livres les plus usés sont l'*Éthique* de Spinoza et la *Logique* de Hegel.

J'ai rendu bien mal le discours si clair et si coulant de M. Pierre ; je suis tout à fait incapable de rendre les paroles de M. Paul. Il est naturellement élevé et passionné. Au bout d'un quart d'heure, l'embarras de sa parole et de sa pensée disparaît; il a saisi son idée ; il la possède et il est possédé par elle. Il veut démontrer, et il démontre avec une suite, une énergie, une vigueur d'expression que l'on ne rencontre guère ailleurs. A ce moment, il ne rencontre pas d'images ; il n'est occupé qu'à discipliner et à lancer sur l'adversaire la meute acharnée de ses démonstrations. Cela fait, il se livre à sa sensation ; il exprime comme s'il était seul ; il en jouit ; sa pensée atteint d'elle-même au style le plus noble ; et, pour en peindre l'élan, l'ampleur et la magnificence, il faudrait la comparer à quelque eau impétueuse qui tout à la fois monte, bouillonne et resplendit.

Il accorda les deux points que son ami avait expliqués : ramener les mots aux faits qui les suscitent et multiplier les faits. Il reconnut que ces deux opérations sont le commencement de la science ; que, si on omet la première, on se lance à la recherche des êtres métaphysiques; que, si on omet la seconde, on ne peut entrer dans aucune recherche que, faute de la première, on s'égare; que, faute de la seconde, on est arrêté. Mais elles ne sont que des commencements nécessaires ; elles ont une suite, et leur plus grand mérite est de la préparer.

« Seriez-vous satisfait, dit-il, si l'on vous apportait un chariot d'atlas anatomiques et le catalogue exact de toutes les opérations de l'économie animale? Croiriez-vous connaître le corps vivant? Ce corps n'est-il, comme votre description, qu'une agglomération de parties? Ne sentez-vous pas qu'il y a dans cette multitude ordonnée quelque cause ordonnatrice? Serait-ce assez, pour former une armée, de remplir avec des soldats les cadres vides, et d'augmenter à l'infini le nombre de ces soldats? Ne faut-il pas encore leur donner des officiers et un général? Est-on obligé pour cela d'aller, comme tant de philosophes, emprunter ce chef dans la région de l'invisible et du mystère? Est-il impossible qu'il soit homme comme le reste, semblable aux autres et pourtant souverain des autres? Quelle expérience nie que la cause des faits soit un fait?

L'expérience déclare le contraire. Chaque groupe de faits a sa cause ; cette cause est un fait. Vous allez voir par des exemples comme on la trouve.

Voici un animal, un chien, un homme, un corbeau, une carpe ; quelle est son essence ou sa cause? Tous les pas de la méthode sont des effets de cette question.

Après avoir classé les parties et les opérations de ce corps vivant, et considéré quelque temps leurs rapports et leurs suites, je dégage un fait général, c'est-à-dire commun à toutes les parties

du corps vivant, et à tous les moments de la vie :
la nutrition ou réparation des organes. Je suppose qu'il est cause d'un groupe d'autres faits, et je vais vérifier cette hypothèse. Si la vérification me dément, je prendrai tour à tour les faits généraux qui se rencontreront alentour, jusqu'à ce qu'en tâtonnant je tombe sur ceux qui sont des causes.

Qu'est-ce que j'appelle une cause? *Un fait d'où l'on puisse déduire la nature, les rapports et les changements des autres.* Si la nutrition est une cause, on pourra déduire d'elle la nature et les rapports d'un groupe d'opérations et d'organes; on pourra aussi déduire d'elle les changements que ce groupe subit d'espèce à espèce, et dans le même individu. Cela est-il? L'expérience va répondre. Si elle répond oui, la nutrition, ayant les propriétés des causes, est une cause; et l'hypothèse justifiée devient une vérité.

Première vérification : considérez les rapports et la nature des opérations et des organes. Les appétits, les instincts, les forces musculaires, les armes de l'animal sont établis et combinés de manière à ce qu'il veuille et puisse se nourrir. Les opérations par lesquelles l'aliment est mâché, humecté, avalé, digéré, charrié dans les artères et dans les veines, porté dans les organes qu'il doit réparer, décomposé pour fournir à chaque organe l'espèce de matière utile, les innombrables détails de tous ces changements, le jeu ménagé des lois chimiques, physiques, mécaniques, et d'autres encore peut-être, la structure infiniment compliquée et parfaitement appropriée des organes mis en œuvre, toutes les parties et tous les mouvements d'un grand système concourent par leurs rapports et par leur nature à produire la nutrition finale. Donc de la nutrition on peut déduire les rapports et la nature d'un groupe de faits.

Deuxième vérification : passez d'une espèce à l'autre. Quand vous voyez changer une opération subordonnée, vous constatez en même temps que les autres changent précisément de manière à ce que la nutrition s'accomplisse encore. Si vous rencontrez un intestin propre à digérer seulement de la chair et de la chair récente, l'animal a des mâchoires construites pour dévorer une proie, des griffes pour la saisir et la déchirer, des dents pour la couper et la diviser, un système d'organes moteurs pour la saisir et l'atteindre, des sens capables de l'apercevoir de loin, l'instinct de se cacher, de tendre des piéges, et le goût de la chair. De là suit une certaine forme du condyle, pour que les deux mâchoires s'engrènent en façon de ciseaux, un certain volume dans le muscle crotaphite, une certaine étendue dans la fosse qui le reçoit, une certaine convexité de l'arcade zygomatique sous laquelle il passe, et une foule de propriétés qu'un anatomiste prédit. Faites varier un organe ; si le pied est enveloppé de corne, propre à soutenir, impropre à saisir, l'animal a le goût de l'herbe, des dents molaires à couronne plate, un canal alimentaire très-long, un estomac ample ou multiple. Je m'arrête, il faudrait décrire tout. La forme de la dent entraîne celle du condyle, celle de l'omoplate, celle des ongles, tout comme l'équation d'une courbe entraîne toutes ses propriétés ; et de même qu'en prenant séparément chaque propriété pour base d'une équation particulière, on retrouverait et l'équation ordinaire et toutes ses autres propriétés quelconques, de même l'ongle, l'omoplate, le condyle, le fémur et tous les autres os pris séparément, donnent la dent et se donnent réciproquement[1]. C'est de la nutrition qu'on déduit toutes ces liaisons et tous ces caractères. Donc de la nutrition on peut déduire les changements que subit d'espèce à espèce tout un système de faits.

« Troisième vérification : considérez la métamorphose d'un animal. Quand vous voyez changer une opération subordonnée, vous constatez au même instant que les autres changent précisément de manière à ce que la nutrition s'accomplisse encore. Le têtard, qui n'est pas carnivore, ayant besoin

---

1. Paroles de Cuvier.

d'un très-long canal pour digérer sa pâture, a l'intestin dix fois long comme le corps; changé en grenouille carnivore, son intestin raccourci n'a plus que deux fois la distance de la bouche à l'anus. La larve vorace du hanneton a un œsophage, un estomac gros et musculeux, entouré de trois couronnes de petits cæcums, un intestin grêle, un gros intestin énorme, trois fois plus gros que l'estomac, et remplissant tout le tiers postérieur du corps. Devenu hanneton et plus sobre, il ne lui reste qu'un canal assez grêle, dépourvu de renflements. L'instinct et les besoins variant, l'estomac varie, et réciproquement. Il y a cent exemples semblables; il y en a cent mille, puisque, dans sa mère ou hors sa mère, chaque animal subit des métamorphoses. Donc, de la nutrition on peut déduire les changements que subit, dans un même individu, tout un système de faits.

Donc la nutrition est la cause de tout un groupe de faits.

Me voilà délivré de ce groupe. Il n'est composé que de conséquences. Je n'ai plus besoin de le regarder, je le retrouverai par raisonnement au besoin. Ce sont cinq cents faits réduits à un seul. Dans les recherches ultérieures, je n'aurai plus à m'occuper que du fait sommaire et générateur.

Pourquoi cette nutrition incessante? Parce que la destruction est incessante; la destruction ou dissolution continue est aussi un fait universel et constant, peut-être une cause comme l'autre. Vérifions de la même façon que la première cette seconde hypothèse formée de la même façon que la première, et nous arriverons à la même conclusion.

« Première vérification : considérez la nature et les rapports des opérations et des organes. Si la décomposition est une cause, il y a un groupe d'opérations et d'organes institués et combinés de manière que le corps vivant puisse se décomposer. L'expérience le constate. Le corps vivant est formé de substances très-complexes, ayant pour élément principal la protéine, matière très-peu stable et capable de se décomposer très-aisément. Par sa texture il est pénétrable aux liquides et aux gaz, ce qui permet aux matières décomposées de s'exhaler. L'oxygène extérieur, substance décomposante, se mêle au sang dans le poumon, organe construit avec un artifice infini ; il est charrié dans tout le corps vivant par un système compliqué d'artères, et va décomposer les tissus à travers les capillaires perméables. Les substances mortes, œuvre de cette destruction, sortent par le poumon sous forme d'acide carbonique, par les reins sous forme d'urine, par l'intestin et par la peau ; et diverses glandes, les reins, le foie, sont établies sur un plan savant pour aider à cette épuration. Il y a donc une multitude d'organes et d'opérations qui, par leurs rapports et leur nature, concourent à la décomposition finale. Donc de la décomposition on peut déduire la nature et les rapports d'une série de faits.

Deuxième vérification : si le dépérissement est une cause, lorsque d'espèce à espèce une de ses conditions change, les opérations doivent changer précisément de manière à ce qu'il puisse encore s'accomplir. Or, l'expérience déclare qu'il en est ainsi. Fixez à des animaux différents séjours, aussitôt vous voyez que l'organe respiratoire se modifie précisément de manière à introduire l'oxygène destructeur. Le mammifère jeté dans l'air respire par des poumons que l'air vient baigner; les branchies du poisson montent dans sa tête, vont toucher l'oxygène dans l'eau qui le contient, et se munissent d'ouïes pour rejeter cette eau inutile; le poulet renfermé dans l'œuf respire, par les vaisseaux de l'allantoïde, l'air qui traverse la coquille poreuse; le fœtus du mammifère reçoit l'air par la communication des vaisseaux de sa mère et des siens. Donc, quand les milieux changent, la nécessité du dépérissement détermine des changements dans les organes et dans les opérations. Donc de la décomposition on peut déduire d'espèce à espèce les changements d'une série de faits.

Troisième vérification : si ce dépérissement est

une cause, lorsque dans le même individu les conditions changent, les opérations doivent changer précisément de manière à ce que la décomposition puisse encore s'accomplir. Or, cette prédiction est vérifiée par l'expérience. La grenouille à l'état de têtard est aquatique, et respire par des branchies ; devenue adulte et terrestre, ses branchies s'effacent ; elle respire par la peau et par les poumons. Certaines larves de diptères respirent l'air par des tubes, et leurs nymphes devenues aquatiques respirent l'air de l'eau par des faisceaux de branchies attachés au thorax. Tout au contraire, d'autres larves respirent par des branchies caudales, et leurs nymphes par des tubes. La variation d'une opération et d'un organe subordonné entraîne et détermine la variation des autres. Il y a mille faits semblables, ou plutôt, comme tous les animaux subissent des métamorphoses, il y a un nombre infini de faits semblables. Donc, quand les conditions changent, la nécessité du dépérissement détermine des changements appropriés dans les opérations et dans les organes. Donc du dépérissement on peut déduire pour un même individu les changements d'une série de faits.

Donc le dépérissement est la cause d'un groupe de faits.

Nous voilà délivrés d'un second groupe ; l'objet va se simplifiant : de tant de faits, il ne nous en reste plus que deux, le dépérissement et la réparation. Encore, de ces deux l'un évidemment est une conséquence ; s'il est dans la nature de l'animal de dépérir incessamment, il faut pour subsister qu'il se répare. Réduisons donc encore et posons une cause unique, le dépérissement.

Cela même nous en découvre une nouvelle. Qui est-ce qui dépérit et se répare ? L'animal, c'est-à-dire le type, forme fixe et limitée, durable de génération en génération. Ce type est essentiel, puisque, lorsqu'il est altéré, l'animal périt ou le régénère ; il est distinctif, puisque par contraste un corps non vivant peut varier indéfiniment dans sa grandeur et dans sa forme, sans pour cela se régénérer ou périr. Qu'il dépende en quelques points et pour quelques changements des fonctions et de leurs exigences, on l'a prouvé tout à l'heure. Il reste à savoir si dans son ensemble il est une cause primitive et un fait indépendant.

Comment savoir s'il est un effet ou une cause? En admettant, par hypothèse, qu'il est un effet, puis en vérifiant ou réfutant cette hypothèse par l'expérience. Si la fonction détermine le type, on doit déduire de la fonction l'existence, les variations, la persistance du type. Si elle manque, il doit manquer. Si elle varie, il doit varier. Si elle persiste, il doit persister. Sinon il en est indépendant.

Or, souvent la fonction manque, et le type subsiste. L'autruche est impropre au vol, et cependant elle a une aile. Le moignon de l'aptéryx est une aile encore plus dégradée qui ne lui sert de rien. Au bord de l'aile, on trouve souvent, chez les oiseaux, un petit os inutile, muni d'un ongle chez quelques jeunes, n'ayant d'autre usage que de représenter un doigt. Le boa qui rampe a des vestiges de membres. L'orvet a une petite épaule, un sternum et un bassin rudimentaires, et deux petits tubercules saillants dans le jeune âge, qui tiennent lieu de membres postérieurs. Vous en trouverez de semblables chez les cétacés. L'homme, qui n'allaite pas, a des mamelles. Le mâle de la sarigue possède dans le jeune âge une bourse de gestation comme sa femelle. Il y a un rongeur nommé *mus typhlus* dont l'œil est couvert d'une peau opaque et poilue, en sorte qu'il est aveugle. Donc la fonction ne détermine pas l'existence de l'organe, puisque l'organe existe indépendamment de la fonction.

D'autre part, conservez la fonction, le type varie. L'oiseau vole avec une aile, l'exocet avec une nageoire, la chauve-souris avec une main, l'insecte avec une pellicule qui ne ressemble en rien à l'aile de l'oiseau. Le poisson nage avec un appareil de rayons osseux ou cartilagineux qu'on nomme nageoires, le cétacé avec ses bras, le manchot avec ses ailes, le mollusque avec une sorte particulière d'appendice. Le serpent marche à l'aide de ses côtes et de ses vertèbres, le mammifère au moyen d'une patte ou d'un membre à colonne, le ver par le jeu de ses téguments, l'insecte avec des pattes d'une nature distincte. Le sang circule par des vaisseaux chez les vertébrés, par des lacunes chez les insectes, ici par un cœur simple, double ou triple, muni ou privé de valvules, là par les parois contractiles des vaisseaux. La respiration se fait par des poumons pour les mammifères, par la peau pour les grenouilles, par des trachées pour les insectes, par des branchies de toutes formes et de toutes positions pour les mollusques et les poissons. Donc la fonction ne détermine pas la variation du type, puisque le type varie indépendamment de la fonction.

En dernier lieu, faites varier la fonction, le type persiste. Le même membre est une aile chez la chauve-souris, une main chez l'homme, une patte chez le chat, une jambe chez le cheval, une nageoire dans le phoque et dans le poisson. Doigts, carpe, métacarpe, cubitus, radius, humérus, os de l'épaule, toutes ces parties se retrouvent chez tous ces animaux, à la même place et avec différents usages, employées tantôt à saisir, tantôt à soutenir, tantôt à voler, tantôt à nager. Les os de l'épaule et l'hyoïde, qui soutiennent les membres antérieurs de l'homme et son larynx, sont remontés dans la tête chez les poissons et servent à la respiration. Les os du poignet et de la main se sont soudés et allongés dans la jambe du cheval, et ils le soutiennent pendant qu'il marche sur son ongle. Le poumon respiratoire des mammifères est devenu la vessie natatoire chez les poissons. Donc la fonction ne détermine pas la persistance du type, puisque le type persiste indépendamment de la fonction.

Donc le type n'est pas une chose dérivée et dépendante, mais indépendante et primitive. Mais s'il n'a pas la fonction pour cause, il est peut-être la cause de la fonction ; et parmi les fonctions, il faut voir si l'on ne peut pas dériver de lui la seule qui semble encore primitive comme lui, à savoir la décomposition. Accordez qu'on le puisse ; peu importe en ce moment qu'on la dérive de lui, ou qu'on dérive elle et lui de quelque autre chose. J'esquisse une méthode, je n'avance pas une théorie. Posez cette idée, non comme une assise, mais comme un jalon.

Si par exemple la déperdition se déduit du type, elle entraînera avec elle le groupe des fonctions dissolvantes, et, en outre, la nutrition et le groupe de fonctions nutritives. Le type sera donc la cause du reste. On déduira de lui tous les faits qui composent l'animal adulte. Chaque groupe de ces faits s'est déduit d'un fait dominateur. Tous les faits dominateurs se seront déduits du type. Nous n'aurons plus qu'une formule unique, définition génératrice, d'où sortira, par un système de déductions progressives, la multitude ordonnée des autres faits.

Vous entreverrez alors le but de la science, et vous comprendrez ce que c'est qu'un système. Regardez de là comment nous avons marché. Nous nous sommes tenus dans la région des faits; nous n'avons évoqué aucun être métaphysique, nous n'avons songé qu'à former des groupes. Ces groupes donnés, nous les avons remplacés par le fait générateur. Nous avons exprimé ce fait par une formule. Nous avons réuni les diverses formules en un groupe, et nous avons cherché un fait supérieur qui les engendrât. Nous avons continué de même, et nous sommes arrivés enfin au fait unique, qui est la cause universelle. En l'appelant cause, nous n'avons rien voulu dire, sinon que de sa formule on peut déduire toutes les autres et toutes les suites des autres. Nous avons ainsi transformé la multitude disséminée des faits en une hiérarchie de propositions, dont la première, créatrice universelle, engendre un groupe de propositions subordonnées, qui, à leur tour, produisent chacune un nouveau groupe, et ainsi de suite, jusqu'à ce qu'apparaissent les détails multipliés et les faits particuliers de l'observation sensible, comme on voit dans un jet d'eau la gerbe du sommet s'étaler sur le premier plateau, tomber sur les assises par des flots chaque fois plus nombreux, et descendre d'étage en étage, jusqu'à ce qu'enfin ses eaux s'amassent dans le dernier bassin, où nos doigts les touchent. Et dans cette échelle de recherches, tous les pas sont marqués. Un groupe formé, nous en dégageons par *abstraction* quelque fait général. Nous admettons par *hypothèse* qu'il est la cause des autres. Connaissant les propriétés des causes, nous *vérifions* s'il les a ; s'il ne les a pas, nous essayons l'hypothèse et la vérification sur ses voisins, jusqu'à ce que nous trouvions la cause. Réunissant un groupe de causes ou faits générateurs, nous cherchons par le même procédé lequel engendre les autres. C'est ainsi que nous avons opéré tout à l'heure. Nous avons dégagé par *abstraction* deux faits très-généraux : le dépérissement et la réparation; nous avons admis par *hypothèse* qu'ils étaient la cause, l'une des opérations nutritives, l'autre des opérations dissolvantes. Nous avons *vérifié* ces deux hypothèses. Réunissant ces deux causes et un autre fait générateur, le type, nous avons détaché, par le même procédé, une propriété de type de laquelle toutes deux se déduisent. Abstraction, hypothèse, vérification, tels sont les trois pas de la méthode. Il n'en faut pas davantage, et il les faut tous.

Or, toutes les fois que vous rencontrez un groupe naturel de faits, vous pouvez mettre cette méthode en usage, et vous découvrez une hiérarchie de nécessités; il en est ici du monde moral comme du monde physique. Une civilisation, un peuple, un siècle, ont une définition et tous leurs caractères ou leurs détails n'en sont que la suite et les développements. Par exemple, considérant la société à Rome, vous y distinguez la faculté très-générale d'agir en corps, avec une vue d'intérêt personnel, faculté instituée en partie par des dispositions primitives[1], mais principalement par cette circonstance que Rome, dès sa naissance, fut un asile, ennemi de ses voisins, composé de corps ennemis, où chacun était absorbé par la pensée de son intérêt, et obligé d'agir en corps. Vous détachez cette faculté égoïste et politique, et vous en déduisez aussitôt tous les caractères de la société et du gouvernement romain, l'art de combattre, de négocier et d'administrer, l'invincible amour de la patrie, le courage orgueilleux et froid, l'esprit de discipline, le projet soutenu et accompli de conquérir, garder et exploiter le monde, le respect de la loi, le talent de la résistance et de l'attaque légale, la mesure et l'obstination dans les luttes civiles, partout la réflexion qui calcule et la volonté qui se maîtrise. De ce groupe de dispositions morales, on peut déduire tous les détails importants de la con-

---

1. Voir la langue et surtout la religion primitives.

stitution romaine; et il se déduit lui-même de la faculté égoïste et politique que vous avez d'abord détachée. — Portez-la dans la vie privée : vous verrez naître l'esprit intéressé et légiste, l'économie, la frugalité, l'avarice, l'avidité, toutes les coutumes calculatrices qui peuvent conserver et acquérir, les formes minutieuses de transmission juridique, les habitudes de chicane, toutes les dispositions qui sont une garantie ou une arme publique et légale. — Portez-la dans les affections privées : la famille, transformée en institution politique et despotique, fondée, non sur les sentiments naturels, mais sur une communauté d'obéissance et de rites, n'est plus que la chose et la propriété du père, sorte de province léguée chaque fois par une loi en présence de l'État, employée à fournir des soldats au public. — Portez-la dans la religion: la religion, fondée par l'esprit positif et pratique, dépourvue de philosophie et de poésie, prend pour dieux de sèches abstractions, des fléaux vénérés par crainte, des dieux étrangers importés par intérêt, la patrie adorée par orgueil ; pour culte une terreur sourde et superstitieuse, des cérémonies minutieuses, prosaïques et sanglantes ; pour prêtres des corps organisés de laïques, simples administrateurs, nommés dans l'intérêt de l'État et soumis aux pouvoirs civils. — Portez-la dans l'art : l'art, méprisé, composé d'importations ou de dépouilles réduit à l'utile, ne produit rien par lui-même que des œuvres politiques et pratiques, documents d'administration, pamphlets, maximes de conduite; aidé plus tard par la culture étrangère, il n'aboutit qu'à l'éloquence, arme de forum, à la satire, arme de morale, à l'histoire, recueil oratoire de souvenirs politiques; il ne se développe que par l'imitation, et quand le génie de Rome périt sous un esprit nouveau. — Portez-la dans la science : la science, privée de l'esprit scientifique et philosophique, réduite à des imitations, à des traductions, à des applications, n'est populaire que par la morale, corps de règles pratiques, étudiées pour un but pratique, avec les Grecs pour guides; et sa seule invention originale est la jurisprudence, compilation de lois, qui reste un manuel de juges, tant que la philosophie grecque n'est pas venue l'organiser et le rapprocher du droit naturel.

Un esprit sec et net, qui est probablement l'effet de la structure primitive du cerveau, une circonstance persévérante et puissante, qui fut la nécessité de songer à son intérêt et d'agir en corps, ont produit chez ce peuple et fortifié outre mesure la faculté égoïste et politique. De cette faculté, on déduit les différents groupes d'habitudes morales. De chacun de ces groupes, on déduit un ordre de faits compliqués et ramifiés en détails innombrables, la vie privée, la vie publique, la vie de famille, la religion, la science et l'art. Cette hiérarchie de causes est le système d'une histoire. Toute histoire a le sien, et vous voyez comme on l'obtient. Par l'abstraction, on dégage, dans les faits extérieurs, les habitudes intérieures, générales et dominantes. Par l'abstraction, dans chaque groupe de qualités morales, on dégage la qualité générale et génératrice. On suppose qu'elle est cause, et on vérifie cette supposition en regardant si elle a les propriétés des faits générateurs. Peu à peu se forme la pyramide des causes, et les faits dispersés reçoivent de l'architecture philosophique leurs attaches et leurs positions. Ce ne sont là que les procédés des sciences physiques, et ce sont là tous les procédés des sciences physiques. Ici, enfin, comme dans les sciences physiques, la cause n'est qu'un fait. La faculté égoïste et politique est dans le Romain une habitude héréditaire, plus agissante et plus puissante que les autres, qui fixe l'ordre, l'espèce et l'intensité de ses sentiments et de ses idées. Elle est en lui lorsqu'il travaille, combat, plaide, gouverne, prie, raisonne, invente et écrit. Présente dans toutes les actions, elle les règle toutes, multiplie et accroît les unes, diminue et subordonne les autres, produit la faiblesse et la force, les vertus et les vices, la puissance et la ruine, et explique tout, parce qu'elle fait tout. Oubliez donc, comme tout à l'heure, l'immense entassement des détails innombrables. Possédant la formule, vous avez le reste. Ils tiennent au large dans une demi-ligne ; vous enfermez douze cents ans et la moitié du monde antique dans le creux de votre main.

Supposez que ce travail soit fait pour tous les peuples et pour toute l'histoire, pour la psychologie, pour toutes les sciences morales, pour la zoologie, pour la physique, pour la chimie, pour l'astronomie. A l'instant, l'univers tel que nous le voyons disparaît. Les faits se sont réduits, les formules les ont remplacés ; le monde s'est simplifié, la science s'est faite. Seules, cinq ou six propositions générales subsistent. Il reste des définitions de l'homme, de l'animal, de la plante, du corps chimique, des lois physiques, du corps astronomique, et il ne reste rien d'autre. Nous attachons nos yeux sur ces définitions souveraines ; nous contemplons ces créatrices immortelles, seules stables à travers l'infinité du temps qui déploie et détruit leurs œuvres, seules indivisibles à travers l'infinité de l'étendue qui disperse et multiplie leurs effets. Nous osons davantage : considérant qu'elles sont plusieurs et qu'elles sont des faits comme les autres, nous tâchons d'y apercevoir et d'en dégager par la même méthode que chez les autres le fait primitif et unique d'où elles se déduisent et qui les engendre. Nous découvrons l'unité de l'univers et nous comprenons ce qui la produit. Elle ne vient pas d'une chose extérieure, étrangère au monde, ni d'une chose mystérieuse, cachée dans le monde. Elle vient d'un fait général semblable aux autres, loi génératrice d'où les autres se déduisent, de même que de la loi de l'attraction dérivent tous les phénomènes de la pesanteur, de même que de la loi des ondulations dérivent tous les phénomènes de la lumière, de même que de l'existence du type dérivent toutes les fonctions de l'animal, de même que de la faculté maîtresse d'un peuple dérivent toutes les parties de ses institutions et tous les événements de son histoire. L'objet final de la science est cette loi suprême; et celui qui, d'un élan, pourrait se transporter dans son sein, y verrait, comme d'une source, se dérouler, par des canaux distincts et ramifiés, le torrent éternel des événements et la mer infinie des choses. Par ces prévisions, on s'y transporte; connaissant ses propriétés, on en conclut sa nature; les métaphysiciens essayent de la définir sans traverser l'expérience et du premier coup. Ils l'ont tenté en Allemagne avec une audace héroïque, un génie sublime, et une imprudence plus grande encore que leur génie et leur audace. Ils se sont envolés d'un bond dans la loi première, et, fermant les yeux sur la nature, ils ont tenté de retrouver, par une déduction géométrique, le monde qu'ils n'avaient pas regardé. Dépourvus de notations exactes, privés de l'analyse française, emportés tout d'abord au sommet de la prodigieuse pyramide dont ils n'avaient pas voulu gravir les degrés, ils sont tombés d'une grande chute ; mais dans cette ruine, et au fond de ce précipice, les restes écroulés de leur œuvre surpassent encore toutes les constructions humaines par leur magnificence et par leur masse, et le plan demi-brisé qu'on y distingue indique aux philosophes futurs, par ses imperfections et par ses mérites, le but qu'il faut enfin atteindre et la voie qu'il ne faut point d'abord tenter.

C'est à ce moment que l'on sent naître en soi la notion de la Nature. Par cette hiérarchie de nécessités, le monde forme un être unique, indivisible, dont tous les êtres sont les membres. Au suprême sommet des choses, au plus haut de l'éther lumineux et inaccessible, se prononce l'axiome éternel, et le retentissement prolongé de cette formule créatrice compose, par ses ondulations inépuisables, l'immensité de l'univers. Toute forme, tout changement, tout mouvement, toute idée est un de ses actes. Elle subsiste en toutes choses, et elle n'est bornée par aucune chose. La matière et la pensée, la planète et l'homme, les entassements de soleils et les palpitations d'un insecte, la vie et la mort, la douleur et la joie, il n'est rien qui ne l'exprime, et il n'est rien qui l'exprime tout entière. Elle remplit le temps et l'espace, et reste au-dessus du

temps et de l'espace. Elle n'est point comprise en
eux, et ils se dérivent d'elle. Toute vie est un de
ses moments, tout être est une de ses formes; et
les séries des choses descendent d'elle, selon des
nécessités indestructibles, reliées par les divins anneaux de sa chaîne d'or. L'indifférence, l'immobile,
l'éternelle, la toute-puissante, la créatrice, aucun
nom ne l'épuise; et quand se dévoile sa face sereine
et sublime, il n'est point d'esprit d'homme qui ne
ploie, consterné d'admiration et d'horreur. Au même
instant cet esprit se relève; il oublie sa mortalité et
sa petitesse; il jouit par sympathie de cette infinité
qu'il pense, et participe à sa grandeur. »

Il était tard; mes deux amis me renvoyèrent, et
j'allai dormir. Il y a deux heures, cher lecteur, que
vous avez envie d'en faire autant.

FIN.

TABLE DES MATIÈRES.

CHAPITRE PREMIER.

M. LAROMIGUIÈRE.

I. Comment périt le sensualisme. — II. M. Laromiguière professeur ; sa politesse, sa grâce, son art. — III. M. Laromiguière philosophe ; sa doctrine sur l'attention active et sur l'origine des idées ; sa méthode. — Portée et limite de l'analyse française.. 1

CHAPITRE II.

M. ROYER-COLLARD.

I. Comment naquit le spiritualisme. — Le style de M. Royer-Colard ; son talent pour dominer et convaincre ; son penchant pour réprimer et discipliner. — II. Sa théorie de la perception extérieure. — Qu'il ne faut pas choisir les croyances d'après leur utilité. — Preuve par les découvertes des sciences positives. — Que nos idées sont représentatives. — La perception extérieure est une hallucination vraie........................ 21

CHAPITRE III.

M. MAINE DE BIRAN.

I. La première lecture. — Qu'on peut traduire M. de Biran. — II. La seconde lecture. — Puissance des méditatifs. — M. de

Biran amateur du style abstrait. — Selon lui, la volonté est l'âme; selon lui, le monde est un système de monades. — III. Réfutation. — Ni la résolution, ni la volonté, ni l'efficacité de la résolution ne sont des êtres. — Nature des forces. — Rapport de la résolution et de la contraction musculaire. — Suppression des êtres métaphysiques.................. 49

CHAPITRE IV

M. COUSIN ÉCRIVAIN.

Style oratoire de M. Cousin. — Les vérités moyennes. — Noblesse et perfection de ses phrases. — Plan oratoire. — Imagination oratoire. — II. Style philosophique de M. Cousin — Les fautes de langue produisent les fautes de doctrine. — Obscurités et équivoques. — M. Cousin orateur et poëte en philosophie... 72

CHAPITRE V.

M. COUSIN HISTORIEN ET BIOGRAPHE.

I. Pourquoi M. Cousin s'est-il passionné pour le dix-septième siècle — Caractère et imperfections du dix-septième siècle. — Un panégyrique n'est pas un tableau. — II. Un panégyrique n'est pas un portrait. — Différence de l'orateur et du peintre. — M. Cousin amoureux et professeur. — Ses syllogismes numérotés. — Ses grands gestes dans le style. — Inconvénients d'un talent dépaysé.. 105

CHAPITRE VI.

M. COUSIN PHILOSOPHE.

Première philosophie de M. Cousin. — Abrégé du panthéisme. — M. Cousin panthéiste. — II. M. Cousin spiritualiste. — Différence de l'orateur et du philosophe. — Conversion de M. Cousin. — M. Cousin prédicateur et chef d'une croisade. —

Sa philosophie instrument de pédagogie et de gouvernement.
— Construction du spiritualisme...................... 129

CHAPITRE VII.

THÉORIE DE LA RAISON PAR M. COUSIN.

I. Définition de la raison par M. Cousin. — Ses arguments. — Dieu sujet des vérités nécessaires. — Réfutation. — Première pétition de principe. — Deuxième pétition de principe. — Première équivoque. — Deuxième équivoque. — II. Comment on découvre les vérités nécessaires en mathématiques. — Comment on découvre les vérités nécessaires en métaphysique. — Comment on découvre les infinis en mathématiques. — Comment on découvre les infinis en métaphysique.. 153

CHAPITRE VIII.

M. COUSIN ÉRUDIT ET PHILOLOGUE.

I Les éditions de M. Cousin. — Documents ajoutés à l'histoire de la philosophie. — Pédanterie, lourdeur et froideur de l'esprit bibliophile. — Conquête des manuscrits rares. — Belles études sur Pascal et Rousseau. — Utilité et perfection des monographies. — L'éloquence dans l'érudition. — II. M. Cousin, né en 1640, théologien, prédicateur, homme du monde, orateur de Mme de Longueville et disciple de Bossuet... 179

CHAPITRE IX.

M. JOUFFROY ÉCRIVAIN

I. En quoi M. Jouffroy diffère de M. Cousin. — Comment M. Jouffroy devint philosophe. — Passion, originalité, tristesse des hommes intérieurs. — II. Méthode de M. Jouffroy.

— ses précautions. — Sa franchise. — Son demi-christianisme. — Son goût pour le style abstrait. — Ses faiblesses et sa force. — Comparaison des philosophes et des savants.. 203

CHAPITRE X.

M. JOUFFROY PSYCHOLOGUE.

I. La psychologie est la philosophie des hommes intérieurs. — Travaux de M. Jouffroy pour organiser la psychologie. — Preuves qu'elle est utile et possible. — Découvertes en esthétique. — II. Notations vagues. — Erreurs qu'elles produisent. — Exemples. — Les facultés et le moi considérés comme des êtres réels et distincts. — Nature des facultés et du moi. — Comparaison de la psychologie et des sciences naturelles................................. 229

CHAPITRE XI.

M. JOUFFROY MORALISTE.

I. La morale est le but de la philosophie pour les hommes intérieurs. — Recherche de la destinée humaine. — II. Hypothèse et déductions de M. Jouffroy. — III. Réfutation. — Double sens du mot *destinée*. — Mécanisme des conceptions morales. — IV. M. Jouffroy né en 1680, Anglais, protestant, philosophe et bien portant............................... 259

CHAPITRE XII

POURQUOI L'ÉCLECTISME A-T-IL RÉUSSI?

(Conclusion.)

Résumé de l'éclectisme; ses deux causes. — Esprit du dix-huitième siècle : la critique et la défiance. — Esprit du dix-neuvième siècle : le rêve et l'abstraction. — La philosophie poétique et la poésie philosophique. — M. Cousin soutenu par le patriotisme, le libéralisme et par la popularité de l'histoire. — M. Cousin servi par ses variations. — L'éclectisme devient le spiritualisme. — Forces qui le soutiennent ; forces qui le menacent. — Avenir des novateurs.. 289

CHAPITRE XIII.

DE LA MÉTHODE.

Deux philosophes. — Un analyste. — I. L'analyse des mots. — Dans le monde physique. — Exemples ; la force vitale. — Dans le monde moral. — Exemples ; le génie et la destinée d'un peuple. — II. L'analyse des choses. — Dans le monde physique ; la digestion. — Dans le monde moral ; Rabelais ; Albert Dürer. — Objet, procédés et prévisions de l'analyse des mots et de l'analyse des choses..................... 317

CHAPITRE XIV.

DE LA MÉTHODE

(Suite.)

Un systématique. — Nature des causes. — De la déduction. — I. Dans le monde physique ; le corps vivant. — II. Dans le monde moral ; histoire de Rome. — Objet, procédés et prévisions de la déduction. — Idée de la Nature........................... 345

FIN DE LA TABLE.

LIBRAIRIE HACHETTE ET Cie

BOULEVARD SAINT-GERMAIN, 79, A PARIS

LES
GRANDS ÉCRIVAINS FRANÇAIS

ÉTUDES SUR LA VIE
LES ŒUVRES ET L'INFLUENCE DES PRINCIPAUX AUTEURS
DE NOTRE LITTÉRATURE

Notre siècle a eu, dès son début, et léguera au siècle prochain un goût profond pour les recherches historiques. Il s'y est livré avec une ardeur, une méthode et un succès que les âges antérieurs n'avaient pas connus. L'histoire du globe et de ses habitants a été refaite en entier; la pioche de l'archéologue a rendu à la lumière les os des guerriers de Mycènes et le propre visage de Sésostris. Les ruines expliquées, les hiéroglyphes traduits ont permis de reconstituer l'existence des illustres morts, parfois de pénétrer jusque dans leur âme.

Avec une passion plus intense encore, parce qu'elle était mêlée de tendresse, notre siècle s'est appliqué à faire revivre les grands écrivains de toutes les littératures, dépositaires du génie des nations, interprètes de la pensée des peuples. Il n'a pas manqué en France d'érudits pour s'occuper de cette tâche; on a publié les œuvres et débrouillé la biographie de ces hommes fameux que nous chérissons comme des ancêtres et qui ont contribué, plus même que les princes et les capitaines, à la formation de la France moderne, pour ne pas dire du monde moderne.

Car c'est là une de nos gloires, l'œuvre de la France a été accomplie moins par les armes que par la pensée, et l'action de notre pays sur le monde a toujours été indépendante de ses triomphes militaires : on l'a vue prépondérante aux heures les plus douloureuses de l'histoire nationale. C'est pourquoi les maîtres esprits de notre littérature intéressent non seulement leurs descendants directs, mais encore une nombreuse postérité européenne éparse au delà des frontières.

Depuis que ces lignes ont été écrites, en avril 1887, la collection a reçu la plus précieuse consécration. L'Académie française a bien voulu lui décerner une médaille d'or sur la fondation Botta. « Parmi les ouvrages présentés à ce concours, a dit M. Camille Doucet dans son rapport, l'Académie avait distingué en première ligne la *Collection des Grands Ecrivains français*.... Cette importante publication ne rentrait pas entièrement dans les conditions du programme, mais elle méritait un témoignage particulier d'estime et de sympathie. L'Académie le lui donne. » (Rapport sur le concours de 1894.)

J.-J. JUSSERAND.

LIBRAIRIE HACHETTE ET C¹ᵉ
BOULEVARD SAINT-GERMAIN, 79, A PARIS

LES
GRANDS ÉCRIVAINS FRANÇAIS

ÉTUDES SUR LA VIE
LES ŒUVRES ET L'INFLUENCE DES PRINCIPAUX AUTEURS
DE NOTRE LITTÉRATURE

Chaque volume in-16, orné d'un portrait en héliogravure, broché. 2 fr.

LISTE DANS L'ORDRE DE LA PUBLICATION
DES 48 VOLUMES PARUS
(Mars 1905.)

VICTOR COUSIN, par M. *Jules Simon*, de l'Académie française.
MADAME DE SÉVIGNÉ, par M. *Gaston Boissier*, secrétaire perpétuel de l'Académie française.
MONTESQUIEU, par M. *Albert Sorel*, de l'Académie française.
GEORGE SAND, par M. *E. Caro*, de l'Académie française.
TURGOT, par M. *Léon Say*, de l'Académie française.
THIERS, par M. *P. de Rémusat*, sénateur, de l'Institut.
D'ALEMBERT, par M. *Joseph Bertrand*, de l'Académie française, secrétaire perpétuel de l'Académie des sciences.
VAUVENARGUES, par M. *Maurice Paléologue*.
MADAME DE STAEL, par M. *Albert Sorel*, de l'Académie française.
THÉOPHILE GAUTIER, par M. *Maxime Du Camp*, de l'Académie française.
BERNARDIN DE SAINT-PIERRE, par M. *Arvède Barine*.
MADAME DE LAFAYETTE, par M. le comte *d'Haussonville*, de l'Académie française.
MIRABEAU, par M. *Edmond Rousse*, de l'Académie française.
RUTEBEUF, par M. *Clédat*, professeur de Faculté.
STENDHAL, par M. *Édouard Rod*.
ALFRED DE VIGNY, par M. *Maurice Paléologue*.
BOILEAU, par M. *G. Lanson*.
CHATEAUBRIAND, par M. *de Lescure*.

FÉNELON, par M. *Paul Janet*, de l'Institut.
SAINT-SIMON, par M. *Gaston Boissier*, secrétaire perpétuel de l'Académie française.
RABELAIS, par M. *René Millet*.
J.-J. ROUSSEAU, par M. *Arthur Chuquet*, professeur au Collège de France.
LESAGE, par M. *Eugène Lintilhac*.
DESCARTES, par M. *Alfred Fouillée*, de l'Institut.
VICTOR HUGO, par M. *Léopold Mabilleau*, professeur de Faculté.
ALFRED DE MUSSET, par M. *Arvède Barine*.
JOSEPH DE MAISTRE, par M. *George Cogordan*.
FROISSART, par Mme *Mary Darmesteter*.
DIDEROT, par M. *Joseph Reinach*.
GUIZOT, par M. *A. Bardoux*, de l'Institut.
MONTAIGNE, par M. *Paul Stapfer*, professeur de Faculté.
LA ROCHEFOUCAULD, par M. *J. Bourdeau*.
LACORDAIRE, par M. le comte *d'Haussonville*, de l'Académie française.
ROYER-COLLARD, par M. *E. Spuller*.
LA FONTAINE par M. *G. Lafenestre*, de l'Institut.
MALHERBE, par M. le duc *de Broglie*, de l'Académie française.
BEAUMARCHAIS, par M. *André Hallays*.
MARIVAUX, par M. *Gaston Deschamps*.
RACINE, par M. *G. Larroumet*, de l'Institut.
MÉRIMÉE, par M. *Augustin Filon*.
CORNEILLE, par M. *G. Lanson*.
FLAUBERT, par M. *Émile Faguet*, de l'Académie française.
BOSSUET, par M. *Alfred Rébelliau*.
PASCAL, par M. *É. Boutroux*, membre de l'Institut.
FRANÇOIS VILLON, par M. *G. Paris*, de l'Académie française.
ALEXANDRE DUMAS PÈRE, par M. *Hippolyte Parigot*.
ANDRÉ CHÉNIER, par M. *Émile Faguet*, de l'Académie française.
LA BRUYÈRE, par M. *Morillot*.
FONTENELLE, par M. *Laborde-Milaa*.

Chaque volume, format in-16, broché, avec un portrait en héliogravure. 2 fr.

Coulommiers. Imp. PAUL BRODARD. — 3.05.

Librairie Hachette et Cie, boulevard Saint-Germain, 79, à Paris.

BIBLIOTHÈQUE VARIÉE, IN-16, 3 FR. 50 LE VOLUME, BROCHÉ
Études sur les littératures française et étrangères

ALBERT (Paul) : *La poésie*; 11e édit. 1 vol.
— *La prose*; 8e édition. 1 vol.
— *La littérature française, des origines à la fin du XVIe siècle*; 8e édition. 1 vol.
— *La littérature française au XVIIe siècle*; 10e édition. 1 vol.
— *La littérature française au XVIIIe siècle*; 9e édition. 1 vol.
— *La littérature française au XIXe siècle; les origines du romantisme*; 7e édit. 2 vol.
— *Variétés morales et littéraires*. 1 vol.
— *Poètes et poésies*; 3e édition. 1 vol.

ALBERT (Maurice) : *Les théâtres de la foire (1610-1789)*. 1 vol.
Ouvrage couronné par l'Académie française.

BERTRAND (L.) : *La fin du classicisme et le retour à l'antique*. 1 vol.

BOSSERT (A.) : *La littérature allemande au moyen âge et les origines de l'épopée germanique*; 3e édition. 1 vol.
— *Gœthe, ses précurseurs et ses contemporains*; 4e édition. 1 vol.
— *Gœthe et Schiller*; 5e édition. 1 vol.
— *La légende chevaleresque de Tristan et Iseult*. 1 vol.
— *Schopenhauer*. 1 vol.

BRUNETIÈRE, de l'Académie française : *Études critiques sur l'histoire de la littérature française*. 7 vol.
Ouvrage couronné par l'Académie française.
— *L'évolution des genres dans l'histoire de la littérature*; 3e édit. 1 vol.
— *L'évolution de la poésie lyrique en France au XIXe siècle*; 2e édit. 2 vol.
— *Les époques du théâtre français*. 1 vol.
— *Victor Hugo*. 2 vol.

FILON (Aug.) : *Mérimée et ses amis*. 1 vol.
— *La caricature en Angleterre*. 1 vol.

GIRAUD (V.) : *Essai sur Taine*; 3e éd. 1 vol.
Ouvrage couronné par l'Académie française.

GLACHANT (P. et V.) : *Papiers d'autrefois*. 1 vol.
Ouvrage couronné par l'Académie française.
— *Essai critique sur le théâtre de Victor Hugo*. 2 vol.

GRÉARD (Oct.), de l'Académie française : *Edmond Scherer*; 2e édit. 1 vol.
— *Prévost-Paradol*; 2e édit. 1 vol.

JUSSERAND (J.-J.) : *La vie nomade et les routes d'Angleterre au XIVe siècle*. 1 vol.
Ouvrage couronné par l'Académie française.
— *L'épopée mystique de William Langland*. 1 vol.

LAFOSCADE (L.) : *Le théâtre d'Alfred de Musset*. 1 vol.

LANGLOIS (Ch.-V.) : *La société française au XIIIe siècle*. 1 vol.

LARROUMET (G.), de l'Institut : *Marivaux, sa vie et ses œuvres*; 3e édition. 1 vol.
Ouvrage couronné par l'Académie française.
— *La comédie de Molière*; 6e édit. 1 vol.
— *Études d'histoire et de critique dramatiques*; 2e édition. 2 vol.
— *Études de littérature et d'art*. 4 vol.
— *L'art et l'État en France*. 1 vol.

LARROUMET (G.), suite : *Petits portraits et notes d'art*. 2 vol.
— *Derniers portraits*. 1 vol.
— *Vers Athènes et Jérusalem*. 1 vol.

LENIENT : *La satire en France au moyen âge*; 4e édition. 1 vol.
Ouvrage couronné par l'Académie française.
— *La satire en France au XVIe siècle*; 3e édition. 2 vol.
— *La comédie en France au XVIIIe et au XIXe siècles*. 4 vol.
— *La poésie patriotique en France au moyen âge et dans les temps modernes*. 2 v.

LICHTENBERGER : *Étude sur les poésies lyriques de Gœthe*; 2e édition. 1 vol.
Ouvrage couronné par l'Académie française.

MÉZIÈRES (A.), de l'Académie française :
Pétrarque. 1 vol.
— *Shakespeare, ses œuvres et ses critiques*; 6e édit. 1 vol.
— *Prédécesseurs et contemporains de Shakespeare*; 4e édition. 1 vol.
— *Contemporains et successeurs de Shakespeare*. 4e édition. 1 vol.
Ouvrages couronnés par l'Académie française.
— *Hors de France* : Italie, Espagne, Angleterre, Grèce moderne; 2e éd. 1 vol.
— *Vie de Mirabeau*. 1 vol.
— *Gœthe, les œuvres expliquées par la vie*. 2 vol.
— *Morts et Vivants*. 1 vol.

MICHEL (Henri) : *Le quarantième fauteuil*. 1 vol.

PARIS (G.), de l'Académie française : *La poésie du moyen âge*. 2 vol.

PELLISSIER : *Le mouvement littéraire au XIXe siècle*; 7e édit. 1 vol.

POMAIROLS (de) : *Lamartine*. 1 vol.

PRÉVOST-PARADOL : *Études sur les moralistes français*, 9e édition. 1 vol.

RICARDOU (A.) : *La critique littéraire*. 1 vol.

RIGAL (E.) : *Le théâtre français avant la période classique*. 1 vol.

RITTER (E.) : *La famille et la jeunesse de J.-J. Rousseau*. 1 vol.
Ouvrage couronné par l'Académie française.

SPENCER (H.) : *Faits et commentaires*, trad. de l'anglais. 1 vol.

STAËL (Mme de) : *Lettres inédites à Henri Meister*. 1 vol.

STAPFER (P.) : *Molière et Shakespeare*.
Ouvrage couronné par l'Académie française.
— *Des réputations littéraires*. 1 vol.
— *La famille et les amis de Montaigne*.

TAINE (H.) : *Histoire de la littérature anglaise*; 11e éd. 5 vol.
— *La Fontaine et ses fables*; 16e édit. 1 vol.
— *Essais de critique et d'histoire*; 9e édit.
— *Nouveaux Essais de critique et d'histoire*; 7e édit. 1 vol.
— *Derniers essais de critique et d'histoire*.
— *Sa vie, sa correspondance*. 2 vol.

TEXTE (J.) : *J.-J. Rousseau et les origines du cosmopolitisme littéraire*. 1 vol.
Ouvrage couronné par l'Académie française.

www.ingramcontent.com/pod-product-compliance
Lightning Source LLC
Chambersburg PA
CBHW050428170426
43201CB00008B/589